启真馆 出品

启真·人文历史

胜者王冠

从荷马到拜占庭时代的竞技史

The Victor's Crown

A History of Ancient Sport from Homer to Byzantium

［美］大卫·波特 著 曹正东 译

DAVID POTTER

ZHEJIANG UNIVERSITY PRESS
浙江大学出版社

埃文修复后的斗牛壁画

马里那托斯修复后的斗牛壁画

左上：奥林匹亚战车驭手及战马的陶片图绘 ©奥林匹亚考古博物馆

右上：绘有掷铁饼的选手及教练的泛希腊双耳瓶，创作者欧菲米德斯。意大利那不勒斯国家考古博物馆 ©斯卡拉/文化活动署

左下：克莱奥弗拉德斯的双耳瓶，上面绘有参加短跑比赛的人物。公元前500—前490年，巴黎卢浮宫 ©斯卡拉

右下：带盔跑 ©印第安纳大学博物馆

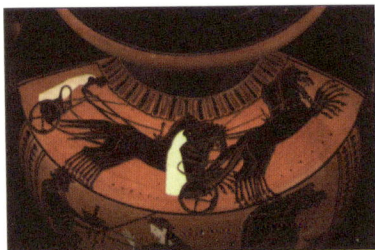

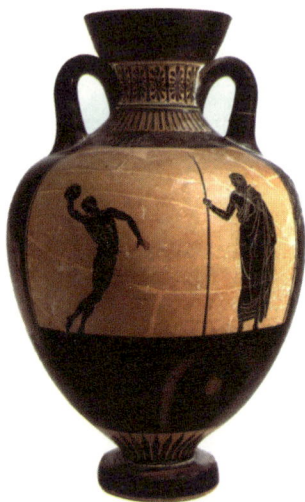

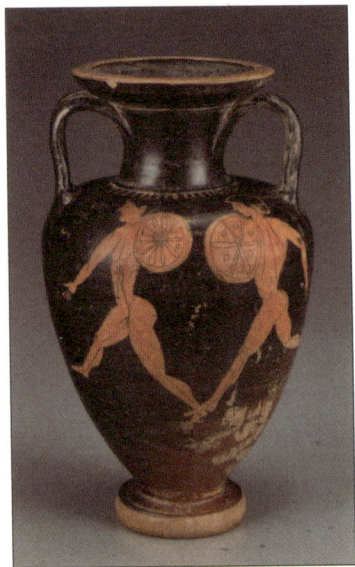

左：描绘拳击比赛的双耳瓶。 ©雅典国家考古博物馆

左下：两名摔跤选手。来自亚历山大的希腊式铜像。公元前2世纪。巴黎卢浮宫 ©埃里克·莱辛

右下：摔跤选手正在将对手的头部砸向地面。来自亚历山大的希腊式铜像。公元前2世纪。巴黎卢浮宫 ©akg-图片/埃里克·莱辛

复原成 476 年原貌的奥利匹亚遗址　© 马修·哈林顿

奥林匹克竞技场上的裁判席　© 马修·哈林顿

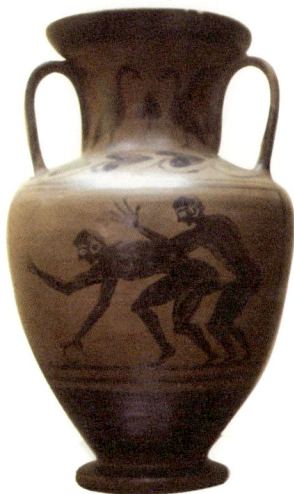

两名男性运动员正在进行同性交合。赤底黑纹双耳瓶。公元前 5 世纪，意大利那不勒斯国家考古博物馆 ©范尼／艺术来源，纽约

泛雅典娜双耳瓶奖杯，描绘拳击比赛，有陶工奇托斯的落款，于公元前 367—前 366 年期间在雅典制成 ©大英博物馆理事

帕埃斯图姆角斗士竞技的墓穴壁画。路加尼亚墓葬壁画，公元前 4 世纪至前 3 世纪 ©阿里纳利／Topfoto

　　帕埃斯图姆战车比赛和角斗士竞技的墓穴壁画。路加尼亚墓葬壁画，公元前 4 世纪至前 3 世纪　　© 阿里纳利 / Topfoto

　　马吉瑞尤斯所提供的奢华献礼。来自斯密拉特的罗马马赛克作品。公元前 3 世纪中期　　©CORBIS/ 鲁杰罗·范尼

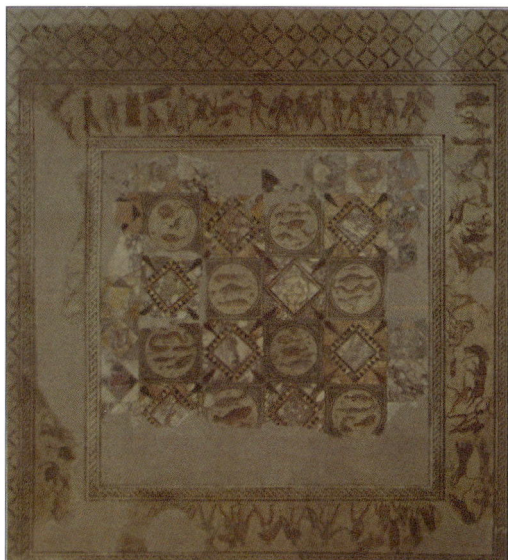

展示角斗士角斗、狩
猎以及处决场面的马赛克
作品 ©塞巴斯提亚·吉
拉尔特

位于雷布达河道，公元前3世纪早期角斗士马赛克作品的修复工作，修复人为穆罕默
德·阿里·德罗古伊。利比亚·大莱普提斯 ©akg-图片／吉勒斯·梅尔梅

女性角斗士的大理石浮雕。罗马，公元1世纪至2世纪。来自哈里卡纳索斯（现土耳其博德鲁姆） © 大英博物馆理事

帕拉罗斯及妻子的墓碑。希拉波利斯

希拉波利斯的处决场景

庞贝出土的风铃

目 录

序言

约莫二十年前，好友路德维希·克嫩（时任本系系主任）让我接手一门有关古代竞技的长期课程，我方开始本书的创作。这些年选修过这门课程的学生一直激发着我对这一课题的兴趣，在此，我不仅要向他们致以最诚挚的谢意，还要感谢历届研究生替我分担了许多教学任务，也推动了这门课程的发展。我非常感谢栎树出版社的理查德·米尔班克先生承接了这一项目，感谢他见证了这本书问世，感谢乔希·爱尔兰先生对出版过程的监督，感谢才华横溢的休·菲尔波特女士编辑这部书稿。

过去的五年里，我非常荣幸地成为密歇根大学校际竞技顾问委员会的一员，并在此期间担任了一年教员评议会管理委员会主席，尝试从不同角度认识体育经济这一课题。我万分感念玛丽·休·科尔曼校长以及比尔·马丁先生（书稿创作时为体育主任）对各项工作的支持。我还有幸能与一些极其杰出的教练和体育行政人员会面、共事，其中包括劳埃德·卡尔、卡罗尔·哈钦斯、龙尼·伯恩斯坦（他令我重燃对网球比赛的热情）、朱迪·范霍恩、迈克·史蒂文森、格雷格·哈登、彼希·里特以及委员会的同事布鲁诺·焦尔达尼、斯坦·贝伦特。

在这本书的创作过程中，内莉·基普雷（罗马竞技的资深运动员、前密歇根女子体操队队长）给予我大力支持，帮助我理解现代训练方法以及最高级别校际比赛的参赛经验。马特·纽曼（密歇根大学经典文献学研究生项目的学生）完成了大量协助工作。一些朋友对较早版本的书稿提出了宝贵意见，包括迈克·桑普森、卡伦·阿克顿以及奈特·安德雷德等人。许多同事的帮助也让我没齿难忘，尤其是通读了大部分手稿的亚瑟·维胡特，带我梳理希腊历史的萨拉·福斯代克以及考古学方面的良师益友克里斯·拉特。给我最多支持、带给我最大安慰的一直是也永远是我的家人——艾伦、克莱尔和娜塔莉。

　　那是 2006 年 7 月 9 日夜晚。在柏林，法比奥·格罗索的罚球骗过了法国队守门员法比安·巴特斯。罗马大竞技场前巨大的人群沸腾了。意大利在两亿六千万观众面前第四次获得世界杯冠军，全世界的观众都守候在电视机或是竞技场上大屏幕的前面，见证这一时刻的到来。之前从未有任何一次活动吸引到如此多的观众。但我们首先要谈论的正是罗马竞技场前聚集的人群。是他们将我们的世界与另一个世界连接起来，虽然那个世界早已消失在历史中，但在许多方面，它仍然可以帮助我们更好地理解自己。

　　建筑不仅是人们活动的场所，也是故事的载体。正是通过观察其中的故事，我们才开始发现，"iPod 与手机"的世界和"铁笔与莎草纸"的世界之间竟有那么多的共通之处。罗马竞技场的故事正是一例。就在这古代罗马竞技场之上，一千多年来，每年有成千上万的罗马人汇聚于此，观看战车在六百米赛道绕行七圈、全程最终赛程可达四英里的比赛（这一距离让美国和英国最具挑战性的鞍马赛也望尘莫及），感受战车激烈的冲击与碰撞，欣赏那些令人窒息的竞技盛宴。

　　每一场在罗马竞技场举行的竞赛都会伴随自己的传说，而罗马竞技场的故事本身又是罗马传说的一个篇章，是罗马开始统治强大帝国时这座城市发展的缩影。罗马竞技场象征着凝聚人民的力量。曾几何时，它还仅是巴拉汀和阿文丁山之间山谷里的一条小道。巴拉汀曾是皇室和贵族权利的核心，俯视着一旁的政治生活心脏——罗马大广场。阿文丁山上建着一座供奉谷物女神的神庙，后来成为限制贵族权力运动的前沿阵地。坐落于两地之间的这篇伟大竞技场的里程碑式的意义在于，它取代了大广场，成为人们聚集的新场所，这一点罗马人民并没有忘记。很自然地，当时会有一些贵族希望名垂青史，希望证明自己的成就不仅仅能光耀门楣（罗马贵族主要目的之一），也能造福罗马城的一方百姓。因此，到了公元前5世纪初叶，罗马的贵族成员断定，如果能够绕着赛道设置永久的观众座席，他们的善举将更加为人传颂。这些观众座席后来成为该地区首批永久建筑物，其存在证明了体育娱乐史上的永恒主题：观众尽可能与表演融为一体，而体育将以某种方式让人们聚集在一起，这是其他活动不可能做到的。杰克·尼科尔森和大卫·贝克汉姆绝不是第一个在竞技场所就座的名人，在那儿，他们关注着比赛，也为人们所关注。然而，不管他们是否愿意承认，他们都体现着一种社会学现象，而这一现象能帮助我们解释为什么他们所热衷观看的比赛是一场全民盛宴。

　　随着时间的推移以及战车比赛的盛行，竞技场逐渐被更为永固的建筑群所占领——最重要的便是那座尽善尽美、设备齐全的入场大门——它是确保所有人乘兴而来的关键。但是，一般观众只能坐在临时的小木椅上。这样做一是有现实原因——赛道需要排水，如果不先设置排水渠，就不能设置长期座椅；二是有意识形态上的考量——用石块搭建永久的建筑以供享乐，这是希腊人的做法。希腊人是"自甘堕落"的，而罗马人并非如此，他们的主要特点一直是他们的"美德"或者说是"阳刚之气"。所以罗马人认为：力量高于一切，对事物的理解可以是多角度的。

因此，在成就非凡的将军庞培于神庙旁建设剧场，从而使其威名永远铭刻在城市景观中之后，在罗马伟大的石制建筑群中，石头竞技场的出现才成为可能。庞培的劲敌、最终的胜利者尤里乌斯·恺撒开凿了所需的下水道，并开始在赛道周围建设大理石座椅。后来恺撒决定无视"3月15日驾崩"的预言，大计划也因此搁浅，直到数年内战后，他的继承人奥古斯都大帝才让其最终成形，并将建筑的一部分改造成胜利纪念碑。奥古斯都大帝还增设了形如海豚的全新计数器（海豚的鼻子指着比赛的起点，当竞技者飞驰而过的时候，它们会逐一下降），立起埃及的方尖碑，以提醒世人：埃及艳后克娄巴特拉和她愚蠢的罗马情人马克·安东尼是圣战最后一场战争中对抗的对象。

在大竞技场内完成剩余工程的时间可能要超过一百年，而这次的执行者是图拉真。图拉真凭借养子身份登上宝座，他的养父涅尔瓦曾被自己手下叛乱的帝国卫队所包围。因此，作为名将的养子，掌控了庞大部队后的图拉真对竞技场的修缮（他完成了用大理石改造竞技场座椅的工程），体现了对罗马人民的忠诚。他的做法不仅是在效仿奥古斯都，也是在效仿涅尔瓦的旧主韦帕芗（另一场内战中的胜利者），这位帝王拆毁了之前皇帝恢宏行宫的一部分，建造了几乎同样规模的圆形剧场，也就是现在的罗马竞技场。它也是胜利的象征，因为一部分建设费用源自韦帕芗之子提图斯在公元前 70 年摧毁耶路撒冷犹太神庙时所掠夺的财富。

"当罗马竞技场矗立的时候，罗马屹立不摇；当罗马竞技场坍塌的时候，罗马也将摇摇欲坠；当罗马崩溃的时候，世界也将永无宁日。"这是拜伦勋爵引述英国清教徒的说法，这句话曾出现在一部向比德（8 世纪德高望重的学者）致敬的作品中。1954 年，当裂缝开始出现在罗马竞技场的表面时，许多人认为末日已经不远了。但我们还在，罗马竞技场还在，而且这座举办竞技的伟大场馆依旧意义非凡。对我们来说，竞技并不只是成功、失败或者比赛的刺激，它们也可以诉说我们的现在、过去或者将来。2004 年雅典奥运会大规模的建设计划以及北京无与伦比的场馆设施是国家走入世界舞台的象征，气势非凡的开幕式是文化和荣誉的体现，运动员们也在此时熠熠生辉。

2008 年棒球赛季结束时，纽约有两座体育场永久地关闭了，接下来的赛季开始时，它们被更为现代化的场馆取代。扬基体育场关闭时举行了盛大的纪念仪式，大都会（Mets）的球迷因此抱怨自己的主场谢亚球场没有得到如此郑重的告别。然而，谢亚球场不是"鲁斯之屋"，不是乔伊·路易斯战胜马克斯·施梅林、文明对抗希特勒"印欧意识形态"的所在，也不是全国橄榄球联盟一战成名的地方。[1] 切实地说，扬基体育场代表的不仅仅是扬基队：它代表了职业运动在美国的兴起。拆除扬基体育场的决定曾引发巨大的争议，不仅因为花费巨

---

[1]　编注：这里指扬基体育场。扬基体育场因 20 世纪 20 年代超级明星贝比·鲁斯转会而来引起的现场看球热潮才决定兴建，故称"鲁斯之屋"。它对奥运会、美国橄榄球联盟 NFL 均具有重要意义。

大（一部分要摊到纽约纳税人的头上），还在于场馆的历史地位。让扬基球迷不是滋味的是，在扬基体育场等待被拆除的时候，竞争对手波士顿红袜队却决定保留芬威公园破败的主场，而只作简单修葺（虽然门票涨价了）。

这些故事引出了体育在整个社会中发挥何种作用的核心问题：简单而言，为什么人们乐此不疲地投入到这些花费不菲的比赛中，投入到参与者各有百分之五十失败概率的游戏里？最突出的问题是：为什么时至今日还有那么多人如此重视体育？在人类历史长河中，除了如今，过去只有两个时期出现过这样的情况，一个是罗马统治地中海世界的数百年间（公元前 1 世纪到公元 7 世纪），另一个是公元 7 世纪以来的希腊和意大利。

古代竞技与当代体育之间有着直接而又特殊的联系，这一联系来自下面这三个人：埃万杰洛斯·扎帕斯、威廉·佩尼·布鲁克斯博士和皮埃尔·德·顾拜旦男爵。诗人、新闻人士帕纳约蒂斯·索托苏斯主张恢复古代奥林匹克运动，在这一主张的启发下，扎帕斯赞助了1856 年雅典举办的第一届"现代"奥运会。这是一项创举。古代奥林匹克运动的项目——竞走、拳击、摔跤、战车赛等——已经不再是正规田径运动的项目。实际上，除了在学校中举行的竞赛（主要是英国学校），板球是这些年唯一有着国际影响的比赛项目。英格兰人从中世纪起就开始参与这项运动（1661 年人们会因玩板球不去教堂而被拘捕），之后开始输向英国的殖民地，在那里板球被极大程度地本地化了，以至于第一届国际板球比赛实际上是 1841 年在美国和加拿大之间举行的。在希腊之外，唯一一个像索托斯和扎帕斯那样对这一运动感兴趣的人是布鲁克斯博士（1809 年生于什罗普郡的马奇文洛克）。他开创了文洛克奥林匹克班，将一些古代项目和板球及新兴的足球运动结合在一起，不仅如此，他还"提倡文洛克镇以及周边地区的居民提升自己的道德、体能以及知识水平"。布鲁克斯一直是位名副其实的翩翩绅士，在希腊项目的影响之下，他为 1859 年第一届比赛设立了十英镑作为奖励资金，还将雅典的运动项目融合到自己在文洛克举办的比赛中。

扎帕斯和布鲁克斯对体育的态度引发了巨大的争议，因为他们认为，所有人不论其社会地位如何都应该获准参与比赛。1859 年布鲁克斯那场开放公平的运动会引发的不满，导致了 1866 年英国业余体育俱乐部（ACC）的诞生，这个俱乐部设置规定只有"业余者和绅士"才能参与到体育之中。这实际上和奥林匹克运动一样，是"希腊习惯"的复苏（虽然 ACC 的成立者当时并没有意识到这一点）：在古典时代，只有古代"绅士"才能参与到体育中，这些绅士期望的是风光受赏，而且当时也没有英国人所说的"业余者"这一概念。布鲁克斯继续在国内大无畏地传播体育面前人人平等的理念，并在 1866 年（即扎帕斯去世后第二年）成功地在水晶宫举行了一系列全国奥林匹克运动会。

1870 年，雅典的一个新的奥林匹克委员会再次举办扎帕斯的运动项目，地点选在新的泛雅典娜体育馆，该馆建在古代希罗德·阿迪库斯竞技场的旧址之上，工程开销大多来自扎帕斯的财产。但之后不久，委员会于 1875 年决定停止举办这些项目，并宣称只有绅士才有资格参加比赛。1888 年，奥林匹克委员会在雅典国家花园新建成的扎皮翁宫集会，并决定再尝试一次（这一次同样也由扎帕斯遗产资助，扎帕斯的头颅即葬于扎皮翁宫）。在一系列失败之后，皮埃尔·德·顾拜旦开始参与进来。1870 年法国败在了德国人手里，德·顾拜旦希望体育能够使法国的教育制度更"英国化"，从而达到重振法国士气的目的。《汤姆求学记》及布鲁克斯的奥林匹克运动会激发了他的灵感，但他的社交圈子已经和先驱者的社交圈子大不相同，这些人包括一位美国学者（时为常春藤院校教工委员会的主席）、斯德哥尔摩体操协会的创始人、一位英国贵族、英国业余体育联盟的秘书，以及一名德国人、一名捷克人和一名俄国人。德·顾拜旦的合伙人试图将教育和体育结合进行，这种做法表明他们也倾向于将参与权限定在"绅士"手中。正因如此，奥林匹克委员会才坚持参与者必须是"业余者"。基于错漏百出的调查，他们甚至坚称自己正在努力复兴的是古代社会的真实情况。

在大量精力和金钱（这是所有工作得以开展的关键因素）的推动之下，德·顾拜旦凭借自己的社交关系在巴黎成立了一个新的国际奥林匹克委员会，他的朋友们都极其支持"绅士业余体育"这一概念。国际奥林匹克运动会第一次会议召开之时，顾拜旦感谢扎帕斯对于这一事业所做出的贡献，还说服了希腊王储资助体育运动，并于1896年在雅典举办了第一次真正意义上的国际奥林匹克运动会。

从一开始，德·顾拜旦就做了布鲁克斯不愿做的事：他编写的参赛条款体现出他和这个时代的人对于古代希腊"业余性"这一概念的理解。在美国"镀金时代"的高峰期，这也许是不可避免的，那时倡导平等等同于社会主义，诸如足球这样的团体运动被看作工人阶级的游戏，是不应该被绅士们的官方机构核准的事物，绅士们只愿意为那些跟他们价值观相同的人设置奖项。1863年英格兰足球联盟成立了，之后的第三年，业余体育俱乐部应运而生，这也许并不是偶然。布鲁克斯为了推广工人阶级的游戏而努力，他的做法似乎有点离经叛道，但是，如果不是工人阶级游戏的兴起势如破竹，布鲁克斯的做法还会引发这样强烈的反弹吗？

　　像德·顾拜旦那样的成功人士也无法控制奥林匹克运动带来的影响。奥林匹克的"国际性"让学校运动迅速得到了全国的追捧（例如美式足球，即橄榄球），使"工人阶级"的运动发展出了自己的职业联盟（好比欧洲的足球以及美国的棒球）。也是同样的"国际性"使得奥林匹克运动变成一些人倡导民族主义的绝佳场所，而这种民族主义是 20 世纪产生的最致命的影响。从 1956 年到 1986 年，奥林匹克成为冷战两大阵营——苏联集团以及北约成员国——之间的临时媒介，双方都希望在运动场上一决高下来证明自己的社会制度更胜一筹。但为什么会变成这样呢？为什么体育盛事应该成为国际政治的战场？为什么毫无运动天赋的阿道夫·希特勒妄图把柏林奥运会变成展示雅利安人种优越性的工具呢？回答这些问题，我们需要再一次回顾当今体育世界和希腊罗马时期体育世界的共通之处。

　　问题的答案乍一看似乎特别简单，这在于关键词"athlete"（运动），它在希腊文中写作 *athlêtês*，字面上的意思是一个人为了奖项而竞争。不像其他形式的体育活动可以当作消遣，运动是比赛，谁将是当日最终赢家的不确定性将竞技体育与其他活动区分开来。在理想世界里，参赛者要获得奖项需要挥洒汗水、付出努力、锤炼技巧，甚至可能负伤流血，结果从一开始就必须是不确定的（或者至少应该是形式上的不确定）。事前，观众根据自己的判断猜测哪位选手会胜出，观众也可以参与到比赛之中——通常情况下是通过在赛事中下注的方式。对一些人来说，这也许是他们唯一一次公开表达自己真实的想法。只有观众认为胜利者实至名归的时候，他才能够获得荣誉。体育作为活动组织者和观赛人之间持续对话的一种途径而不断发展。如果比赛很无聊或者团队表现欠佳，观众完全可以起身走人。

　　离场的自由是一种自主选择，也是一项十分重要的自由。在古代社会，当竞技比赛开始的时候，真实的自由也遗失殆尽。具体来说，古代社会正是在这样一个不受贵族势力影响的地方才孕育出了独立的竞技文化。即使法老有观赏暴力运动作为消遣的传统，即使美索不达米亚留有记录说明体育比赛曾是统治者的娱乐项目，但"运动"的诞生地是希腊，而不是埃及。当竞技体育不断发展，统治者、独裁者、君主们就会出于各自的目的开始限制竞技体育的发展，就像希特勒举办柏林奥运会时的做法一样。但即使在那个时代，最高统治者也必须将场地让给运动员，甚至是让给观众。希特勒可以拒绝出席伟大的非裔美国籍田径明星杰西·欧文斯的颁奖仪式，但是他不能剥夺奖牌。事实上，在参赛之间理论上的平等性、专业性（虽然和当代社会一样，古代也有一些跨界运动员，但通常并不普遍）、官僚化、详尽的规则体系以及对于体育历史的热情等方面，现代体育和古代体育都有着相通之处。

"体育的对话"一直被三个不同利益群体所推动：能够赞助体育运动，但彼此暗中较劲的金主（我们暂时称他们为"所有者"，金主间的彼此制衡是限制他们操控比赛结果的关键因素）、运动员和粉丝。因为金主间的互相较劲，所以他们愿意赞助那些让自己脸上有光的比赛项目。为了达到这一目的，他们有时候会让运动员也尝尝甜头（通常是支付更高的佣金），偶尔也会对粉丝做出让步，一般情况下是让运动员尝试一些新的、不同以往的甚至是危险的活动。这使得粉丝们觉得自己也有话语权，他们对于谁该参加比赛以及运动员应该怎样比赛的看法也越发强烈。不论运动员意愿如何，无论实际情况怎么样，运动员永远不可能只代表他们自己，这一点高尔夫运动员泰格·伍兹深有体会，因为他的业余活动的细节就曾经暴露在公众视野之中。运动员往往也代表粉丝，而且必须呈现出粉丝所重视的特质。这些特质通常指正直、坚韧以及技巧，有时甚至还包括化腐朽为神奇的大无畏精神。

　　然而，体育的一个关键特征在于，它不仅是比赛本身，而且是作为比赛使得体育场内和场外的人们融为一体，并通过这样的方式获得力量（至少能获得些许力量）的一种形式。正是体育的这一特征创造并激活了一种共存感，让人们觉得自己也是比赛中的一员。然而恰巧也是这些特性激怒了一些人，他们认为体育就是对时间和金钱的巨大浪费，不论出于何种理由，他们都感觉自己与体育绝缘。同样地，体育能够把人们团结在一起，也能够把人们分开，或者说，一个群体会因体育分裂出不同的小团体。罗马的战车赛和哑剧舞蹈引发过两方忠实粉丝之间的冲突，就像足球比赛带来了足球流氓一样。足球流氓有时将极端的政治观点和极端的粉丝结合起来，在美国橄榄球比赛中，这些人在一些大学校园周边的赛后暴乱已经常规化，俄亥俄州的哥伦布市就曾经发生过类似事件。

　　粉丝们交谈着、欢呼着、争吵着、骚动着。他们眼前的比赛也会受到影响。粉丝们的诉求是推动古代社会不同体育运动向前发展的一股强大动力。在我们开始讨论古代社会之前，我们可以先将体育大致分为三类：运动员独立完成的体育运动（罗马统治时期女性运动员才开始引人注意，该时期一直延续到公元前 1 世纪）；运动员需要使用器械的运动（可以是战车或者是武器）；运动员需要融合多种无器械基础运动或者用特殊方式使用器械的运动。

　　第三类运动的产生是为了满足粉丝的需求，以罗马大竞技场战车赛为原型的"车王争霸赛"就是其中一种形式。战车选手被迫与陌生战马搭配的比赛（非常危险）以及配置超过四匹战马的比赛（极其危险）也属于这一类别。又比如，罗马的角斗士通常使用钝器进行决斗，但由于比赛的赞助者屈服于观赛人气的压力，会向王室申请特殊批文，要求他们使用利器进行决斗。这还不是最糟的，在极少数的情况下，角斗士还必须参加以生死为代价的决斗（这需要王室的特殊授权），只要赞助人保证承担葬礼的费用，角斗士们就会同意应战！其中最典型的例子也许就是希腊的"潘克拉辛"了，这是一种集体厮杀游戏，融合了拳击和摔跤的成分，也喜欢从这两项运动的参与者中招募参赛者。某位作家曾指出，拳击手或者摔跤手所接受的"潘克拉辛"基础训练会一直影响他们的职业生涯。其他此类讨好粉丝的运动还包括：身穿盔甲的赛跑（没有哪个正常的运动员会设计这样一种需要扛着盾牌赛跑的比赛），以及（对我们来说）诡异的"战车跳跃赛"，在该比赛中参赛者需要在战车移动的同时，不停地上蹿下跳。

要找到愿意参加"战车跳跃赛""盔甲赛跑"甚至是摔跤的人，都必须先设立一个奖项，一个实实在在的可供选手争夺的只属于最终赢家的荣誉。这并不是参加比赛的佣金，而是运动员明知有可能失败却仍然要争取的东西。成功，有时甚至失败，都会让他在粉丝的心目中占有一席之地。运动员和粉丝们都知道，比赛并不局限在比赛当天，它也在续写着之前战绩的历史——古代运动员和当代运动员一样痴迷于自己的成绩，粉丝们对此的激情即是佐证。

总而言之，体育的发展方向就是让比赛更危险，也更昂贵。当日渐高涨的危险系数或者开销与其他社会价值发生冲突时，相较于加强管控、降低比赛难度或者削减开支的呼声，社会还是倾向于看到更精彩、更丰富的比赛项目以供消遣。直到诸如作弊、暴乱或者破产等负面消息出现，人们才会开始重视所谓"管理者"的作用。在这个时候，一些监管措施似乎变得可行，但是这一般不会产生长远的影响。

古奥林匹亚保留下来的一部分最古老的资料显示，当时禁止在摔跤中折伤对手的手指（但收效甚微），此外，降低开销以及降低角斗士死亡率的措施是否成功完全取决于罗马王室监管力度的强弱。只有当观众彻底失去兴趣，或者管理费用已经不足以支持赛事进行的时候，切实的改变才会出现。

要理解古代竞技的历史，我们必须弄清楚这种为了奖励而战的比赛是如何产生的，以及运动员和观众是如何改变最初的运动形式以满足自己的需求的。古代竞技的发展无法追溯到具体的历史时期，但是，通过对比现代社会的体育运动，我们可以发现它是和整个社会的变迁一同变化的，沿着多角度的发展轨迹演变而来。希腊定期举办运动员颁奖仪式并不能说明一切，它解释不了运动员的酬劳，解释不了职业联盟产生的原因，解释不了暴乱出现的理由。但是，第一届体育盛会的举办却是至关重要的一个转折点，它把人们聚集到体育之中，并且让体育成为生活中重要的组成部分，这也是当今我们所面临的一些变化最初的根源。

第一部分　尘埃、亚麻以及运动的起源

1. 导言

　　那是一日黄昏，火葬仪式已经结束。家庭成员们围绕在逝者遗骨周围，用黄色的布将遗骨包好放在铜瓮里，上面撒上一些干石榴，像是在向死神致意。葬礼是按照他的遗愿进行的，一切就像诗里赞颂的那样。葬礼竞技本应该也是庄严华贵的，因为诗里就是这么说的。

　　铜瓮杀死了侵蚀布料的微生物，使得布料（以及有关仪式的记忆）得以保存，直到数千年后被希腊考古学家们所发现。如此一来，不仅由西欧传入的最早的布料得以重见天日，竞技历史的证据（虽然不是直接证据）也破土而出。借助这些布料以及其他约属同一时期（公元前 11 世纪初至公元前 8 世纪末，曾一度被认为是希腊历史的

"黑暗时代"）用同样方式保存的布料，我们可以开始了解希腊娱乐以及竞技文化的基础是什么。有了这些最新发现，我们在黑暗中看到了光明，开始在一头雾水的领域找到头绪。我们可以开始从希腊了解人类想象力的演变过程，这样一来就能够复原一个世界，并从中看到我们的竞技传统是如何成形的。

在其他瓮里发现的布料都是盛大火葬仪式的幸存品，在这些火葬中曾大量使用柴堆。收集这些火葬木柴是个不小的工程，因为当时在希腊城市中并没有可用于火葬的现成干柴，而只能现砍现伐，就像荷马史诗名篇《伊利亚特》（现存最早也是最伟大的希腊文学作品之一）描述的那样。书中说，为了给大英雄阿喀琉斯的挚爱帕特罗克洛斯举行葬礼，希腊最高领袖阿伽门农下令众人前往附近山林砍伐火葬所需的木柴。阿伽门农的命令体现了荷马史诗最后两本书柔和的主色调，而开头讲述的故事都十分强硬。阿喀琉斯与阿伽门农的地位之争引发了《伊利亚特》的悲剧，两人直到第二十三卷的结尾才完全和解。同时，阿喀琉斯摧毁了他最爱的男人，因为他允许帕特罗克洛斯代替自己出战，这损害了他的自尊，也让诸神以及特洛伊城主赫克托耳的军队一同蒙羞。为了复仇，阿喀琉斯杀死了赫克托耳以及无数特洛伊人，但事到如今，在他身边的不再是自己的挚爱，而是帕特罗克洛斯和赫克托耳的尸体——一个是不忍分离的好友，一个是受众神庇护才免于受辱的宿敌。

帕特罗克洛斯化为幽魂，请求阿喀琉斯厚葬自己的尸体，并让阿喀琉斯相信分别的时刻已经到来。阿喀琉斯想举行最高级别的葬礼，在火葬木柴堆好的前一天晚上，阿喀琉斯让自己的随从盛餐一顿，因为他们将成为帕特罗克洛斯的殉葬品。葬礼当天，这些侍从把帕特罗克洛斯的尸体抬上新的柴堆，上面摆满了剪下来的头发。他们把尸体放下后，阿喀琉斯在尸体上涂了一层动物死尸的脂肪，这样可以燃烧得更快一些。随后，阿喀琉斯在剪下自己的头发之前，杀死了柴堆周围用于祭祀的牲畜——两只狗和四匹马（与考古学家的记录相符），以及用于祭祀的 12 名"特洛伊战俘"（此处无考古记录）。

潮湿的橡木不容易点着，之后两位酒醉的风神出现，他们不断地吹气，火才升了起来。火整整烧了一整夜，第二天早上，人们必须用祭祀的酒来给灰烬降温以便收集并安葬帕特罗克洛斯的骨灰。骨灰上要再涂两层动物脂肪，放在一个被亚麻覆盖的铜碗之中，接下来就是等待，等待阿喀琉斯的骨灰一并安葬。这一刻是不可避免的，也近在眼前了。那些悼念仪式的主要参与者和聚集的希腊人民一起把火扑灭，军队拆除了柴堆周围残留的墙垣，改造成一个墓冢。墓冢起初并不高，等到阿喀琉斯的骨灰与帕特罗克洛斯的骨灰合葬的时候会再大规模地扩建。

在能俯瞰达达尼尔临近特洛伊城址的地方有一个巨大的墓穴，后来的旅行者们都认为这便是英雄的陵墓。在希腊埃维亚岛的勒夫坎狄，以及由希腊人建造的某座塞浦路斯城市也有（或者曾经有）类似的墓穴，这有助于我们将荷马的描述与现实世界连接起来。在勒夫坎狄，挖掘者们发现了一片墓葬土堆，下面是一座建筑，原始长度有 150 英尺（约 45 米），里面有两个墓室，一座墓室的主人曾是某位权倾一时的女性。她的尸体并没有被火化，而是安放在奢华的陪葬品之中。另一个墓室中安葬了一个被亚麻覆盖的瓮，里面装着一个男人的骨灰，这个人可能曾经是这栋房子的主人。附近还有四匹马的遗骨和一些男人使用过的战时武器。后世把这一伟大墓穴当作一个中心，在它周围修建了一百多个墓穴，其中 80 个用于土葬，其他 32 个埋着骨灰瓮。之后的几个世纪中，在塞浦路斯出现了许多墓穴，其中不少有马作为陪葬。一些墓穴中还能找到若干瓮，里面曾经装着别的祭祀用品。有一个墓穴中发现了双耳土罐，里面曾经装着灭火用的葡萄酒。还有一个墓穴里发现了一块用布缠绕的男人头骨，陪伴着墓室主人走完最后一段旅程。

在收集完骨灰并建好第一座陵墓之后，阿喀琉斯才开始召集所有希腊军队，并在比赛中设立奖项纪念帕特罗克洛斯。至此，我们才开始进入西方世界的体育史，虽然不得不承认现在这样做有点像"半路出家"的感觉。荷马在公元前 8 世纪末所描述的情况并不足以让我们了解他所介绍的历史传统是如何诞生的，我们必须追溯到更久以前的历史中去。

荷马是一位吟游诗人。这个看似简单的描述引发了无数研究和质疑。最基本的一个问题就是，如果荷马是目不识丁的吟游诗人，为什么能给我们留下这么多诗集，他描述的世界与他所处的历史环境到底有着什么样的关系？最有可能的情况是，荷马将自己的诗歌背诵出来给抄录官听，所述大致内容与我们现在读到的作品虽不是完全相同，但也相去不远。后来有人添加了一些自己的诗句，甚至有可能在某些情况下添入一些章节。但是，现今版本《伊利亚特》中的主题故事（阿喀琉斯包围特洛伊城第十年的暴行）以及现今版本《奥德赛》的主线（奥德修斯重回伊萨卡岛，与妻子和家人团聚）通常被认为应是出自一人之手。

但是，荷马不是唯一一个吟诵过特洛伊战争的人——有相关记载表明，同一时期的其他诗人也有描述这一故事的诗歌——而且荷马创作的时候，遵循了一种几个世纪前的"传统"：他严重依赖一些"模板"（或者说可以填补内容的固定表达）以及一些固定的内容，比如战士们穿上盔甲的情形，以及参加战斗的人员名单。因此，即使荷马本人一首诗都没背过，但他早已经把这些"原始材料"牢记于心。比如读者们在读里士满·拉铁摩尔所译经典版本《伊利亚特》的时候就会在很多短语中发现这些"原始材料"的存在，像是"酒红色的大海"（*oinops pontos*）、"鱼肚白"（*rhododacktylos Eos*）、"飞毛腿阿喀琉斯"（*hôkus podas Achilleus*）、"陡峭的伊利昂城"（*Ilios aipeinê*）等等。

伊利昂是特洛伊的别称，这个词把我们面临的问题变得更复杂，因为它似乎已经被卢威语（现土耳其西部）吸收成为一个短语，用来翻译一些文本中出现的"模板"——*awienta Wilusa*（"来自陡峭的伊利亚特城"）。荷马在其他地方描述了一种不属于他生活的时代，而是早几个世纪的标准装备：某种用野猪獠牙制成的头盔。在他的描述中，下凡的阿佛罗狄忒好像来自一个古老的神话体系，反映出与东方世界的某种联系，也许是在数百年前的同一个时期里，卢威语的一些"模板"也进入了早期的希腊语之中。希腊最具权势的国王阿伽门农所统治的王国迈锡尼已经消失了几个世纪；同样，特洛伊城本身自从地位衰落之后，也早已消失在了历史之中。

荷马史诗中的故事以及荷马使用的语言属于希腊分裂割据的时期，这些分裂出的王国被王宫中的国王统治，他们被称为 *wanaktes*（单数形式为 *wnax*），早期希腊语是当时用作记录的语言。发现这些宫殿的考古学家们还挖掘出刻有早期希腊语的陶片，这些陶片在经历了摧毁宫殿的大火之后变得更加坚硬。其中一片陶片是我们近年来的重大发现。这枚引发关注的陶片出土于底比斯，陶片上出现了三个城市，出现的顺序与荷马在《伊利亚特》第二卷中标注的希腊武装清单上的顺序完全一致。其中两个城市在荷马的时代已经不复存在，所以这一发现足以证明荷马一定使用了某份城市名单，而这份名单已经依据"传统"代代相传数百年。我们把在那个时代生活于这些城市、来自阿伽门农城池的人称为"迈锡尼人"。到了现代，埃及和土耳其的这些人自称"亚该亚人"或是"达纳斯人"，这两个名称均来自荷马史诗。

荷马没有记录历史，但是有人大胆地猜测，他的诗句中可能用非常隐晦的词句记录过分裂时期各个国王统治下达纳斯人和亚该亚人的有关情况，但被人进行了大量的修改。他了解希腊两大王国惨烈战争的情况，"传统"准确记载了特洛伊的地理信息——虽然特洛伊曾是一座伟大的城市，但在荷马生活的时代，它肯定早已不再存在。根据"传统"，在特洛伊东面不远处的战争让很多人都深感不快——许多英雄人物牺牲了，很多人回城的时候遭到了冷遇。也许正是连绵不断的战乱摧毁了王权体系，也毁灭了重兵把守的宫殿，包括迈锡尼王宫、数英里外阿尔戈斯平原上的梯林斯行宫、维奥蒂亚的底比斯行宫以及奥尔霍迈诺斯和格拉附近的宫殿。人们对这样一个暴力与地位紧密相关的社会的看法，或许可以从铜器时代希腊人起名字时鲜明的特色而发现端倪——值得注意的是，纪念军事行为以及战神（阿瑞斯）的名字占了很高的比例。比如，*Lâwos* 的意思是"战斗的力量"，还有一些名字像是 *Ekhelâwôn*（军队里的常胜将军）、*Lâwoqwhontas*（消灭军队的人）、*Wisulos*（获得战利品的人）及 *Ahorimenês*（用剑对抗世界的人）。

大火摧毁了禁备森严的王宫，也摧毁了皮洛斯那座毫无防备的宫殿，一切都消失在了公元前 1200 年至公元前 1150 年这短短数十年之间，此时距离荷马开始吟唱诗歌的时期大约相隔四个世纪。"史诗传统"也许记载了这个时期的历史，也许可以解释过去曾经发生了什么，但是仅此而已。荷马从没有听说过以哈图萨（博阿兹柯伊，现土耳其的中部）为中心的赫梯帝国，荷马也不了解伟大的君主哈图西利斯三世，他曾向阿依雅瓦人（荷马口中的亚该亚人）的君主严正抗议冒险家皮亚马拉都在米利都（现土耳其西部）的所作所为。"史诗传统"可能甚至没有记录下 *Ekhelâwôn* 这个名字（他应该是皮洛斯最后一位君主）。但这样一部"史诗传统"，却是我们了解古希腊历史的起点。在一代又一代考古学家日臻成熟的技巧下，历史的面纱正在被逐步揭开。1952 年，迈克尔·文特里斯突破性地破译了泥片上的文字，认定其为希腊文雏形，之后还有许多天才的语言学家常年孜孜不倦地为此呕心沥血。正是从这些文字当中，我们才依稀可以窥见王宫统治者及其幕僚的真实情况。其中一个人的头衔是"拉瓦盖达斯"或者称为"将军"，由"召集官"辅佐，在皮洛斯（或更多的地方）则由"侍从"辅佐。这些官员隶属中央王权机构，我们了解到，在皮洛斯有些地方统帅由统治者任命。只有脱离了这些权力中心，我们似乎才能找到一些当地任命的官员，或者管理具体贸易团体的人员。在皮洛斯，还有一个负责铜匠生意的职务叫作"*qu-si-re-u*"。

在几代人之间，一种迷思渐渐萌芽了——旧统治者代表的是后世无法企及的尊贵，他们的丰功伟业是无法被复制的。在宫殿被毁一个世纪之后，一些修复宫殿遗址的基础工程开始展开，其中一项复原工程取得了显著的进展。但这些重建的宫殿远不及之前气势恢宏，就连再次入住的人也不复当年之勇。工程直到公元前 1070 年才完工，但那时人们看待过去统治者的角度已经完全不同了。公元前 1100 年，"祭祀品"已经开始出现在旧王权的陵墓，在那个时代，人们通常将一国之君安葬于勒夫坎狄以供希腊其他地区的人民瞻仰祭祀旧陵寝，让逝去的君主仍然享有生前的荣耀。然而这些男人或女人都不是在巨大柴堆上火葬的，直到在宫殿被毁之后，这种习惯才流传开来。宫殿主人的殉葬规格必须符合其身份，在乡村仍能看到这些王室陵寝，而完成这些工程所需的巨大人力在今日看来简直就是不可能完成的任务。人们一直希望在有关"古典时代"的诗歌中找到今日社会的定位，"陵墓崇拜"的萌发也许与此不无关系。此外，它还提醒着人们，过去的风俗在传承中已经不复当年的全貌。世界总是变化的，明确这一点之后，我们才能通过研读传统，看是否能够从中了解荷马所描述的那些"游戏"是如何兴起，又是如何演变成我们所认识的"体育"的。

《伊利亚特》第二十三卷不仅向我们描述了一场盛大的葬礼，也是有关葬礼游戏最翔实的记载。《奥德赛》第八卷向我们介绍的是另一项截然不同的游戏，组织游戏的人是淮阿喀亚人的国王阿尔喀诺俄斯（淮阿喀亚人是神话中的人种，希腊人后认定他们曾生活在科孚岛上）。既然在荷马的两部著作当中出现了两种不同的游戏，而且书中第二十三卷中某处，大英雄涅斯托耳描述的葬礼游戏与阿喀琉斯的葬礼游戏存在着巨大差异，那么我们如何得知当时希腊体育的真实情况？如何判断这些传统是在荷马时代之前几个世纪就已出现，还是在荷马吟游时期才出现的呢？荷马诗句中的运动传统是王室时期的产物，还是诞生于王室已不复存在、人们可以平等拼搏的新时期呢？

有明确的证据显示：曾出现在希腊及其近东强邻的体育竞赛及娱乐项目与荷马描述的竞赛存在许多相似之处。问题是，我们对于参赛者的状态几乎一无所知，也找不到具体的资料来说明参赛者为之拼搏的比赛究竟属于何种性质。但有一点是明确的：《伊利亚特》中帕特罗克洛斯的葬礼风格，以及考古资料中显示的记录，在希腊王室林立的时期并未出现。当时名门贵族的尸体并不作火化处理。另外，勒夫坎狄墓葬显示，火葬的流行在王室被毁之后不久便已出现。然而其他遗址（希腊中部维奥蒂亚附近的塔纳格拉）的证据显示，居住在宫殿以外的人，在"王室时期"结束之前就已经开始转变做法了。塞浦路斯及其他地区风格各异的葬礼方式提醒着我们，对于如何处理遗体，并没有统一的标准。实际上，"自助式"的葬礼随着时间的流逝而出现，人们会根据在别处看到或是听到的情况整合出新的葬礼模式。因此，在回顾荷马口中的"游戏"时，我们不应该追问具体的事件是何时出现、何时灭亡的，而似乎更应该探讨"体育盛宴"是何时成形，又是如何发展的。

2. 荷马和铜器时代

《伊利亚特》第二十三卷中的游戏共由八场活动组成：战车赛、竞走、拳击、摔跤、掷石、矛的对决（直至一方流血）、箭术以及"投矛"（使用的工具似乎是士兵常规的短兵器，他们主要的武器是沉重的矛枪而不是标枪）。大英雄涅斯托耳对其中一些他所观看的游戏进行了描述——伊贝安人埋葬了伟大的阿马林科斯之后举行了游戏，他的儿子还设立了奖项纪念国王，包括摔跤、拳击、竞走、"矛的对决"以及战车赛。在有关战车赛的描述中，荷马说"强壮男人用尽全力掷出肩头铁饼的距离"便是两队人马必须跑完的距离。《奥德赛》第八卷中，游戏项目包括竞走、摔跤、跳远、铁饼以及上例中的拳击比赛。然而，如果我们把荷马当作世界上首位体育记者来看待，这些游戏中的差别是至关重要的，它们能够帮助我们验证古代证据的真伪。

旧时代最盛大的活动少不了"牛"的参与。亚瑟·伊文斯爵士（首位在克里特岛挖掘出铜器时代宫殿的人）认为"跳牛"是克里特人把牛引入体育模式的雏形，在超过一个世纪的时期里，人们普遍认为这是一项非常危险的跳跃运动。就像伊文斯及其他学者所展示的那样，这项运动通常配备男女混搭的团队，队员根据性别进行分工，男人负责"跳跃"，女性负责"观察"。跳跃的人需要抓住牛的犄角，当牛为了摆脱选手而上下甩动的时候，他需要跃上牛背之后再跳下来。伊文斯对"跳牛比赛"描述的影响力远远不止于一般学界，因为玛丽·瑞瑙特1962年讲述雅典英雄传奇人物忒修斯的神话故事时就曾借鉴了伊文斯所描述的版本。

　　她所借鉴的故事梗概如下：忒修斯与十三名年轻的雅典人一同来到克里特岛，这十三个人面临的是被弥诺陶屠杀的命运，它是克里特国王米诺斯的妻子帕西菲与公牛所生的怪物。弥诺陶生活在复杂的迷宫之中，居所与克诺索斯市的王宫相连。每年都需要进贡雅典人让米诺斯泄愤，愤怒的根结在于雅典是他儿子的丧生之地。忒修斯适时地出现了，他迷惑了米诺斯的女儿阿里阿德涅，杀死了弥诺陶并和同伴一起顺利逃脱（而阿里阿德涅却被他抛弃在了纳克索斯岛上）。对玛丽·瑞瑙特来说，"斗牛舞"代替的是牛首人身的弥诺陶，也代表着极刑——分散公牛注意力的跳跃者和舞者与奴隶无异。在她的想象中，表演者们：

　　　　抓住牛的犄角，随着公牛上下翻滚，最后被甩了出去。公牛毕竟蠢笨，不懂折返回来守株待兔。公牛以为摆脱了表演者之后，继续快速地奔跑。表演者在空中一个转身，那弧线好像箭弓一样完美，最后纤细的双足落在了宽阔的地面，接着又跳了起来。当公牛在他身下飞奔的时候，他似乎不准备再跳了，而是飘在牛的身上，仿佛一只在芦苇间徘徊的蜻蜓。当他着地的时候，

双脚仍靠在一起。用手轻轻地碰了一下保安的手，仿佛礼貌性地
表示，他不需要任何协助。

这与亚瑟·伊文斯的观点不同，伊文斯认为跳牛者是克里特岛人中的
上层阶级（并无性命之虞）。

　　伊文斯所复原的这项运动的一大特色是——表演者中有男性也
有女性；其主要依据是一些标识了不同性别的壁画，这些壁画通过
不同的颜色来区分不同的表演者。在他看来，红色代表的是男性，
白色则是女性。为了证实这一观点，他请艺术家修复了其中最重要
的一幅壁画中白色人物的手臂，为的是显示这个人物是有胸部的。
再次勘验证据时，发现那其实并不是胸部，人们更愿意相信表演者
不同的着色代表的是角色的不同而非性别的不同。人们认为伊文斯
严重误读了他的研究成果，并且高估了人的体能。此外，他似乎没
有见过公牛愤怒时狂躁地左右甩头的样子，在潘普洛纳看过公牛赛
跑的人对此都不会陌生。

　　记录与公牛相关各种活动的证据包括：载有信息的密封圈、一些
模具以及壁画等。其中一些记载的是完美的倒立，有的描绘的是人们
倒立时摔倒的画面，或是从牛背上摔下来又或是故意在其两侧跳跃的
情形；有的描绘的是人们抓住犄角从事一种类似马戏团"扳小牛"的
运动——就像牛仔抓住动物的头想要将其制服那样。经证实，在克里
特和希腊王权结束之后一千余年之后，另一项运动曾出现在希腊北
部，这项运动中，人们需要拧断动物的颈部将其杀死。1990 年在尼
罗河三角洲东北部边缘阿瓦里斯古城的重大发现，以及克诺索斯修复
大量壁画的细致工程都让我们对这些证据的认识进入了新的阶段。

　　阿瓦里斯曾是埃及人口中希克索斯王朝的都城，这一来自巴勒斯

坦及北方地区的外来政权统治了埃及数世纪之久，约公元前 1500 年
政权被法老阿赫摩斯一世推翻，都城亦被占领。之后他的儿子图特摩
斯三世继位，他为自己在阿瓦里斯建造了王宫，并在那里迎娶了克里
特的公主。据最可靠的记录显示，她带来了一些工匠用表现"跳牛"
的历史壁画装饰新家。但出现了一点问题，这些壁画很快就从墙上被
铲除并丢弃，经过现代考古学家逐片复原，我们能看到八幅公牛与跳
牛者的图片，一些人成功地完成了倒立，一些人从牛角上跌落下来，
一些人摔到一旁，还有一些人正在和动物搏斗。最近另一项有关克诺
索斯壁画的研究显示，从牛身上摔下来的人比较多，这表明当一个人
企图在牛背上做倒立的时候，很有可能会被牛身后的"观察员"抛出
去。人们认为似乎牛角附近的人都是摔跤手。

　　这些记录的传播影响颇深，在大陆发现的记录只有一份来自宫殿
遗址之外的地区，在克里特岛发现的相关证据则集中在克诺索斯。即
使是载有跳牛者信息的其他物品，比如密封圈等，最先也都是在宫殿
附近的勘探中心被发现的。一些与饲牛器具的出土地点极有力地证明
壁画上的这些活动与克里特和大陆上王权思想紧密相关。

　　那么，与一头牛或者一群牛（阿瓦里斯的马赛克上显示了一群牛
参与竞技的情况）的竞技怎样才算是完美落幕呢？有关公牛竞技的最
好证据不是壁画，而是图章——这些用在文件结尾当作个人签名而精
心雕刻的石块。其中一块图章证明：当筋疲力尽的公牛把头靠在地面
上休息，跳牛者扑到它身上便视为结束。这一规则似乎也出现在了叙
利亚的一枚图章上，这一发现引人深思。一种观点认为，若将圣三一
的石块与叙利亚的证据结合起来看可以发现，克里特的斗牛运动是以
公牛的死亡作为结束的。还有观点认为，刻图章的工匠应该熟知叙
利亚的传统，又或者这些图章代表的是一种区域的传统。有关"跳

牛"历史最早的证据是一件来自土耳其中部胡塞伊德德的花瓶，它与公元前 1700 年的古国赫梯有一定的关系，而据我们所知，赫梯与克里特亦有往来。这个花瓶上描绘了一群乐师正在演奏，一个杂技演员正准备在牛背上完成倒立，而另一个人正从牛背上跳跃下来。然而，工匠似乎未能将公牛的威仪刻画出来，看起来它倒像是一位训练有素的队员。克里特公牛——至少从它们的相关描述（皮上有斑纹）可以看出，似乎已经被驯服。它们是不是训练过度而无法表演了呢？事实上，圣三一出土的图章似乎偏离了克里特人的历史背景，因此并不能完全证明公牛最终是要被处死的。

　　在叙利亚，公牛似乎代表着忤逆神的旨意，因为狮子才是神的象征；但是在赫梯，它们似乎并没有这层含义。公牛在埃及宫殿内被当作神的化身而接受众人的膜拜，而公牛运动也被证实是公牛之间为了争夺支配权而进行的，并非为了与人类一较高下。在埃及，人们会镌刻碑文纪念获胜的公牛，并把它当作神牛看待。在为逝者祈祷早登极乐的咒语中，逝者也被拿来与公牛比较，例如："埃拉克雷奥波利斯之神，富贵荣华，翎羽翩翩，艳福丰厚，好比神牛（K3-bull）。"毫无疑问，这种神牛是百兽之王，其崇高地位是通过与其他公牛决斗而获得的。在克诺索斯，公牛只出现在克里特，这说明这项运动与王权紧密相关；这项运动也曾出现在埃及，说明训练公牛的方法也许更多的是参照了埃及或是赫梯的做法，而不是叙利亚的方式。

　　表演者地位如何是关于跳牛运动的另一个问题，我们将反复提到跳牛。在一个破碎的角状杯上（这是一种巨大的盛酒石器，出土于圣三一，其历史可追溯到公元前 1500 年），我们在研究其他活动时发现一个有趣的现象，公牛运动通常与其他暴力竞技同时进行。这个圆锥形的角状杯记录了四幅场景。最顶上一幅描述的是十人分作五组，其中两组在进行决斗，剩下三组在加油助阵，十人中有五六个人存活了下来。第二幅场景描述的是三头公牛，其中一头公牛的蹄下躺着一位跳牛者，另一头公牛的背上有个人正在倒立，第三头牛的犄角中间夹着一个人。在第三和第四幅场景描绘的是三对戴着头饰的拳击手，其中一个人明显正处于上风。我们很难了解这画面到底说明了什么。乍一看，骑在牛背上与公牛较量，可不像给人当面一拳或是把人推倒在地那样简单。所以他们是团队协作吗？这些拳击者与公元前 20 世纪爱琴美术最上乘并且常被人模仿的作品中描绘的少年完全不同。在圣托里尼岛的壁画中，两位拳击少年单手戴着手套。唯一能够确定的事实是他们分别代表两个团队，至于跳牛者的共同之处，在于他们参与的跳牛比赛是一项团体运动，而团队里的成员每个人都扮演着不同的角色。

亚瑟·伊凡斯认为，参与公牛竞技的人是克里特上层阶级的成员。近期有关公牛特技师着装问题的研究证实了他的这一观点：这些人戴着手镯和脚环，而这些装饰品是克里特富人阶级的象征。不过，虽说这一观点并非毫无根据，但也并非完全可靠。在伊凡斯的版本中，王室权贵有可能需要徒手与猛兽搏斗。据我推测，这些公牛表演者穿着华贵的服装并不是因为他们本身就是统治阶级的成员，而是因为他们是统治阶级所青睐的玩物。他们可以被认为是"身份高贵"的人，但是必须注意的是，对于这一概念的定义却不止一种。

经证实，拳击和摔跤也曾出现在克里特的邻国，这两项运动的主要目的就是为了取悦国王——跳牛运动，以及克里特（以及大陆大部分地区）的其他运动极有可能也是出于同一目的。圣三一角状杯描绘的是一项团体运动，这一观点是有事实依据的，安那托利亚的赫梯国王曾组织团体运动纪念历史上的伟大胜利，这些竞技活动似乎与宗教仪式有着千丝万缕的联系。埃及法老们观看过自己的子民进行摔跤、击剑等运动。公元前 30 世纪就已出现且地域远及叙利亚的美索不达米亚文明中，摔跤也一直是被当作王室的娱乐项目。在《创世纪》中，雅各与上帝摔跤只是"闪族世界"（横跨巴勒斯坦、叙利亚直到伊拉克南部的地区）众多类似故事中的一则。至关重要的是，铜器时代每一个重要群体，无论其种族属性是什么，都留下了证据证明体育娱乐的存在。然而，所有这些证据都表明，娱乐是国王操控的娱乐——运动员也许可以因为表演而获得重赏，但他们的表演是由王室权贵所决定的。在一些公元前 2000 年的苏美尔文本中，我们发现一些证据显示运动员在神庙被当成"待命人员"，享有独立居所。但这一做法出现的时期太过久远，将其看作近东地区的普遍做法是不明智的，之后的时期中也再无证据显示这些表演者是独立的演出个体。只有国王才能通过这种独特的表现方式来彰显自己的尊贵。

这些铜器时代伟大的东方王国都诞生过体育娱乐，但这些王国却并不支持独立的体育文化。克里特与近东地区有着类似的娱乐项目，这并不稀奇，因为我们知道克里特人与他们的东方邻国一直保持着来往；因此克里特人效仿埃及与近东地区王室的一些做法也不用大惊小怪。就像我们在荷马史诗中读到的那样，在荷马时代之前，安那托利亚语（具体来说是卢威语）一些叙事传统的成分已经进入了希腊语的叙事传统中；因此到了荷马生活的时代，有关上帝的新的描述已经开始影响希腊人对于近东神学的理解。这些新故事使阿弗洛狄忒的形象焕然一新，也让人们相信，至尊宙斯是因为击败了猛兽堤丰才保全了自己的地位。

同样地，我们在希腊也发现了一些证据表明克里特（其王宫建造时间比大陆地区的要早）的竞技传统已经渗入了王宫周围的生活圈里。比如，我们在迈锡尼的一间房屋中发现了一个来自维奥蒂亚塔纳格拉的拉耳那克斯（*larnax*，一种用来装骨灰的陶罐），上面的画半幅是跳牛，另外半幅画的是拳击或是械斗。塔纳格拉的拉耳那克斯的其他部位还记录着一排哭泣的女人和一些战车，它描绘的也许是葬礼游戏的场景。问题是，塔纳格拉是希腊大陆地区唯一一个使用拉耳那克斯，并且盛行火葬的地区，这说明这些发现是极其珍贵的。这些证据的特殊性还在于，它们记录了当时"体育娱乐"的情况，而几乎没有留下王室参与的痕迹。它们是王权时代末期出现的，这一点是否也同样至关重要呢？

在任何情况下分析铜器时代文物的时候都必须牢记一点：我们眼前的证据与荷马的叙述并不存在直接联系。人们在不同地方不同时期参与过拳击、摔跤以及跳牛等运动，开展这些运动的方式也非常有限——拳击无非是一个人将另一个人击倒，摔跤则是一个人必须将另一个人制服。当一个拳击手想要迅速获胜的时候，他最有可能的做法就是给对手当面一拳；而摔跤手则可能将对手高高举起或者是钳制住对方的双腿。只有在希腊，只有在迈锡尼时期的末期，我们才发现"体育娱乐"走出了王宫，走入了百姓的生活。在这一时期，我们还在战车赛上看到参赛者已经在"娱乐世界"之外取得了一定地位。如果有钱人拥有了战车或者战车正在竞赛，这就说明有钱人很有可能已经直接参与其中了。

塔纳格拉的拉耳那克斯上面有关跳牛运动的图画是极具象征意义的。它说明在希腊王权政治风雨飘摇之际，娱乐世界的变化也在悄然发生。更具体地说，在奢华葬礼上开始出现了葬礼游戏。但这些游戏与《伊利亚特》第二十三卷中的描述是否一致呢？如果娱乐一直由中央王权所控制，那荷马所描述的自由式赛局就不可能出现。从铜器时代的其他文物中，我们还发现一些游戏是荷马史诗中大部分游戏的历史原型，还有一些游戏则已经从人们的视线中消失了。只有回归到我们之前提到的这一原则——将荷马的描述与后迈锡尼时代考古发现的趋势相结合——我们才能探究当今西方世界体育传统的起源。这一传统涉及三个不同利益群体：赞助商（所有者）、观众和竞技者。

3. 荷马与体育

在勒夫坎狄陵园完工之前举办的盛大葬礼既可以看作王权时代最后的挣扎，也可以看作新时代到来的标志。虽然我们没有资料显示这一时期头几个世纪的情况，但公元前 1100 年至公元前 750 年的考古学发现表明，王权时代的等级分化已经彻底走入历史。权力不再集中掌握在少数中央官僚之中，而是在希腊疆域内，分化出了许多不同的小政权。这些政权的领导者有可能是王权时代区域领袖（*qu-si-re-u*）的后裔。在荷马时代，根据希腊语发音规则的转变，*qu* 现在的发音是 *ba*，*re* 的发音是 *le*，所以这个词现在的写法是 *basileus*（复数形式为 *basileis*）。在之后的希腊语中，这个词用来表示像波斯国王那样的君主，但在那个时期，这个词仍然表示的是地区的领导人。巴赛勒斯（*basileus*）绝对不是君主（*wanax*），因为回想迈锡尼时代的传统（荷马对此亦有了解），我们可以得知阿尔奇诺斯在费阿刻斯岛上，控制着十名巴赛勒斯，而且荷马史诗中辅弼阿伽门农国王的英雄们本身就是巴赛勒斯。追随者对他们唯命是从，在战场上也听从他们的指挥。他们是否胜任职责是一个值得探讨的话题。有一个叫赫西奥德的人，他比荷马略小几岁，曾指责巴赛勒斯是"窃取成果"的人，他们是对神圣旨意的亵渎。据说，在埃维亚岛一个名叫安菲达玛斯的巴赛勒斯的葬礼上，赫西奥德迎来了此生的荣誉巅峰：他在一场吟诗比赛中摘得桂冠，传说他击败了荷马本人。

赫西奥德夺冠的活动与荷马在《伊利亚特》中描述的十分相似，但有一些不同（这类活动已经再也无法复原）。如果遵照荷马的模式，应该出现一个赞助商，负责确保活动的有序进行，他需要通知各方，并且展示奖品（据荷马的描述，在大部分的比赛中不止赢家，输家也可以获得奖赏），通报参赛者的名字（在荷马的描述中，参赛者只需要站在观众面前就可以了），宣读比赛规则，调节纷争，以及颁奖。

荷马对于一系列比赛的描述为之后举行的众多比赛提供了可供参照的模板，通过荷马对这些活动翔实的描述，而非仅靠项目的罗列，我们才能真正了解竞技娱乐是如何发展成为真正的体育的。虽然《伊利亚特》和《奥德赛》中比赛的氛围都大同小异——地位尊贵的人通过彼此竞争而获得更大的荣誉——但这些比赛之间还是存在着巨大的差别。在《伊利亚特》中，没有说明地位不高的人也可以参加比赛；但在《奥德赛》中，明确地表示参赛者是地位不凡的众青年，其中包括阿尔奇诺斯的三个儿子。其中一个儿子请求奥德修斯参加比赛，说这话的他活像"温室里的花朵"，一张嘴就在谈究竟什么是荣誉：

> 来吧，朋友，在赛场上一显身手吧！如果你身手不凡，这将是你了解竞技的战场；对一个人来说，用双手争得的荣誉才是无上的光荣！
>
> 我看，陌生人，你不像是个精擅比赛的汉子，虽说竞技之事如今到处盛行不衰；你更像是个往返水路的客贾，乘坐桨位众多的海船，船员的首脑，运货的商人，只知关心自己的货物，物品的进出，从倒换中谋得利益。你不是运动场上的健儿。

此处暗含的意思是说，即使奥德修斯可能确实是"往返水路的商贾"，但只要他在竞技场上所向披靡，他仍然是配得上人们的尊敬。奥德修斯是位货真价实的英雄，他用非比寻常的方式证明了自己的竞技能力，也为下一卷揭示人物的真实特性埋下了伏笔。但在《伊利亚特》中却不似这般拐弯抹角，厄帕俄斯站上前来，说道：

> 谁想领走这个双把的酒杯，就让他上来吧！告诉你们，亚该亚人中谁也甭想把我放倒，用他的拳击，带走这头骡子——我是无敌的拳手！战场上，我不是一流的兵勇，然而，这又怎么样呢？谁也不能样样上手精通。老实告诉你们，而此事确会发生，我将撕裂对手的皮肉，捣碎他的骨头！让他的亲友缩挤在拳场的一边，等我的拳头将他砸倒之后，把他抬走！

信守承诺，轻而易举就能击败对手的厄帕俄斯估计不太合现代人的胃口。但此处值得注意的是，他是用竞技场上的成功来证明自己的伟大。在此之前，涅斯托耳也有过类似举动，他提醒众人自己之前赢得的比赛是何等的荣耀。但是，在一个绝对英雄主义的世界里，与一个温和的淮阿喀亚人的理想世界中，体育的地位有着细微的差别。这样的差别出现在诗句中，是因为诗文本身描述的是一个转型中的时代。在这两个事例中，我们都发现了一个重要的信息，就是运动员是通过竞技技巧来提升自己的地位的，并且要通过不断的成功来巩固自己的地位。但在近东地区事实似乎并非如此，我们也没有证据证明这是王权时代的真实情况。

在书中还有两处内容进一步揭示了两种对于竞技组织者的不同看法。这一纷争是否在荷马游吟时期已然存在呢？这些段落中的核心问题是：冠军到底由谁决定？在书的最后部分，阿伽门农参加了掷矛比赛。这时，阿喀琉斯打断比赛并宣称他是最后赢家，并同意将预留给冠军的奖品（一支矛）颁给获得第二名的墨里奥涅斯（如果他能获得更值钱的奖品，他也许不会那么介意）。这一做法并不能被看作之后希腊惯例的模板，因为之后参赛者必须当面臣服获胜的对手，让其享受"无尘"礼遇。这是组织者根据参赛者的政治背景而制定的霸王条款。阿伽门农坦然地接受了一切，并将冠军头衔拱手让给了昔日的对手。

阿伽门农的"获胜"经历与《伊利亚特》战车赛中因颁奖而引发的冲突形成了鲜明对比。这项比赛是荷马史诗中描述最为翔实的一场。比赛开始有五队参加，应绕赛道一周，赛道的起点是一条古道，阿喀琉斯站在道路的一头，另一头是十字路口的一棵古木，在那里，阿喀琉斯安排了一位可靠的部下，以确保所有战车都能顺利跑完全程。驾驶战车的人包括：欧墨洛斯（撞车了）、阿伽门农的兄弟墨涅拉俄斯（曾为海伦的配偶）、涅斯托耳的儿子安提罗科斯、大英雄狄俄墨得斯以及地位远不及其他人的墨里奥涅斯。狄俄墨得斯赢得了比赛，但是阿喀琉斯受人唆使，把亚军颁给了欧墨洛斯。颁奖时，阿喀琉斯说道：

> 一位最好的驭手，赶着飞跑的快马，以末名告终。这样吧，让我们给他一份奖品，应得的奖赏——二等奖；一等头奖要给图丢斯的儿子。

当他发言的时候，观众似乎也开始认同他的说法。看到这一场景的古代解说员知道在阿喀琉斯眼中欧墨洛斯是最好的驭者，而一个人的荣誉不应该因运气不佳而被剥夺。也许果真如此吧。但读到这些内容的时候我们也会感觉到，如果胜负是提前注定的，那比赛也就毫无意义了。愤怒的安提罗科斯说，实际的比赛结果必须发挥作用，他反对将人为因素而非竞技结果作为评判比赛的标准。为此，他阐述了如今我们所熟知的体育精神：

> 阿喀琉斯，倘若你真的这么做了，我将非常生气！你打算转手我的奖品！你认为虽然他的战车和快马受损，但他自己仍车技出众的驭手。可他早该向天祷告——不然，他也不会落在所有竞技者的后面！你的营棚里有的是黄金、青铜、肥羊、女仆和蹄腿风快的骏马。如果你可怜他，视他为知己，你大可从里头拿出一份更丰厚的奖品，赏送此人，亦可马上兑现，亚该亚人也会为你喝彩。至于这匹母马，我决然不会放弃；谁想把它带走，那就让他上来，得先把我撂倒再说！

安提罗科斯的发言证实了一种观点：奖赏是荣誉的象征，是胜利的果实。重要的不是阿喀琉斯是否会私下对欧墨洛斯予以重赏以示荣宠（他确实也这样做了）。对安提罗科斯来说，重要的是他应该得到所赢得的荣誉；他可能曾一败涂地，但在战车赛上他表现不俗。欧墨洛斯得到的一切是因为他对自己从未丧失信心（他确实应该向天祈求自己会取得好成绩）。就像这场比赛一样，人们喜欢猜测比赛的结果，甚至喜欢干扰比赛的进行，但即使是设定比赛奖项的大英雄阿喀琉斯也不能干预比赛的结果。

通过对比安提罗科斯慷慨激昂的发言和阿喀琉斯应对阿伽门农的方式，我们可以看到传统的变革正在萌芽。阿喀琉斯之后再一次试图操控结果———局之后他便中止了奥德修斯和埃阿斯的摔跤比赛（胜负应由三局两胜决出）———这意味着"传统"的权威已大不如前。荷马的读者似乎已经发现，枭雄奥德修斯和英雄埃阿斯的比赛是具有象征意义的，如果他们的比赛在史诗传统中有详细的记载，那么这场比赛也许有可能会成为另一部史诗。阿喀琉斯死后，希腊人举办了一场比赛来决定谁能继承他的盔甲，是力排众议搬运阿喀琉斯尸首的奥德修斯，还是忠心耿耿的埃阿斯？奥德修斯最后获得了胜利，心有不甘的埃阿斯情绪崩溃。当两人势均力敌的时候，阿喀琉斯中止比赛的文学效果对我们来说并不重要，关键的是，荷马选择了一种他所谓合理的方式结束这场比赛———交由比赛的管理者来决定。

很明显，《伊利亚特》第二十三卷中的比赛并未真实发生，但荷马决定吸收这些情节以推动故事的发展某种程度上标志着运动竞技正在经历着变革。葬礼游戏并不只是单纯地与逝者告别；它也能使活着的人在与逝者阴阳永隔之后，完成自我重塑的过程。因此，在荷马的叙述中，竞技游戏与故事情节的推进密不可分。阿喀琉斯微笑着听完了安提罗科斯的关于颁奖的看法，这一细节提醒着我们，安提罗科斯是阿喀琉斯最后的时光最亲密的朋友。奥德修斯之后有可能战胜埃阿斯获得阿喀琉斯的头盔，但与阿伽门农的和解才是《伊利亚特》中的重要一笔，此时，阿喀琉斯终于放下了长久以来困扰着他的仇恨，也使人们相信他真的可以以"人"的身份去觐见特洛伊国王普里阿摩斯了。

普里阿摩斯潜入阿喀琉斯的营棚取回了儿子的尸首，并为其举办葬礼，这是《伊利亚特》故事的结尾。阿喀琉斯想起无法再见的父亲而深受感动，他开始同情这位特洛伊国王，描述他悲伤心情的文字现在仍是西方文学中最具感染力的篇章之一。也就是说，只有能够唤起读者共鸣的文学作品才真正具有生命力。在之后的希腊体育中，荷马曾于《奥德赛》里描述的干涉比赛结果的行为已经变成天方夜谭。它们不能预示未来，更多地是被看作荷马所处时代的体现，但能帮助我们了解流传千年的传统竞技项目。蛮横地决定奖项的归属是王权时代专制的颁奖规则的体现。《伊利亚特》第二十三卷成为新世界的代名词并不是因为它选择了特殊的事件，而是在于安提罗科斯倡导根据实际结果来决定奖项的归属的言论，这表明紧张的气氛仍然弥漫在空气之中。

荷马不仅向我们展示了竞技的整体氛围，也进一步表现了那个时代举行竞技比赛的方式。他的听众不会奢望看到一个体育基础已然成形的时代。阿尔喀诺俄斯宣布要在淮阿喀亚举办比赛之后，他在自己城市的"阿果拉"，也就是集市上，举办了许多活动。没有提及神庙，没有赛前祭祀，只在比赛之后邀请地主参加赛后盛宴，千千万万的百姓则聚集在一起观看比赛。需要使用手中工具的比赛，例如葬礼游戏，成了为帕特罗克洛斯举行游戏之中的一大亮点。赛道是由古道和十字路口的一棵树决定的。驭手必须勒住战马使之不至超越边线，还必须避开"冬天的积水侵蚀而破损的地面"，书中最令人印象深刻的一段中描述道，有一次，竞走的边线太过靠近阿喀琉斯为祭祀帕特罗克洛斯而设立的神坛。屠杀祭祀牲畜留下的污血和粪便激怒了女神雅典娜，她施法让领先的人滑倒，让她钟情的奥德修斯获得了胜利。当然，神明最终也需要为介入行为承担后果。就像安提罗科斯说到的那样，如果欧墨洛斯真的想获胜的话，他就应该向不死之神祈求。狄俄墨得斯就是这样做的，当他发现阿波罗在比赛开始时就让自己失手丢了马鞭，他立刻向神祷告，于是雅典娜让鞭子重新回到了他的手中。奥德修斯在竞走比赛中获胜也是因为雅典娜听到了他的祷告。此时，神灵的介入至少代表着一丝不确定的因素，代表着让人夺冠的机会和运气。在比赛中，不死之神永远受到人们的欢迎，即便这将忤逆专制主办人的指令。

通过分析之后希腊体育的发展过程，我们可以发现在荷马史诗从两个方面进一步体现了时代的变迁。

第一，完全不存在任何"日历"的概念。无论何时，希腊世界中的竞技总是和宗教庆典联系在一起的，但对荷马来说，似乎没有这个必要。就在荷马可考的生活年代之间，希腊各地开始发展出一些常规机构，而正式的民间日历成为这些机构的一大特色。只有成立这些机构之后，人们才有可能常规化地举办体育比赛，而不受某一个人（比如阿尔喀诺俄斯）的政令的制约，也无须担心赛事被贵族否决。由于没有常规化的赛程，而葬礼比赛又必须在人去世后迅速举行，这不可避免地将参赛者局限在了附近的居民之中。阿尔喀诺俄斯举办这些比赛的目的，是为了让奥德修斯能够展现淮阿喀亚人在这些运动上是如何地所向披靡。

第二，荷马史诗中英雄人物是全副武装的。在古典时期，"赤身裸体"是希腊竞技的一个鲜明特色，也将希腊的体育盛世与其他民族的竞技活动区分开来。即使是那些有可能观看过希腊竞技的人（如伊特拉斯坎人）也不接受裸体竞技的做法。

日历的出现及服饰的消失是荷马之后的时代体育文化兴起的两大重要表现。

第二部分　奥林匹亚

4. 从神话到历史

　　品达是一位诗人，因为写了许多有关名人的诗歌而出名。他创作的对象是其生活时期（公元前 5 世纪）在四大竞技盛典中获得过冠军的人。品达创作的时间比荷马吟唱《伊利亚特》的时期晚了约三百年。他生活的时代写作已经较为成熟，虽然即使使用尚不广泛，而"城邦"已成为主要的社会组织。

　　尽管存在这些不同，荷马仍然至关重要。希腊历史概念中，特洛伊战争被看作真实的历史事件，希腊人的自我认知很大程度上来源于荷马和赫西俄德所展示的神话传统。正是这一传统，定义了什么是希腊人，什么是"外族人"（*barbaros*）。也让人们感觉到有些事情不仅是"所有希腊人能做到的"，也是只有希腊人能做的。在这方面最重要的一项，当属高度发达的竞技环境中诞生的四大盛典，或被称为"泛希腊盛典"。在品达生活的时代，希腊北部马其顿的国王亚历山大希望效仿来自伯罗奔尼撒神话里的先祖，以表明自己的"希腊"身份，所以他也愿意在这些盛典上一试身手。因此我们也许不难理解，为什么品达和其他诗人描述当代人物的时候，也会把他们的行为放置在广泛的神话历史背景之中，并声称他们对这些行为的歌颂完全符合赛事真相。

让一方百姓欢聚一堂的泛希腊盛典同样带有神话色彩。这些赛事包括：奥林匹亚竞技会、皮提亚竞技会、尼米亚竞技会、伊斯特米亚竞技会，每四年周期性举行。最先举行的是奥林匹亚竞技会，组织地是伯罗奔尼撒西北部的伊利斯州，那里有供奉宙斯的神庙。皮提亚竞技会每四年在建有阿波罗神谕神庙的德尔斐举行，在比赛周期中，皮提亚竞技会在奥林匹亚竞技会举办两年之后进行。尼米亚竞技会的举办地是阿哥斯（伯罗奔尼撒东北部的强省）涅墨亚的宙斯神庙，举办时间在皮米亚竞技会和奥林匹亚竞技会的周期中间。祭祀海神波塞冬的伊斯特米亚竞技会在科林斯（伯罗奔尼撒北部重镇）城外举办，举办周期与奥林匹亚竞技会和皮提亚竞技会相同。根据规定，伊斯特米亚竞技会在 4 月至 5 月举行，皮提亚竞技会和奥林匹亚竞技会则总是在 6 月至 8 月间举行。

品达有可能于公元前 518 年出生在希腊中部彼奥提亚的喀罗尼亚市，而且非常长寿——根据传统记载，他死于公元前 443 年，他的诗作——时间跨度从公元前 498 年至公元前 446 年——也证明了传统记载的真实性。而这一假设的潜在问题不仅仅在于，在品达生活的时期没有希腊人能够为几百年后发生的事件（基督诞生）记录下相关时间；还在于在希腊世界并没有普遍的计时方法。我们现在判定品达时期事件发生日期的方法是将活动与雅典地方官员的名单以及相应朝官的名字（他们当年仲夏至次年仲夏需要汇报自己的名字）进行比照。公元前4世纪末，雅典朝官的名单开始与奥林匹亚竞技会上冠军的名单联系起来，目的是为了帮希腊世界制作一部通行的编年史。那时，希腊世界的版图已经被马其顿的亚历山大极大地拓展；这位君主征服了品达时期强大的波斯帝国，使得希腊王国的疆域一直向东延伸，直达阿富汗。这一时期希腊的核心区域包括当代希腊的中部和南部地区，以及意大利南部的部分地区、西西里岛、土耳其西部和塞浦路斯。

这种基于雅典朝官和奥林匹亚周期的编年体系在品达死后的一百多年间并未流传开来，这使得我们很难判断早期的比照结果是否准确。希腊计时系统的复杂性以及品达时期人们看待世间的方式与竞技历史存在着直接的联系。如果我们认为第一届奥林匹亚竞技会举行的时间是在品达死后（公元前446年），早在公元前776年，在荷马出现前的一个世代，希腊西北部就曾经举办过一场与神庙有关的盛典，吸引了整个希腊的人前来观看竞走比赛。我们也必须承认汇总了冠军名单的伊利斯的希庇亚斯的工作，他能够获得获胜者名单，虽然当时的人们通常并不会记录这类信息。不幸的是，我们所了解到的希庇亚斯大都来自柏拉图的描述，在他的笔下，此人傲慢自负，才学毫无过人之处。

姑且不论这些质疑，希庇亚斯复原的奥林匹克史不仅仅是一项简单的编年实践，它也是对竞技历史的记录。这一历史以竞技会添加新比赛的日期（或新比赛首次颁奖日期）为基础。第一届奥林匹亚竞技会的项目仅仅是一场约两百米的短跑（*stadion*），获得比赛胜利的是一个名叫科罗厄布斯的人。在第 14 届竞技会上（公元前 720 年），人们也为竞走比赛颁发了奖项，但这次比赛的长度是第一次竞赛时的两倍，被称为"中距离跑"（*diaolos*），也就是"双跑道"的意思。到了第 15 届（公元前 716 年），增添了远距离竞赛，称为"长跑"（*dolichos*）。到了第 18 届盛会（公元前 708 年，其间停办过一次），新增了两个项目："五项全能"（包括掷铁饼、标枪、跳跃、斯泰德竞技和摔跤），以及一项独立的摔跤项目。不过五项全能运动员通常不会参加常规的疾跑或是摔跤。到第 23 届（公元前 688 年），拳击比赛被纳入其中。第 25 届（公元前 680 年），新增了驷马战车赛（*tehrippon*）。公元前 648 年新增了赛马以及潘克拉辛——一项拳击和摔跤的混合运动。少年组的竞走比赛、摔跤和五项全能（旋即停办）分别在第 37 届、38 届以及 41 届奥林匹亚竞技会上被纳入赛程（公元前 632 年、公元前 628 年和公元前 616 年）。品达所熟知的比赛被盔甲比赛（第 65 届奥林匹亚竞技会，公元前 520 年），以及骡车比赛和母驹比赛所取代，比赛时驭手们会身着盔甲与坐骑一道跑完比赛的最后一圈（分别为公元前 500 年第 70 届和公元前 496 年第 71 届奥林匹亚竞技会，两项比赛均在公元前 444 年停办）。

希庇亚斯的翔实历史并没能说服当时希腊其他的有学之士。大历史学家希罗多德对竞技英雄非常了解，但他并没有提及任何一届奥林比亚竞技会。希庇亚斯汇总名单的时候，修昔底德正在撰写《伯罗奔尼撒战争史》。他并没有参照这份名单，并自负地认为看到名单即能分别真伪，而且对那些要求将希庇亚斯的成果纳入自己历史著作的评论不屑一顾。

如果希庇亚斯汇总名单如此引人争议，是不是说明他的名单全是子虚乌有呢？或者说他确实收集了一些证据或者借鉴了传统记录中的一些信息，但人们质疑他的工作矫枉过正了呢？比如说，有可能品达知道有些人认为科罗厄布斯是第一届奥林匹亚竞技会上斯泰德比赛的冠军，或者当地的记录传统中有希庇亚斯觉得可以参照的蛛丝马迹？谁也不能对此做出一个绝对肯定的答案。

之所以不能给出决定性的答案，是因为我们所掌握的证据不多，而且往往含糊不清。最重要的一项证据是约公元前 500 年西西里岛两座城市之间的条约，刻在铜片上。在这份残破不全的文件上，我们可以读到以下文字："那些逃避合约的人，……可不必信守诺言，那些跟风逃散的人也不必信守诺言；今年的奥林匹亚竞技会（此处铜片残缺，似乎是一个 H 开头的单词）开始这些（合约）。"如果此处的 H 字母是数字单词的第一个字母，那只能是"6"，因为希腊语为"Hex"，也许在这种组合下代表的是"hexaidekatas"，也就是"16"。这有可能揭示的是一个重要日期——如果我们愿意接受某学者的说法，认为这些活动可以追溯到公元前 4 世纪 80 年代，而不是公元前 5 世纪，那么第 16 届奥林匹亚竞技会就说明了奥运会到此时应该延续到了大约公元前 550 年，虽然在希庇亚斯的传统中，这一日期，以及从公元前 500 年开始往前推算的做法都未有太多记录。尽管我们很愿意宣称这些铭文能够证明竞技会始于公元前 6 世纪中期，但是如果我们这样做了，那也就和希庇亚斯的行为别无二致——都是用不可靠的信息来佐证自己的假设，最终造成不实信息泛滥。事实上，将这份资料和奥林匹亚竞技会联系起来也许并非毫无根据。同一时期的其他资料还包括一些记录日期的套话，例如"联盟将持续一百年，今年生效"，此处作者想说的也许是，合约是在奥林匹亚竞技会举办期间签订的。至少这意味着人们相信在奥林匹亚年曾经发生了某些重大事件。据我们所知，西西里岛的另一座城市正属于这样的情况，每隔四年当竞技会将在该市举办的消息一传来，那里就会举办一场特殊的"净化仪式"。

即使我们不能直接证实奥林匹亚竞技会在伊利斯有完整的编号系统，这也不能说明它们自身传统的缺失——科罗厄布斯的墓地也许一直就在领土边界的显眼位置，诉说着他和竞技会之间的故事。一位来自意大利南部洛克里的青年哈格斯达玛斯，在公元前 476 年赢得了少年组拳击比赛的桂冠，品达在诗中对他的获胜大为称颂，而这一做法也引发了对品达时期竞技会"真实版本"的质疑。在诗中，他描述了赫拉克勒斯在比赛时如何在佩洛普斯的坟墓周围设置了六个神坛，如下：

> 英勇的宙斯之子，将全军和战利品 [他们刚刚摧毁了伊利斯邪恶之王及其党羽] 集结于比萨，为伟大的父亲圈定神圣林园。他在空地上为阿尔提斯（圣地）筑起藩篱，留以备用。周围的空地成了晚餐时休息的场所，祭祀着阿尔甫斯河（奥林匹亚附近的河流）以及 12 位主神；他这座无名山定名为克隆那斯山，因为奥诺玛奥斯统治时期，山上曾是皑皑白雪。命运之神，你注视着这一新生的盛典；时间，真相唯一的守护者，此刻即将昭告天下，经过战火的洗礼，赫拉克勒斯奉上了最好的献礼，创立了四年一度的奥林匹亚盛会，等待着强者的诞生。

品达随后忠实地记录了冠军的名字，包括一位名叫奥伊欧诺斯的男子，他是疾跑比赛的冠军。我们不能不借助时间这一真相的保证来判断传统中涉及的其他名字是不是存在谬误。竞技会的成立者并非来自伊利斯，这一点在充满争议的时代是非常重要的，而品达正是生活在这样一个时代。如果赫拉克勒斯所创的比赛是竞技会的雏形，那么它确实应该属于全体希腊人，而且所有希腊人均有资格参加。在公元前476年，清楚地认识这一点至关重要。

　　当年有两首诗颂扬哈格斯达玛斯的胜利，这首诗是其中一则。哈格斯达玛斯也是品达三个描写对象之一，其余两个是希腊世界最有权势的人——希隆和塞隆。他们热衷的项目是赛马；统治希腊城市是他们的职责。希隆是西西里岛最重要的城市西拉丘斯的君主，塞隆是西西里岛南部沿海城市阿格里真托的君主，两人常处于竞争关系。除了品达的诗歌，我们还能读到凯奥斯诗人拜克里德斯的作品，他大篇幅地歌颂了希隆的丰功伟绩。此两处所说的"君主"，其实指的是一城之主，它并不像之后的希腊语或当代希腊语那样，代表残暴而不受限制的权力。品达为希隆所写的诗中也描述了早期竞技史中的一则故事，说的是年轻的佩洛普斯请求他之前的恋人波塞冬，帮忙击败烦人的伊利斯国王奥诺玛奥斯以获得战车比赛的冠军。这位国王曾放言，谁能在战车比赛中击败他，就能迎娶他的女儿希波达迈亚。此前13个人的尝试都失败了，他们已被处死。在波塞冬的帮助下，佩洛普斯获得了胜利，奥诺玛奥斯一命归西（在品达的诗歌中未有明显体现），这对幸福的夫妻生了6个孩子。

　　大部分现存文本都集中在公元前476年那届奥林匹亚竞技会，而非其他年份。也许，这不仅体现了希隆和塞隆无穷的个人魅力，也体现了之前奥林匹亚竞技会重大事件的影响力。公元前480年，希腊在整个地中海世界独立自主的地位受到了严重威胁。那一年，塞隆和希隆的哥哥格隆并肩作战，对抗迦太基人捍卫西西里岛的希腊城市。迦太基是当代突尼斯沿海一座发达城市，三百年前，由来自现在黎巴嫩（当时称为腓尼基）提尔市的人们所兴建。希腊定居者们也于同一时期开始西移，自那时起，两个民族时而称兄道弟，时而兵戎相向。在格隆的领导下，希腊部队在西西里岛北海岸的希梅拉战役中打败了迦太基人。因为这次战争，一座巨大的三足鼎和一幅胜利画卷出现在了奥林匹亚，并保留至今，上面刻着以下文字："格隆，狄诺墨涅斯之子，叙拉古人，将此敬献阿波罗。比瓮，狄奥多罗斯和米利都之子，敬铸此鼎，以念凯旋。"过了几年，另一场战役之后（此次对抗的是意大利的伊特拉斯坎人），希隆把刻有如下文字的头盔送到了奥林匹亚："希隆，狄诺墨涅斯和叙拉古人的儿子，将库美伊特拉斯坎人头盔敬献于此。"头盔和其他胜利的装饰品一起，装饰在举办竞技场（此处不举办马术活动）围栏的顶端。

公元前 480 年发生的另一重大事件是抗击波斯国王薛西斯对希腊本土的入侵。波斯帝国此时已发展为世界上最强大的帝国。自公元前 6 世纪中叶起，伟大的波斯开国君主居鲁士已经控制了近东以及现土耳其的大部分地区。居鲁士的儿子冈比西斯（在被叛臣暗杀之前）已将埃及纳入自己的版图；刺客首领，即之后的国王大流士，巩固了对帝国现有领土的控制，并且将势力渗透到了希腊东北部边界，甚至到达乌克兰的南部地区。帝国的东部边境设在阿富汗，北部边境设在哈萨克斯坦。

公元前 499 年，大流士将今土耳其以西的希腊人区域视作自己的目标，不久之后，居鲁士起军叛乱。雅典人派送了 20 支战舰抗击叛乱，用希罗多德的话说，这是"希腊人和野蛮人灾难的开始"。叛乱被镇压下去之后，大流士决心发起一场"先发制人的战争"对抗支持暴动的希腊恐怖分子。此处用"恐怖分子"这个词，并不是要强调它的当代词义，而在于波斯已公开表示入侵之举实为著名神庙被毁而采取的报复性行为。海上战队摧毁了埃雷特里亚这座城市——它曾是原勒夫坎狄的所在，也曾为叛乱分子提供援助——并最终在马拉松登陆。那是公元前 490 年的夏末，雅典人在海岸将战队歼灭。薛西斯历经数年已继承了父亲的王位，而他现在必须清算这两笔血债，才能保存颜面。因此，在充分的准备之后，他于公元前 480 年的夏末，率领超过 15 万人的海陆两军来到了希腊。这一战队在萨拉米斯附近的海战中被歼灭；薛西斯逃回国内之后的余下部队，也于次年夏天在普拉塔亚战役中全军覆没。

曾团结一致对抗迦太基和波斯人的希腊各州很快陷入了争论之中。公元前 478 年，格隆死后，希隆近乎要与塞隆一同参战。与此同时，对抗薛西斯的主力——希腊人和斯巴达人——已经开始对应当推行的政策争论不休。斯巴达人主张坚守本土，而雅典人因为萨拉米斯战役之前不久，城邦被薛西斯摧毁，希望与爱琴海各州结盟一同对抗波斯人。希腊国内的情况要复杂得多，因为底比斯——彼奥提亚的主要城市——也曾与波斯人站在一条战线。

对那些持有不同意见的人，甚至对"连横合纵"极度敏感的人来说，奥林匹亚以及其他举办竞技会的城市都是完美的所在，在此，各方能够对各自的相对影响力论资排辈，虽然不是正式的数据，但却是不可或缺的。这些泛希腊盛典恰巧就是这样一个平台，因为一切都回归到了中立的基础之上。每一组竞技比赛都有其独特的神话背景，使得原始庆典不再受任何一个州的影响。公元前 480 年是辉煌的一年，当年竞技会的冠军名单也许就是体现这一中立性的最佳佐证。我们所掌握的这一名单记载在莎草纸上，在 2 世纪或 3 世纪的时候被复制出来，出土于埃及的俄克喜林库斯市。和其他此类文本一样——所有在俄克喜林库斯出土的文本都来自城市的垃圾堆——这份名单也已残破不全：左手边的每一行开头一些字母已经遗失，名单的开头部分也已失传，头七行已借鉴其他资料补齐（缺失的文字均已用方括弧标注出来，作为译注）。即便如此，我们仍能读出当时的大致情况：

叙拉古人阿斯提鲁斯获得"短跑"的冠军

叙拉古人阿斯提鲁斯获得"中距离跑"的冠军

斯汀法洛斯人多罗美乌斯获得"长跑"冠军

伊瑞安人泰奥彭波斯获得五项全能冠军

[?] 获得摔跤比赛冠军

萨索斯人西奥吉恩获得拳击比赛冠军

曼蒂尼人多罗美鲁斯获得潘克拉辛比赛的冠军

奇欧特人 Xenopeithes 获得少年短跑冠军

阿尔戈斯人 [姓名缺失] 获得少年摔跤比赛冠军

希伦人 [名字部分缺失] 范斯获得少年拳击比赛冠军

叙拉古人 [阿斯] 提鲁斯获得"戴盔跑"比赛冠军

底比斯人 [戴] 顿和阿里斯洛楚斯获得"驷马战车赛"的冠军

[阿尔] 戈斯人获得赛马比赛的冠军。

　　当这些竞技比赛正在进行的时候，迦太基人正在沿着意大利南部海岸行进，而薛西斯则驻扎在希腊的北部。然而，冠军名单也许体现了的是一种回归正轨的渴望（获胜各州可能并不乐意听到这样的说法）。萨索斯和奇诺斯都处在波斯人的控制之下（波斯战舰中有许多船只都来自奇诺斯），底比斯差点要宣布支持波斯，阿哥斯则拒绝加入反抗波斯的联盟。

　　随着时间的流逝，外交的重要性越来越明显。公元前 478 年举办的伊斯特米亚竞技会和皮提亚竞技会，希腊人只召集了（或者主要召集了）跟一同对抗过波斯入侵的各州参加。伊斯特米亚竞技会在当时对于反抗波斯入侵的壮举有着极大的象征性意义。在伊斯特米亚波塞冬神庙里，希腊人集会后决定对公元前 480 年竞技会上贡献最大的人颁发奖品。获奖的是雅典人地米斯托克利。在皮提亚竞技会上，希腊人第一次看到了矗立在那的青铜蛇柱（柱文略有争议），蛇柱为斯巴达国王帕萨尼亚斯所立，他曾在普拉塔亚战役领导过希腊军队作战。上面列出了所有在抗战中团结一致的各州名单。在公元前 476 年奥林匹亚竞技会召开前不久，地米斯托克利据说曾建议前来盛会的希腊人拆毁希隆代表团精美的帐篷，并拒绝他的战马参加比赛，因为他未能在对抗波斯的战役中伸出援手。

5. 公元前 480 年的奥林匹亚

公元前 480 年，和历届竞技盛会一样，想参加奥林匹亚竞技会的选手都必须在伊利斯市汇合，一个月之后再参加开幕仪式。那时，当选手宣誓愿意接受严格训练的时候，负责比赛的官员会决定谁能参加比赛以及参加比赛的类别。当时主要有男子组和少年组两大类别，参赛者被分配到哪一个类别取决于当天以何种姿态出现在裁判面前（大部分分配到少年组的选手年龄在 12 岁至 17 岁之间，如果有谁发育特别成熟，也有可能被分配到男子组参加比赛）。同时，选手们还必须证明他们是希腊市民，并且有能力获得场馆竞技（包括竞走、五项全能和格斗比赛）的冠军。

现有有关竞技会步骤的大部分证据都来自较晚的时期（主要是公元 2 世纪），但那些描述参赛少年心情的文字却超越了时间："我够资格参加比赛吗？我有机会获胜吗？裁判们是公平的吗？我的对手到底水平如何？"一位年轻男子说比赛的焦虑让他做了一个梦，梦里他和同伴们从裁判面前走过，发现其中一位裁判竟是阿斯克勒庇俄斯（医神）。也许其实根本不用担心这些凡人裁判，因为在比赛前，他就一命呜呼了。

裁判们在奥林匹亚宣读的誓词是另一个叫帕萨尼亚斯的人记录下来的，这位旅行者公元前 2 世纪有关奥林匹亚的叙述是古代竞技史的重要来源。誓词是古老仪式的一部分，至于为什么会有这样的仪式，答案早已掩盖在了历史的尘埃中。裁判们宣誓将公平地决定选手应当参加男子组或是少年组，并且绝不泄露选手的任何信息。假如审查过程中，选手需要私下向裁判展示自己的技能，对于新选手来说，他们自然会想在比赛前知道对手究竟有何本领。一个人是否确实是希腊人，是否是一名合格的健儿，需要经由他人鉴定。当时决定的结果及其影响体现在了帕萨尼亚斯所记录的少年组各项比赛的故事之中，创作灵感源自奥林匹亚竞技场外少年冠军菲利亚斯的雕像：

　　[在] 第78届盛典 [公元前464年] 上，[菲利亚斯] 被认为年纪太小，不适合参加摔跤比赛，而被拒之门外。在下一届盛典上，他获准参加少年组摔跤比赛并摘得桂冠。菲利亚斯的经历是非同寻常的；可以说与罗德岛的尼卡斯鲁斯在奥林匹亚竞技会上的经历完全相反。伊利斯人不允许18岁的他参加少年组摔跤比赛，但他参加了男子组并获得了冠军。之后，他在尼米亚和伊斯特米亚两度夺冠。然而，当他20岁的时候却在踏上重返罗德岛的归途前迎来了自己的死期。在我看来，罗德岛的奥林匹亚摔跤选手的本领比不上特拉勒斯的阿尔米多鲁斯。他

在奥林匹亚少年组潘克拉辛比赛中失利，而失败的原因是他实在是太年轻了。但是，当士麦那的爱奥尼亚人举办比赛的时候，他已足够强大，在潘克拉辛比赛中，一天之内击败了奥林匹亚竞技会的那些旧对手；经历过少年组——或者按他们的话说叫"嘴上没毛"小组比赛之后，他又参加了男子组比赛。他和"嘴上没毛"的少年之间的比赛结果被人说是教练鼓励的功劳；而他参加了男子组，是因为男子组某位潘克拉辛选手的挑衅。阿尔米多鲁斯在公元 68 年的第 212 届奥林匹亚盛会上摘得男子组桂冠。

在帕萨尼亚斯看来，竞技史是一段持续的历史，竞技成就的对比，超越了时间的限制；就像今天我们会对比贝利和罗纳尔迪尼奥的球技，或是将本垒打名将"贝比"·鲁斯和汉克·阿伦（甚至是贝瑞·邦兹）拿来比较一样。在他所处的时代，这些自然无法借助胶片来完成——帕萨尼亚斯看到埃伊纳岛的菲利亚斯的次数，一定比看到特拉勒斯的阿尔米多鲁斯的次数更多。

至于竞技比赛中，这一做法也给参赛者带来了一些麻烦。希隆和塞隆选择避免同场竞技，二人均选择在家静候结果——只有在赛马比赛中，享受胜利的荣耀是主人而非参赛者。因此，巴库利德斯并未描述年轻骑士骑着"斐斓霓柯"（意为"胜利的坐骑"）如何努力地争取胜利（希腊骑士大都是年轻小伙，骑马的时候不安马鞍，也不着衣物），而是这样写道：

　　　黎明女神，站在波涛汹涌的阿尔甫斯河旁边，看着浑身栗色，风驰电掣的骏马"斐斓霓柯"，她曾在特尔斐见过此马；我

向皇天后土起誓，此马从未在任何比赛中落于人后。它的力量就
像北风一样强劲，它听从着驭手的指挥，向着胜利冲刺，为了希
隆新的荣誉而努力。

品达注意到，尽管塞隆缺席了，但他的"美德已传遍四方，他的胜利
让他足不出户便将海格力斯之柱收至麾下"。

拳击比赛的情况可能更为复杂。公元前480年的胜者是萨索斯的
西奥吉恩，他战胜了洛克里的尤希姆斯而摘得桂冠。西奥吉恩试图成
为首位在一届竞技会上摘得潘克拉辛和拳击运动双料冠军的选手，然
而，虽然他获准参加潘克拉辛比赛，但和尤希姆斯的角逐已让他筋疲
力尽，他亦无法继续参赛。比赛的结果是：

裁判决定对天才的西奥吉恩开处罚金，以祭天神，而且他们
还认为这名天才的选手对尤希姆斯造成了伤害，因为他参与比赛
的目的仅仅是为了羞辱他的对手。因此，他们谴责这种行为并决
定西奥吉恩应私下向尤希姆斯支付额外的罚金。在第76届盛会
上，西奥吉恩付清了用于祭祀天神的罚金，并且放弃参加拳击比
赛，以此作为对尤希姆斯的补偿。这届以及次届盛会上，尤希姆
斯均获得了拳击比赛的冠军。

尤希姆斯的出现，和西奥吉恩一样，代表着那些拥有传奇竞技成
绩的运动员，他们也成为让品达公元前467年的其他作品的创作来
源。有不少作品是为了庆贺哈格斯达玛斯夺得少年组拳击比赛的冠军
而创作的。其中为哈格斯达玛斯写的第一首诗在其夺冠后不一会儿就
被创作出来了，描述的是奥林匹亚城里或者附近的某种聚会活动。根

据品达的说法，第二首篇幅较长的诗歌是一段时间之后，为洛克里庆祝胜利的仪式而创作的。在这一点上，我们没有理由质疑这位诗人的说法，而且诗歌开头几句无非是文思奇巧地想掩盖了一个事实——阿切斯特拉图的儿子哈格斯达玛斯，是品达当年排名第三的雇主——此前，品达已经歌颂过希隆"斐斓霓柯"马的夺冠，还曾两度为格隆的获胜而创作诗歌。诗的开头他轻松地写道：

> 回想一下阿切斯特拉图之子在奥林匹亚夺冠的情景吧，一切就像是刻在我的脑海之中。我该为他高歌一曲，此时却难诉情衷。哦，缪斯，以及你的姐妹，宙斯的女儿——公正女神，用你的"正义之手"，让说谎的人不再内疚，让伤害朋友的人也能得到解脱。

如果知道阿切斯特拉图缘何赞助了两届盛典，一切会变得更加有趣。我们猜想，哈格斯达玛斯可能并不知道自己的奥林匹亚生涯已经接近尾声。虽然目前是少年组的翘楚，但他下届比赛将参加男子组的角逐，届时他将迎战最强大的两名对手。一个是他的同乡尤希姆斯，另一个是萨索斯的西奥吉恩，要想战胜哈格斯达玛斯可说毫无胜算。令人意外的是，如果这些伟大的竞技会需要一个主旨的话，那将是主要选手之间的"王不见王"。西奥吉恩和尤希姆斯在公元前480年的决赛中没有再度对垒，格隆和希隆并列第一，伊利斯人拒绝了地米斯托克利的建议，反对损害希隆的利益。结果，格隆和希隆都举行了盛宴庆祝自己的胜利，并举办了一些活动，让拜克里德斯和品达的诗作首次与大众见面。西奥吉恩的做法更为夸张。虽然我们知道他极其富有——不然他也不可能支付罚金，这笔钱足够支付一条战舰一个月的开销——但我们不确定他是否委托诗人为自己大唱赞歌。但我们知道的是，在这些比赛结束之后，他的妻子诞下麟儿，取名狄索利匹斯（Disolympios，意为"双奥林匹亚"），其中"胜利"的寓意不言自明。

6. 公元前 476 年的奥林匹亚竞技会

奥克西林库斯出土的莎草纸为我们提供了公元前 480 年竞技会的相关证据，也记载了公元前 476 年的胜者名单，其中有些人我们已经很熟悉了：

> 米提林尼人［斯加］曼德尔获得疾跑冠军
>
> 阿尔［戈］斯人［丹］迪斯获得短跑冠军
>
> 斯巴达人［姓名缺失］获得长距离跑冠军
>
> 塔兰托人［姓名缺失］获得五项全能冠军
>
> ［玛洛］尼人［姓名缺失］获得摔跤比赛的冠军
>
> ［洛］克里人［尤希姆斯］获得拳击冠军
>
> ［萨索］斯人［西奥吉恩］获得潘克拉辛冠军
>
> ［斯］巴达人［姓名缺失］获得少年组短跑冠军
>
> ［爱］琴那人［西奥内图斯］获得少年组摔跤冠军
>
> 来自意大利的洛克里人［海格］希［达］穆斯获得少年组拳击冠军
>
> 叙拉古人［……］鲁斯获得"戴盔跑"冠军
>
> 阿格里根特的［塞］隆获得"驷马战车赛"冠军
>
> 锡拉库扎的希［隆］获得赛马比赛的冠军

可是，在这些盛会暗波涌动的情形之下，这份名单是怎么出现的呢？那个年代的奥林匹亚竞技会有时是如何运作的？为了解决这些问题，我们必须再一次将文本和考古资料结合起来，因为出土的资料记载了奥林匹亚的信息，使我们能够开始了解奥林匹亚的发展轨迹，也能让我们把关键的文本证据和现实背景融合在一起。

现在人们造访奥林匹亚的时候，会发现当地有许多古建筑的遗迹，其中绝大部分都兴建于公元前 476 年以后。现在仍然能够看到的大竞技馆是公元前 4 世纪的建筑，它曾是竞技场的拱形入口，诞生于此的竞走比赛，亦将其作为比赛时的正式起点。当西奥吉恩和尤希姆斯在场上竞技的时期，那里建有一个平整的运动场，由椭圆形的矮墙围砌而成，上面装饰着战争的纪念品，其中亦包括格隆所获的战利品。运动场不远处是马术比赛的赛道。这些场地再往西，坐落着宙斯神庙、天后赫拉的神庙、一座巨大的神坛以及佩洛普斯的神庙。神庙的东北部陈列着一排"珍宝"，是各个城市敬献给天神的祭祀物品，而东南方向则是行政机关的所在。

大约在竞技会开始前一年，有两个人被任命为希伦诺底该（Hellenodikai，意为希腊人民的裁判），来管理奥林匹亚盛会。他们住在特定的住处 Hellenodikeion，在那里负责监管盛会的所有事项。在盛会开始前不久，如有需要，会另委派一名人员对二人进行职责培训。为我们提供了这一信息的帕萨尼亚斯说，二人是"在伊利斯人中通过抽签决定的"。有可能被抽中的人鬼使神差地正是合适的人选——这对所有人来说都是一件好事，可是公元前 6 世纪的希腊人却发现并不是所有人都能够担此重任。不幸的是，帕萨尼亚斯并没有告诉我们，是否设有相关机构来确保"全体伊利斯人"中，不称职的人已被排除在外。

　　希伦诺底该无非是一个闲职。他们要做的是查看近四十英里外的宙斯神庙是否状况良好；负责监管宣读比赛的各项工作；确保伊利斯的各项设施能够满足参赛选手的住宿要求；最后他们将决定出谁能参加比赛以及参赛顺序。虽然某些项目在盛会期间的特殊日期才会举行，但举行项目的具体顺序似乎是可以当天决定的。

　　宣读比赛的工作由六名"大使"承担——"这些大使慧眼独具，能看到天神看到的世界"——他们分别负责面向希腊的某一块地区，宣读谁能获邀参加8月月圆之日（或经过计算，夏至过后的第二个月圆之日）在奥林匹亚宙斯神庙举行的竞技会。在竞技会开始前一个月，这些"大使"会在希腊全境宣扬停战主张，让所有的参赛者汇集到伊利斯，接受比赛培训。每到一座城市，迎接他们的是"大使接待官"，这些人通常来自和竞技会有着稳固关系的家庭。在公元前5世纪的希腊，那时还没有职业外交官、领事或是常驻大使等职务，外交的开展依赖的就是这种个人之间的交往。官方停战的这一个月，并不能结束世界上所有的战争——这是不现实的——但它却可以保证参加竞赛的人员能够平安地通过存在潜在冲突的领地。总而言之，竞技会是为了向宙斯致敬，那些参加比赛的人也是顺天而战。正是由于竞技会的这一性质，所以公元前480年奇欧特的战船准备在埃维亚岛海岸附近击沉雅典战船，而薛西斯身处萨索斯地区的时候，薛诺佩伊斯和西奥吉恩才能够获准参加奥林匹亚竞技会。

　　7月份结束之前，运动员开始抵达奥林匹亚。虽说不是所有人，但其中的大部分可能都是在参加完伊斯特米亚竞技会之后直接前来。在不举办奥林匹克竞技会的日子，伊斯特米亚竞技会取而代之，成为汇集人潮的盛会，举办地设在临近皮提亚竞技会的地方。这样就意味着，打算参加奥林匹亚竞技会的运动员有可能已经参加过伊斯特米亚竞技会了，甚至可能从春末开始就已经在竞技场馆严阵以待——伊斯特米亚竞技会举办期间为 4 月至 5 月。尽管伊斯特米亚竞技会的观众人数远不及奥林匹亚竞技会庞大，很多人把它当作皮提亚竞技会的热身赛，但麻雀虽小，五脏俱全，在那里人们甚至还可以欣赏到音乐比赛。

我们知道，西奥吉恩肯定参加了公元前 476 年的伊特米亚竞技会，因为他夺得了拳击和潘克拉辛两项冠军。奥林匹亚短跑冠军阿尔戈斯的丹迪斯很有可能也参加了这场竞技。丹迪斯 12 年的职业生涯不仅显示了他的竞技本领，也说明他至少参加过一届奥林匹亚竞技会以及数届伊斯特米亚竞技会。少年组的摔跤冠军——爱琴那的西奥内图斯的侄子曾在多年后在伊斯特米亚竞技会上夺冠，在品达为此所创作的颂诗之中，我们第一次认识了西奥内图斯这个人。西奥内图斯是否在数月前首战失利？对声名远达的奥林匹亚竞技会来说，伊斯特米亚竞技会一直是一场热身赛。失败的人会得到启示，胜利的人变得过分自信，还有一些人也许会变得焦躁不安。萨索斯的西奥吉恩似乎就属于后者。

有一次，"大使"被派外出，希伦诺底该们必须开始准备布置竞技赛场的各项工作。那个时代的希腊人不会轻易荒废土地不耕种，将土地用于农业生产是人们的不二之选；他们也不会长期保留这些毫无用处的竞技场馆。德尔斐出土的大理石上刻着一些文字，向我们透露了若干当时的信息。其中记载一些工作的开支情况，这些工作包括：竞技场馆的清理、座席的归位、校准五项全能的跳坑、设置"回程柱"、清扫赛马场、维护赛马场的"回程柱"，在竞技场所周围设置阻挡当地野兽的护栏；在赛道上铺设适量的泥土、摔跤池（需修建在竞技馆内）内铺上适量的沙土等等。在这份公元前 246 年的皮提亚竞技会的记录上，似乎没有出现一个总协调人——这些工作都是由相应的官员各自完成的。事实上，奥林匹亚的场馆设在距离伊利斯的裁判所约 40 英里的地方，这使得裁判们必须花费大部分的时间在路上奔波，以确保开幕式之前各项工作均能顺利完成。

　　当竞技选手开始抵达之后，应对选手会比承办比赛更加困难吗？从事过这些修整准备工作的人可能很难相信事实竟然真的如此，但似乎人人都知道，这些蜂拥到伊利斯接受一个月强制训练的运动员们简直是"烫手山芋"。选手们刚一抵达就必须发誓他们之前 10 个月都在接受训练（如何查证，我们不得而知），而且正如上文提到的，他们还必须出示证明证实自己是希腊各州的公民。此外，裁判们还必须应对巨大的舆论压力，因为地米斯托克利在竞技开始前曾和希隆交战。说实话，伊利斯人在抗击波斯侵略的过程中并没有发挥太大的作用，市议会毫无新意的应对措施，助长了地米斯托克利的气焰，让他试图推翻现有政权并成立一个更加"民主的"政府，进而希望未来在希腊贯彻自己日渐仇视斯巴达人的政治理念。

　　裁判们所面临的问题并不都是诸如是否应接纳西西里岛君主之类的政治难题。约公元前 6 世纪末的一项奥林匹亚行为部分准则于 1964 年至 1965 年间在两块青铜残片上被发现，其余的大部分内容应当是刻在某些木质材料上。这份资料似乎是一些竞技场上和场下违规情况的记录：

> 摔跤手不能折伤手指……
> 仲裁者可以打人以示惩戒，但不能殴打头部……
> "污秽者"将被围捕并通报批评……
> 以及……奥林匹亚；选手的冠军资格将被重新审核……

　　　无论是伊利斯团体或个人，只要他行为不轨，他即是与伊利斯人民为敌，应处 [?] 古希腊币罚款；如果他受伤或者 [……]，另一方或裁判将支付的金额为……，

　　　战争……

　　第一段内容显示比赛中的违规情况确实发生过——除了在比赛场上，摔跤手还能在什么场合弄断别人的手指呢？然而，首次发表于 2007 年的某段文字证实仲裁者确实可以痛殴选手头部以外的地方以示处罚。文本中还记载了一系列哈德良皇帝有关大众娱乐的规章制度，他曾规定艺人只有腿部是可殴打的部位。这只不过是"打人不打头"这一规定的进阶版。被驱除出局的"污秽者"指的是那些违背了奥林匹亚誓言的人，下一行体现的正是违反规定所要付出的代价。接下来的两项条款也需要借助哈德良文本的内容来进行解释，文本中提道，想要获得参加比赛的资格，就不能找当地人作为自己的拥护者。这会干扰人们判断该选手是否具备入场资格。遗憾的是，我们并不能真正了解这些大使究竟出了什么问题，但是这一背景表明，似乎问题不在于对结果的操控而在于有人借钱不还。还有一项法令的制定是因为这些大使存在更严重的问题，丑闻有指，一些人在奥林匹亚翻云覆雨，亵渎神庙。

7. 盛典形态

　　运动员在伊利斯接受竞技培训的一个月间，期望和野心也与日俱增。随着比赛的临近，大批观众开始云集于此，但对很多人来说，这趟旅途可谓山长水远。公元前 4 世纪一位名叫色诺芬的作家曾表示自

己不愿意从雅典前往观战，理由是单程的脚程就需要花费五六天，全程意味着要跋涉三个星期。低调的行者可能只会带一个随从。据说，哲学家柏拉图就曾只身前往比赛并和一群素未谋面的人住在一个帐篷里，这些人也不知道他的真实身份。当这些人前往雅典与他见面的时候，他表现得谦谦有礼。等人们请求要和与他同名的哲学家见上一面时，柏拉图说道："那个人就是我。"所有人都大吃一惊。

虽然旅途费时又费事，但很多人还是坚持前来。据说当时奥林匹亚竞技场可容纳 2.4 万名观众，也就是说，加上运动员和各色随行人员，一共可以容纳近 3 万人。参加战车比赛的人数为 48 名，赛马和另外两场比赛的参赛人数与此大抵相当，这两场比赛已于 5 世纪中叶停办——即骡车赛和"卡尔普"（kalpe）。"卡尔普"是牝马赛，比赛时，驭手要纵身下马拉住缰绳，和马一起跑完最后一圈。虽然我们并不能完全了解战车"维护团队"的真实情形，但我们至少可以猜想，一辆马车或者骡车大致需要 10 人上下（驭手、约 4 名马夫、一名驯师、一名战车维修人员，或许还需要一位厨师和其他贴身随从），每匹马至少配备 3 名人员（骑手、驯师和马夫）。四项赛跑比赛分别需要 22 至 44 名参赛者，所有人都由教练和仆人跟随在旁。五项全能或者搏击比赛则需要另外 55 个人参加男子组的比赛。少年组的比赛则需要 60 至 70 名选手。总而言之，伊利斯在比赛前一个月必须解决两三千人的吃饭问题，等到比赛开始之后，这个数字将扩大十倍。更直观来看，修昔底德曾表示，这两万人大体相当于公元前 418 年曼提尼亚之战（当时最大规模的陆战）双方参战人数的总和。

伊利斯的官员们能做的，或者说，愿意做的只有这么多。提到吃饭问题，公元前 4 世纪时有一座官方膳堂，但这只是杯水车薪而已。

许多人自己携带食物，特别有钱的人会搭建奢华的帐篷。公元前5世纪雅典政治家阿尔西比亚德斯一口气派出了7辆战车参加前416年的比赛（结果成功夺冠），据说，他得到了雅典附属城市的大力支持，"以弗所人为他搭建了装饰奢华的帐篷；奇诺斯人为他的赛马提供了饲料并奉上大量的祭祀牲畜；莱斯博斯人为其提供美酒佳酿，感谢他让大家享受多场娱乐盛宴"。像格隆和希隆这样的权贵人士，虽然没有亲自参赛，但也派出了大批人马支持自己的竞技团队——之后由西西里岛君主搭建的帐篷据说本身就奢华无比。这些人和阿尔西比亚德斯与之前那些忧心的雅典人不一样，如果他们真需要带着赛马，并为此尽早安排好船只乘风破浪而来，等到当盛典开始的时候，这些人员或许还在海上漂泊，还需要食物的供给吧。

除了食物，还有酷热、苍蝇、饮水等更为严重的问题。奥林匹亚地区因为苍蝇成群而臭名远扬——伊利斯人在比赛前会祭拜宙斯（"苍蝇的克星"），但收效甚微。据说哲学家泰勒斯在竞技会上死于中暑。总之，整体条件相当简陋，以至于一段时间内一则轶事流传开来：一个男人对奴隶非常头疼，扬言要把他送到奥林匹亚去，意味着这是比到磨坊做工还要更悲惨的下场。更糟的是，直到公元前5世纪伊利斯人才为竞技选手建造了浴室，在此之前都没有正常的供水，也没有卫生设备。人们挖了井，可是没有成功，直到公元前4世纪开凿了沟渠分流阿尔甫斯河的河水，圣殿里才有了新鲜的水源。人们试图挖井当作垃圾坑，这也没能解决卫生问题。挖出来的东西都是破碎的陶片。直到公元2世纪，希腊最富有的人西罗德斯·阿迪库斯才修建水渠引入了活水。在竞技场上，我们看到医神阿斯克勒庇俄斯以及健康女神的画像，这说明在竞技会上存活下来也许需要借助神明的力量吧。

　　由于竞技场只能容纳有限的人数，所以在比赛开始前一个月，裁判们会花时间评估选手的竞技水平。竞技馆上的赛道共有22条，也许可以证明参赛者的人数，但是五项全能比赛复杂的计分系统显示，竞技者的人数最多不会超过五名。三项搏击比赛均由多轮竞赛组成，但这些比赛的人数不太可能超过四人。由于这些限制因素，我们无法知道有多少人需要被淘汰，但我们知道，48似乎是搏击比赛中参赛人数的最佳人数。在赛跑比赛中，这一人数有可能是110名（此处指短跑和中距离跑两大热门项目，而非长跑）。更晚时期的资料清楚地显示，潘克拉辛选手是在赛前培训期间下定决心去争取胜利的，这说明人们确实利用了这一段时间来遴选选手的参赛资格。不难理解的是，如果不是席位有限，伊利斯人也没必要煞费苦心地核实选手是否存在身份造假的情况了。另一个问题是，如何决定一名年轻选手应当参加男子组还是少年组的比赛——帕萨尼亚斯猜测，主要的判断标准并不是实际年龄，而是一个人的体格特征。

　　夏至后的第二个"新月"如期而至，各项准备已就绪，新月的前四天，一列官方队伍从伊利斯出发，浩浩荡荡地向奥林匹亚行进。其中包括全体竞技选手及其教练和拥护者们、承认奥林匹克停火协定的各市代表、伊利斯市议会成员，以及饱受摧残的裁判。这样一列人马的移动速度并不快，他们会在两市中间的皮埃里亚逗留一晚，那里有一泓清泉。第二天，当他们到达奥林匹亚，裁判会对所有与会者，包括竞技选手、家庭成员以及教练宣读誓词，让他们保证绝不会做出有辱盛会的行为；并且向已受训十个月的男子组参赛者宣读另一份誓词，仲裁人员也发誓他们将会公正地履行自己的职责。在马术比赛结束之后，参赛者会举行一次游行。第三天，即新月之日，头一项活动是向佩洛普斯祭祀黑公羊。由于这一天从日落时分开始算起，其实我们可以将其看作第二天的晚上。到了早上，还会再举行一次游行。之后将举行盛大祭典向宙斯敬奉一百头公牛。下午是举行少年组竞技的时间。第四天的早晨举办竞走和五项全能，下午举行搏击比赛。戴盔跑则被安排在当天活动的最后。第五天将举行颁奖典礼，之后是庆祝胜利的仪式。品达极有可能就是在这一天，吟诵了为哈格斯达玛斯所写的第一首颂诗。

众所周知，竞技会上颁发的奖项是具有象征意义的。在奥林匹亚，冠军首次夺得桂冠的时候将得到一片棕榈树叶，并在最后一天获得一顶橄榄枝编成的王冠。在皮提亚竞技会上，王冠是由月桂编成的，以向阿波罗致敬。然而在尼米亚和伊斯特米亚，王冠由野生芹菜叶制成。当冠军们回到故土的时候，还有更贵重的奖赏等待着他们。

8. 巅峰时刻

马术比赛

奥林匹亚的各项比赛都极具挑战性，需要具备各种技巧，而且常常十分危险。拿四项马术比赛来说，虽然都是在同一条赛道上进行，可是根据赛道圈数的不同，竞技性质也在发生着变化。竞技馆中的赛跑运动亦是如此。三项搏击竞技更是让人瞠目结舌。

"凯尔斯"（Keles）——希隆的马"斐斓霓柯"也参加过这种比赛——大概是最直截了当的马术竞技了，只需快速跑完一圈即可。速度成了唯一标准，而良驹似乎都可以不用骑士便可创造传奇。曾经传说有一匹名为奥拉（意为"疾风"）的骏马，尽管骑士从马上跌落下来，可它仍然率先冲过终点。它为自己，也为自己的主人赢得了荣誉。良驹夺冠，主人也跟着风光，因为这是主人慧眼独具的体现。同样地，希隆当然也为"斐斓霓柯"傲人的成绩而感到自豪，它不仅在奥林匹亚所向披靡，也曾在皮提亚竞技会上两度夺冠。更让人瞩目的是，这匹马的职业生涯持续了至少六年之久——直到人们认为对于马来说，它已不再适合参加疾跑运动为止。"凯尔斯"可能是当天举办的头一项竞技，这也使得希隆和塞隆能够相安无事。

我们对当年赛马场上另外两项竞技所知较少。之前提到过的"卡尔普"是引人注目的，在比赛中骑士们会在牝马旁边一同跑完比赛的最后一圈。不然的话，人们会说它是在抄袭雅典极具人气的驷马战车赛，这种比赛中身着盔甲的选手得跳下战车，也需要跑完最后一圈。该项竞技活动会在大雅典娜节上举行，那是雅典在 6 世纪设立的重大节庆。如果说"卡尔普"的灵感来自于雅典人，那么骡车赛（apene）似乎是借鉴了西西里岛人的做法。令我们不解的是，这一酷似当代驾车赛的古代竞技——马儿拖着两轮赛车，载着驭手——是如何在希腊本土掀起风潮的呢？品达曾创作过一首颂诗，献给参加过公元前 476 年竞技会的希隆的某位勇将，诗中写道，他的坐骑会载着他愉快地奔向斯巴达。对于品达来说，无论冠军是谁，"忍辱负重"的良驹都功不可没。另一位创作胜利颂诗的人则说道，卡马林那的冠军普绍米斯应该会对波塞冬的良驹爱不释手。西蒙尼德斯在为另一位冠军写诗的时候曾说，骡子是"飞毛腿的接班人"。公元前 444 年，伊利斯人中止了这项竞技，认为它有损尊严。帕萨尼亚斯向我们透露的这一信息是十分重要的，它能帮助我们了解人们对于竞技活动的看法。如果有一项比赛让人诟病太费时间，那么这项比赛一定是驷马战车赛（tethrippon）。

我们必须借助各种各样的信息来完成驷马战车赛竞技的复原工作。品达曾经两次将这一竞技称为"duodekadromos"，意为"12 个德罗莫伊（dromoi）"。我们并不能立刻说出德罗莫斯（Dromos，德罗莫伊的单数形式）这个词在此处的含义，因为它在希腊语中含义十分广泛，例如"快速的运动"、"异于寻常的速度（希罗多德描述雅典军队在马拉松的行进速度时曾借用此种含义）"、"一个人一天能跑的距离"、"赛场"、"跑道"等等。品达诗中的德罗莫斯想表达的意思大概与距离或者赛道有关，因此这项比赛的总赛程大约在是 3600 米，或者是 7200 米。

某古代评论家的说法让对人们解读这个词时更加困难，他说："参加长跑项目的选手必须在赛场（dromos）上跑完 7 德罗莫伊，三去三回，第七趟的终点以回程柱为标志。"他还补充道："战车赛时，需绕回程柱（此处为复数形式，这点非常重要）12 圈。"一位品达诗文的早期评论家解释道："古代战车赛选手并不是跑 7 圈，而是 12 圈。"这个人有可能是在公元 5 世纪初最后一场奥林匹亚竞技会之后写下这些话的，他是在将这一竞技与当时君士坦丁堡等地举办的竞技比赛作比较。还有一个人似乎掌握了更多的信息，说道："驷马战车比赛需要跑完 12 圈，也就是说有 22 根回程柱。"只有 22 根是因为比赛的第一段和最后一段赛程无须回程柱，其描述之精准，说明他有可能亲眼观看过这一比赛。我们在君士坦丁堡的手稿中发现了下列文本，就其篇幅长度而言，这一古文本可谓绝无仅有，如下：

奥林匹亚竞技的赛道长度为 8 斯塔德[1]，其中一部分长度为

---

[1]　编注：斯塔德和普勒戎都是长度单位。

3 斯塔德又 1 普勒戎，起点前段的平地为 1 斯塔德，4 普勒戎相当于 4800 英尺。赛马的回程柱设置在塔拉西普斯英雄神坛的附近，赛道的终点定在希波达米亚雕像的旁边。在赛马比赛中，年轻的赛马需跑 6 斯塔德，年长的赛马则跑 12 斯塔德，年轻的双马战车跑 3 圈，而年长的则跑 8 圈；年轻的四马战车要跑完 8 圈，年长的需要跑完 12 圈。

这些数据介绍的是公元前 4 世纪引入的一组竞技的情况，很明显，竞技比赛已将赛马分化为年长和年幼两组，还包含了双马战车的比赛。然而，最重要的比赛仍然是需跑 12 圈的驷马战车赛。12 圈的赛程总长约为 7 公里，赛道仅设两个回程柱且不放置中央护栏，使得比赛危险性极高，不过，危险性似乎也具有一定的吸引力。在赛道西端是塔拉西普斯的神坛，他被誉为"马的天敌"，而在另一端则是希波达米亚的雕像，根据一些传说，他曾经背叛了奥诺玛奥斯而投靠了佩洛普斯。在伊斯特米亚和尼米亚的赛道上也矗立着纪念灾难的神坛。在尼米亚，那是赛道尽头附近的一块红色巨石；在伊斯特米亚，神坛则是为了纪念一位曾在战车比赛的事故中丧生传奇人物——格劳克斯。

前来赛马场的观众期待看到名门权贵的"玩物"在场上拼杀碰撞，而赛道长度的设计也是为了确保人们能够看到这种场面的发生。如果某位驭手技术出众，运气极佳，他的主人也能共享胜利的荣光。不过，即使是希隆和塞隆也无法预知自己是否能获胜。据我们所知，在特尔斐举办的一场比赛中，参赛的 42 辆战车中仅有一辆最终完成了比赛。

古代战车赛的狂热爱好者反复强调，突发的灾难在场上比比皆是。

比赛中的失误会让自己受伤，在《伊利亚特》第二十三卷中，英雄人物涅斯托耳就在竞技比赛前反复提醒自己的儿子安提罗科斯：

安提洛科斯，虽说你很年轻，却得到宙斯和阿波罗的宠爱；他们已教会你驾车的全套本领。所以，你并不十分需要我的指点；你早已掌握如何驾车拐过标杆的技术。但是，你的马慢，我认为这将是你获胜的阻碍。你的对手，虽然驾着快马，但论驭马赶车的本领，他们中谁都不比你高明。要做到心中有数，我的孩子，善用你的每一分技巧，不要让奖品从你手中滑掉！……高明的驭手虽然赶着腿脚相对迟慢的驭马，却总把双眼盯住前面的杆标，紧贴着它拐弯，从一开始便收紧牛皮的缰绳，松放适时，把握驭马的跑向，注意领先的对手……你必须赶着车马，紧贴着标杆奔跑，与此同时，在编绑坚实的战车里，你要把重心略微左倾，举鞭击打右边的驭马，催它向前，松手放出缰绳，让它用力快跑，但对左边的驭马，你要让它尽可能贴近转弯的树桩，使车的轮毂看来就像擦着它的边沿一般——但要小心，不要真的碰上，否则，你会伤了驭马，毁了车辆，如此结果，只会让对手高兴，使自己脸上无光。所以，我的孩子，要多思多想，小心谨慎。如果你能紧紧咬住对手，在拐弯之处把他们甩下，那么，谁也甭想挣扎补救，谁也不能把你赶上，哪怕你后面的对手赶着了不起的阿里昂，阿得瑞斯托斯的骏足，神的后裔，或劳墨冬的良驹，特洛伊最好的奔马。

对于观众来说，如能见证这些将会大开眼界，大剧作家索福克勒斯翔实记录过特尔斐战车比赛中发生的撞车情况：

　　裁判已完成抽签并安顿好战车的顺序，选手们也已各就各位；当青铜号角一吹响，他们就飞奔而出，双手攥着缰绳，向着驭马不断地咆哮，赛道上战车碰撞的声音此起彼伏……他们都笔直地站在战车上，当跑完第六圈开始跑第七圈的时候，突然间，埃尼亚的驭手被戴着口盔的小马甩了出去，他们的头部撞上了巴萨驭手的战车，紧接着驭手一个接着一个地撞了上来，最终酿成了惨剧，战车的残片布满了克里萨的整片赛场。看到眼前发生的一切，精明的雅典驭手方向一转，及时抽身，避免了跟场上的战车搅成一团。俄瑞斯忒斯位列最后，临危勒马；为了争取最后的胜利，他看着场上唯一的对手，冲着自己飞奔的骏马大喊一声，命令它继续向前奔跑。直到比赛的最后几圈，他始终笔直地站在马车上，当战马转圈的时候，他将左边的缰绳一松，却没注意到自己已撞上了柱子一端，车轴箱断裂开来，他也在赛道上滑了出去，跟缰绳缠在一起，摔倒在地，战马也七零八落地瘫倒在赛场中间。

　　尽管涅斯托耳有关如何赢得战车比赛的建议在任何时期都是适用的，可我们知道奥林匹亚的马术比赛早已和荷马时期的规格相去甚远，他们这样做，只不过是为了更容易看到索福克勒斯所描述的那种比赛结果。在索福克勒斯看来，竞技比赛中利用回程柱大做文章可谓大错特错。在如此持久的比赛中，驭手很难操控自己的团队，常有人对他们说，大可以让对手承受灾难，自己坐收渔翁之利。即使是对获胜信心满满的选手，在漫长的赛道上精疲力竭的时候，仍需保持头脑冷静，谨慎前行，确保自己能够顺利完成最后一次转弯。即使是经验丰富的驭手，有多少人因此丧命呢？此外，没有设置中央护栏来防止追尾事件，这让情况更加严重。

五项全能和竞走比赛

在竞技馆举行的首项竞技史五项全能比赛是一项极具挑战性的运动，需要冠军选手在三个方面展示出超乎寻常的技巧，而这三个技巧截然不同。因此，有希望夺冠的选手应该如何应战呢？这并不是一个简单的问题——五项全能的积分方式和获胜标准是当代学者长期面临的难题。简而言之，问题集中在我们对其所知的三个方面。第一，竞技由五项单项比赛，顺序如下：短跑（即"斯泰德"竞技）、掷铁饼、跳远（*Halma*）、掷标枪和摔跤；第二，据说赢得三项比赛的人即视为获胜；第三，只能允许两名决赛选手参加最后一项竞技——摔跤。最后一个有关奥林匹亚的难题是，头四项竞技的举办地是竞技馆，而摔跤比赛则是在神圣的宙斯神庙前面举行的。根据对此所掌握的资料，我们可以断言并不是所有人都能进行到这一阶段（主要指那些能够参加摔跤比赛的人）。

罗德岛一块严重破损的石碑上面记载着五项全能比赛的竞技规则，说每一位竞技选手需要投五次标枪，不过帕萨尼亚斯说只有三支标枪可供使用。在神话故事中，五项全能的首位冠军是阿喀琉斯的父亲珀琉斯，尽管他只在摔跤比赛中获得了胜利。虽然我们对整体情况的把握还不明确，但有可能在头两项比赛中有大批的竞技选手遭到淘汰，只有在头两项比赛中位列第一和第二的选手才能继续参加第三轮的比赛；不能赢得三项比赛（例如，某个位列第二的选手在跳远比赛中失利）的选手即被淘汰。同样，在第四项比赛——跳远中获得第三名的选手，结局亦是如此。这一规定意味着如果某人在前四项竞技中三次获胜，他的五项全能即宣告结束，但实际上最终的冠军可能只赢得了两项竞技。重要的是，并不是说如果你不能赢得三项比赛，你就不能成为冠军，而是说如果你赢得三项比赛，你就是冠军。

"斯泰德"是一项约两百米的单纯的短跑运动。冠军需要在当天赛跑两次，但这一运动的重点只有一个——快速奔跑的能力。在"中距离跑"竞技中，选手需要在跑至"斯泰德"终点处的回程柱之后，折返回到起点，它也是一项纯粹的疾跑运动。据说有很多选手曾在公元前488年至前480年的奥林匹亚竞技会上同时获得两项比赛的冠军。意大利南部克罗顿的天才选手阿斯提鲁斯曾在每次参加奥林匹亚竞技会都能获得斯泰德和"中距离跑"的两项冠军，之后又于公元前480年获得"戴盔跑"（*hoplitodromos*）的冠军。他的成就在很长时间内都让其他选手无法企及。

我们知道，"道力霍萨"（*dolichos*）在奥林匹亚曾是一项绕场7周的竞技比赛，所需技巧与两项短跑运动完全不同，而且只有一人曾经夺得三项比赛的冠军（这对现代运动员来说简直是遥不可及的梦想）。在其他地方，"道力霍萨"的赛程要长得多，长度从12圈到24圈不等。除了圈数不同之外，对于"圈"的定义也有一些不同之处。"一圈"或称为一斯塔德，大约相当于人的足部长度的600倍。在奥林匹亚，"一足"的定义为0.3205米，赛道长度为192米；在特尔斐"一足"的长度要短一些，为0.2965米，一斯泰德为178米。尽管这看起来差距并不太大，但是我们绝不能说这对于像在比赛当天最后冲刺的选手不会造成影响。有些冠军选手为了赶超对手曾在短赛道上跑过了头。

"戴盔跑"是一项与众不同的竞技项目，上面提到的三项运动是对竞技水平的考量，而这些运动则是一场持久力的较量。在奥林匹亚之外的地方，选手们被要求举着火炬戴着头盔参加比赛，这似乎是观众异想天开的结果，因为他们想看看自己的参赛者在竞技中是如何突破自我极限的。又比如，"卡尔普"比赛似乎是在模仿某些戏剧表演；驷马战车赛和某些项目一样，选手都要在场上碰撞拼杀。每个地方对于距离的要求也是不一而同。在奥林匹亚，"戴盔跑"和"中距离跑"一样，赛程为两圈，但在尼米亚长度为 4 圈，然而普拉塔亚为纪念抗击波斯最后胜利而举办的竞技会上，赛程变成了 15 圈。在比赛的开始，选手们需要头戴盔甲，手执盾牌，腿上还要穿上护胫甲。到了公元前 450 年，随着规定的改革，选手也不再需要佩戴护胫甲了。不然的话，就像竞技馆所举办的其他活动一样，赛跑者需要赤身上阵了。

"道力霍萨"和"戴盔跑"在赛程长度上的差异，以及前文所提到的装备上的变化，让我们开始思考是什么力量造成了竞技会上运动的变革？一方面，普拉塔亚的"戴盔跑"之所以距离很长，是为了纪念斯巴达人在击败波斯人的过程中所付出的惨痛代价；但竞技体育中有一个变化最引人注目——场上的选手全要赤裸上阵。此外，虽然人们在赛道上划分了跑道，但很显然，赛跑选手还是想要尽快赶超对手，而且要避免被其他选手的手肘击伤，或是被人绊倒。描述赛跑选手的文字常常会凸显他们的双脚如何灵活，上身多么强壮。当然，这些部位都赤裸地暴露在人们的眼前，因为选手全都一丝不挂。

赤裸上阵

希腊人解释道，在竞技比赛中赤身上阵和公元前 720 年的奥林匹亚竞技会有关，照伊利斯人希庇亚斯的说法，那是第 15 届奥林匹亚竞技会。当时，有一位名叫奥西普斯的短跑选手在短跑比赛"斯泰德"中弄丢了自己的腰带，鉴于这次经验，他之后参加比赛就不再佩戴腰带了。实际上，竞技体育开始出现裸体上阵的趋势要归咎于公元前6世纪一段时期内所发生的一些变化。证明这一变化的证据大多来自表现希腊竞技体育的艺术作品，主要是彩绘陶器。通过观察我们发现，在荷马时期竞技选手会佩戴腰带，之后"裸体上阵"取而代之成为新的竞技风格。

在希庇亚斯汇编名录的时期，有关奥西普斯的传说就已经开始流传起来。很重要的一个原因是，在麦加拉的集市上矗立着这位"裸体先驱"的雕像纪念他的光荣时刻，在这一集市上，人们还搭建了神坛纪念英雄人物科勒布斯，他获得了首届"斯泰德"竞技的冠军，并在伊利斯的边境上拥有自己的神庙，受万民敬仰。然而，修昔底德认为裸体竞技起源于斯巴达人，并指出这一变化的历史并不久远。这样一来，他就等于间接否定了希庇亚斯的说法。在任何事件中，科勒布斯的故事都提醒着我们，尽管人民对某一话题保持着浓厚的兴趣，但在希腊世界中，却不会留下任何"官方"的竞技历史。其他事物亦是如此。

事实上，裸体竞技的起源有可能与竞技并无关联，而是更多地代表人们对于"地位"的看法。公元前8世纪，描述裸体希腊男子的艺术风气开始成形。裸体似乎意味着"赏心悦目"，这是一种风俗习惯，本质上不是为了卖弄性感或是让人浮想联翩，尽管对此亦不排斥。到了公元前6世纪，"裸体"说明这个人是希腊人，而不是野蛮人。不过，希罗多德说希腊人的近邻吕底亚人认为被人看到裸体是一件羞耻的事情，此外，三百斯巴达人在公元前480年温泉关大战之前进行了裸体操练，这也让波斯人惊讶不已。修昔底德指出，裸体操练的做法将希腊人和野蛮人区分开来。除此之外，裸体代表着年富力强，而不是江河日下，而且还代表着希腊，代表着强盛。也许从本质上来说，这就是原因所在吧。

因此，"裸体"并不能和古代竞技传统相提并论——荷马时期的竞技选手需要佩戴腰带，铜器时代的选手据说亦是如此。并没有明确的证据显示这与神明崇拜有关，因为神明似乎总是在侍从的帮助下衣冠楚楚地出现。此外，"清心寡欲"似乎也不是希腊竞技选手的普遍做法，据说某位竞技选手曾夸夸其谈，说裸体在摔跤场上待了一上午之后，和男友在床上躺上一下午感觉简直无与伦比。看着一个个条件较好的选手在上场前用橄榄油涂抹身体，很难做到心如止水，自然我们也就不理解为什么女人不能观看泛希腊竞技赛的男子竞技项目了（在《奥德赛》中也许可以）。公元前 6 世纪竞技选手"着装"上的变革深受竞技迷的喜爱，这亦极大程度上推动了裸体竞技成为一种竞技习惯。公元前 4 世纪，亚里士多德指出，上天本就希望把自由人和奴隶的身躯区分开来，前者身体笔直挺拔，不适合从事奴隶们所从事的工作。为了证明自己观点，他总结了裸体竞技背后的意识形态——如果一个人的裸体让人赏心悦目，那说明他具备了成为竞技者的资本。这也证明这位竞技选手与众不同，而要想在竞技场上坚持到最后，"与众不同"即是一项先决条件。

痛苦煎熬

与裸体竞技不同，身着盔甲的竞技项目包含着不同的寓意，人们猜想，这是否是在为战争做准备呢？要回答这个问题，取决于我们对某些概念的定义——如果一个人想说的是"战斗技巧"，答案也许是否定的，但如果想强调"战备思维"，那答案就千差万别了。与"卡尔普"竞技相比，身着盔甲的竞走比赛本身并不太像是军事活动。实际上，护胫甲不再是"戴盔跑"的着装要求可能是由于运动员内部的反对——很明显，某些人表达了不满，不然的话，人们没有理由去改变这一存在了 70 年的做法。"卡尔普"和"戴盔跑"两项运动都说明人们愿意欣赏选手身着盔甲展示自己的竞技技巧。它们被安排在盛会的末尾，也表明体现的是一层全新的含义。到公元 3 世纪，出现了这样的说法：

> [戴盔跑]成为竞技项目之一是为了警示战火重燃的可能，盾牌象征着神圣的停火协议已成为历史，人民需要重新战斗。请仔细聆听先驱的话吧，他正向赛场上的人们宣布，为了荣誉而战的比赛已然不复存在。

在这些文本诞生的年代，人民并不需要拿起武器对抗强邻，因为他们都由罗马人统治，但菲洛斯特拉托斯坚称，他的观点来自先驱的预言，他对设立这一项目的解释是值得信任的。

像"卡尔普"这样需要身着盔甲的竞技比赛是为了取悦观众而设立的，通过与观众的交流而确定了比赛的形式，并赋予其新的含义。之后，"卡尔普"和"双马战车赛"（synôris）停办，而增加了由牝马和幼马参加的新马术项目。我们有理由相信，人们将这些项目增添到奥林匹亚赛程，是为了扭转仅剩两项比赛的马术比赛当天赛程松散的状况。

比赛最后一个下午，"戴盔跑"之前的那些项目的发展情况亦会被观众的意志所左右。这些竞技包括摔跤、拳击和潘克拉辛。摔跤和拳击这些在荷马眼中"苦不堪言"的竞技项目在古代世界广为流行，潘克拉辛却是一项希腊独有的竞技项目，它用一种独特甚至是极其残忍的方式，将拳击和摔跤结合在了一起。

比赛当天，习惯的做法是先举行摔跤比赛，拳击次之，最后举办潘克拉辛。然而，顺序要经过裁判审核，如果有必要，可以做出调整。在公元前476年的竞技会上，人们不相信他们应该拥有这样的权利；到了公元前480年，西奥吉恩的野蛮之举使得裁判最终失去了这一权利。然而，许多年后，某拳击手和某摔跤手在各自比赛之后都想挑战潘克拉辛，情况开始发生变化。帕萨尼亚斯曾这样写道：

在伊斯特米亚竞技会上，克里托玛库斯获得了男子组摔跤竞技的冠军，同一天，他又在拳击和潘克拉辛比赛中技压群雄。他曾在皮尼亚竞技会上三次夺得潘克拉辛的冠军。在奥林匹亚，克里托玛库斯是继萨索斯的特阿格勒斯之后，守卫获得拳击和潘克拉辛双料冠军的选手。他在第141届奥林匹亚盛会（公元前216年）上摘得潘克拉辛竞技的桂冠。在次届盛会上，克里托玛库斯参加了潘克拉辛和拳击比赛，而伊利斯的卡普鲁斯打算参加同一天既参加摔跤比赛又参加潘克拉辛的角逐。在卡普鲁斯于摔跤比赛中夺冠之后，克里托玛库斯向裁判表示，由于自己在拳击比赛中负伤，所以如果两人都要参加潘克拉辛竞技的话，将有失公允。他的请求不无道理，但潘克拉辛如期举行。最后，克里托玛库斯败给了卡普鲁斯，但人们看到了他与对手搏击时不屈的精神和不懈的勇气。

项目有条不紊地进行着，至关重要的一点是，必须确保参加比赛的选手人数为偶数。鉴于选手面临的压力，比如西奥吉恩都在公元前480年的潘克拉辛比赛中被淘汰在比赛中，极有可能至少有一位冠军不能进入到下一轮的比赛，使其竞技对手在下一轮比赛中直接晋级。这是一个很严重的问题。公元前 2 世纪初某位潘克拉辛选手曾引以为豪地说自己在决赛中与对手难分胜负，所以伊利斯人宣布比赛结果为平局，并授予二人冠军头衔，但是实际上，和对手不同，他在比赛中没有片刻休息时间。如今，这些项目早已离我们远去，但竞技体育举办的方式一脉相承，这造就了一种具体而充满期待的竞技氛围——只要观众在场上就座，就会被这一氛围所吸引。

摔跤、拳击以及潘克拉辛必须按时结束，这样"戴盔跑"才能在日落之前举行，所以赛跑一结束，人们就会尽早举行这些项目。希腊 8 月份的日出时间约为早上 6 时 30 分，日落时间为晚上 8 时 30 分，所以必须争分夺秒地安排所有竞技。据说，公元前 2 世纪的某次潘克拉辛竞技就因天色已晚被迫以平局告终，以便来日再决胜负。

赛跑所需的时间不过数小时，当时分配给搏击的时间若与现今的赛时相比，安排可谓相当紧凑。这些项目到了现代，演变成了奥林匹克式摔跤（现在称为"古典式摔跤"，不过古代竞技的一大特色跪撑摔已不再列为比赛项目）、拳击以及终极格斗冠军赛（潘克拉辛中最具特色的一种竞技模式）。

在古代竞技中，没有比赛时限，也没有"小组赛"的概念，但比赛必须决出最终胜负。对摔跤比赛来说，这便难上加难，因为冠军必须将对手击倒三次才能视为获胜。同样的，拳击选手必须和对手搏斗直到对方认输为止，因为当时并不是靠"点数"来判断胜负的。假设当时男子组的这些项目在决赛之前先举办了小组赛，而且这些比赛都是按顺序进行，那么 45 场比赛就需要约 10 个小时来决出胜负。这些数据表明，每一场比赛的时间预计在 10 分钟左右，包括人们进出场地的时间。为了在这些所谓的"重头戏"中获得冠军，选手必须在 3 个小时内与最强大的对手激战 40 分钟。在短时间内连续参加多轮比赛会对选手的赛场表现造成影响。对克里托玛库斯和卡普鲁斯这样的人来说，这意味着他们需要在 6 小时内参加 8 场比赛。当克里托玛库斯说服裁判让其在赢得四场比赛之后立刻参加潘克拉辛的时候，卡普鲁斯的心情我们也就不难理解了吧。他将在 8 场连续的比赛中获胜，成为名副其实奥林匹亚"永远的冠军"。

除了没有计时工具，古代摔跤和现代奥林匹克摔跤有四个不同之处：第一，比赛不是在垫子上举行的，而是在竞技馆外特意挖掘填满细沙的场地进行；第二，比赛不分重量级；第三，比赛结果不由"分数"决定；第四，两者对于"摔倒"的定义不同。在现代摔跤比赛中，对手的肩膀触碰到垫子即视为"摔倒"，但在古代，似乎只要脸部或者背部着地均可视为"摔倒"。选手也可以勒住对方的脖子迫使其屈服，公元前 5 世纪中期就曾经有位遭人诟病的选手通过折断对方的手指来达到获胜的目的。似乎没有人记得，在公元前 6 世纪末，这些行为就已被明确划归为违规行为。

总而言之，迫切想要迅速取胜的选手倾向于采取极端手段。常出现在艺术作品中的"抱摔"，也就是将对手举起之后再砸向地面便是其中之一，这是一种行之有效的方式，因为被摔倒在地的人也许就无法继续比赛了。具有同样效果的战术还有用手臂将对手锁住，并将其双手反转于后背。在古代竞技中，一些选手采取这些行为的时候会将手臂反转 90 度以上，这在今天的国际角力总会以及全国大学体育协会中是明令禁止的行为。需要使用这些战术的摔跤手们必须有能力完全制服对手。在艺术表现形式中，选手开展此类进攻之前，通常会抱住对方的大腿，或者滑到对方的身后，进而巩固自己的优势。某古代摔跤手册记载了许多将人绊倒或是过肩摔的技巧，说明要想在奥林匹克中夺冠，选手必须具备绝佳的擒拿技巧。比赛时的情况还被详细地记载在纪念胜利的碑文之中，冠军被认为是场上的"不倒翁"或者是"腰身强壮"的勇士。

然而，奥林匹克竞技史上最广为人知的比赛却不是因为"抱摔"、"锁臂"、"抱腿转移"等技术的运用而扬名，而在于选手躲避技巧的精湛。有一位来自意大利南部克罗顿市的年轻摔跤手提美西铁乌斯曾击败了本国的另一位竞技选手，这位选手被认为是古代竞技史上最伟大的摔跤手。他就是克罗顿的米罗，曾六次问鼎奥林匹亚，并六次摘得皮提亚竞技会的冠军。米罗主要依靠自己充沛的竞技以及过人的"抱摔"技巧。提美西铁乌斯对米罗了然于胸，靠着一直躲避米罗的进攻，直到他不支倒地而获胜。

和摔跤手一样，拳击手也需要尽可能地速战速决。在没有重量级、没有计分系统、没有小组赛的情况下，他们需要击败对手方能晋级。我们不清楚摔跤场地的具体面积，但似乎是设置在竞技馆的中心地带，面积也不会太大，裁判需要留神选手们是否存在超越边线的情况。通常情况下，迅速结束比赛的方法是给对手当头一击，让他晕倒在地或是认输投降，被击倒的选手会伸出手指，向裁判示意，而裁判需要确保选手不会厮打在一起，以便比赛继续进行。我们无从得知公元 3 世纪的重要战术"踢胫骨"是否在这时已是必备技巧中的一项。

人们希望看到获得冠军的选手伤痕累累；如果他的脸上没有挂彩，那简直太不寻常了；如果一个人说是因为自己的防护技术十分了得，所以没人能够击中自己，这种情况更是凤毛麟角。拳击比赛有时确实会出现血肉横飞的场面。选手只有双手戴着防护措施：缠上了皮条，以保护手腕和关节不致受伤。

拳击手所经历的常见伤痛包括牙齿脱落以及鼻子受伤。但最严重的伤痛却不是那么一目了然。拳击比赛的重拳会给选手带来不小的震荡。虽然并不是说所有的震荡都很严重，但反复负伤的经历会带来致命的危险。正是这一原因，尤提姆斯和西奥吉恩漫长的职业生涯才更让人钦佩，因为他们战胜了对手，但自己又没有受到重大创伤的折磨。

出拳时避免攻击对方的头部，也许是对好心人的手下留情，现藏于朱利亚别墅博物馆的一尊花瓶上的图画就详细描绘了这一情形。当然，我们不清楚这种出拳方法是否能让观众亢奋起来，但由于比赛时"攻击选手的头部"一直都是竞技的亮点，这样做也许并没有引起观众的共鸣吧。一个叫达莫西诺斯的男人曾邪恶地表示，"真正的男人"就应该在拳击场上给对方的头部重重一击。在达莫西诺斯的那场比赛中，决赛时太阳已经快要下山了，裁判决定让他和对手克鲁加斯最后一拳定胜负。达莫西诺斯并没有被打在头部的那一拳击倒，他告诉克鲁加斯保护好自己的脸部，但却从其胸腔下方发起攻击，扬言要穿透他的身体，掏出他的五脏。克鲁加斯当场毙命，达莫西诺斯的竞赛资格也被裁判取消。

潘克拉辛是搏击项目中的第三项，关于这项竞技的记载最初发现于公元前 6 世纪中叶的铭文上。它融合了拳击和摔跤两项运动，举行的地点是拳击场而不是摔跤场。因此，它不仅吸引了这两项运动的冠军选手——比如西奥吉恩和卡普鲁斯——也吸引着潘克拉辛自己的职业选手。只有在本职项目以及潘克拉辛竞技均获得胜利的选手，才能被看作赫拉克勒斯的继承者；只有在同一届竞技会同时获得这两项运动冠军的选手，才能被视作赫拉克勒斯的接班人。在冠军名录中我们发现："伊利斯人卡普鲁斯在摔跤和潘克拉辛比赛中获胜，被誉为赫拉克勒斯第二。"根据古代排序法则，"第二"就等同于"现在第一"。

直到公元前 37 年，在宣告阿尔戈斯人尼科特拉特斯为赫拉克勒斯第八代传人之后，伊利斯人宣布不再授予任何人此类殊荣。有关于此，有件荒唐的事：公元前 564 年的记录显示，费加里亚人阿拉奇农在死后仍然得到了冠军的头衔。完整的故事是，阿拉奇农的对手在他死前（他给对手致命一击的同时弄伤了自己的颈部）突然间因为脚踝脱臼而退出了比赛。这样的比赛结果显然是无法令人满意，而竞技规章制度的纰漏还不止于此——按规定，只有咬人和耍诈属于犯规行为——这使得选手为了结束比赛可以掐住对手的脖子使其窒息。也就是说，潘克拉辛比赛通常都是以一方的屈服而告终。

随着拳击选手和摔跤手涌入潘克拉辛比赛，并试图用自己擅长的竞技风格获取胜利，这项运动似乎已经成为观众们解开内心疑问的战场——拳击手和摔跤手，谁是更强大的竞技者？死亡是所有搏击竞技的潜在结果，在考古证据中，我们可以发现人们已对这三项运动的危险性做出了明确说明。如果一个人想成为拳击竞技选手，这是一件非常危险的事，他要时刻面临身体上的重大创伤。更加令人不安的是，雅典的法律条文规定，如果在竞技项目中选手不幸身亡，这只能当作过失杀人案处理。我们并不知道这种情况发生的频率有多高，但值得注意的是，在达莫西诺斯等类似事件中，裁判决定不授予其冠军称号的做法是至关重要的。如果达莫西诺斯没有给出这违规的一拳，也许他能获得冠军殊荣，说不定还会名留青史，大书特书。在潘克拉辛比赛中丧生的人，被认为是"运气欠佳"的结果。在一篇纪念希腊药学之父——希波克拉底的医学文本中记录道，有一名摔跤手和对手在坚硬的地面上一同摔倒，对手摔在了他的身上。他洗了个冷水澡，第二天醒来就出现了发烧以及干咳的症状，呼吸也变得急促。四天之后，他开始咳血，并陷入昏迷。第五天，他就死了。还有一位以智慧之神的名义奋勇拼搏的选手，名叫亚历山大的卡梅鲁斯，曾在公元前3世纪某届尼米亚竞技会上获得拳击冠军，35岁就死了。死前，他曾向宙斯祈愿"要么夺冠，要么死去"，而他的死因是为了争冠遭受了太多次撞击。

　　奥林匹亚及其他竞技盛会并非单纯地重现史诗中的竞技场景，它们是致命并耗费精力的，也极富戏剧性。很多情况下，规则并不统一——战车比赛需要完成多圈赛程；在摔跤比赛中，五局三胜方为获胜，而非三局两胜；竞走比赛的规格千差万别——但规则却是不断发展的。尽管希庇亚斯的名单残破不全，但它至少说明人们已经意识到竞技体育不是一成不变的。

　　演变的过程同样牵扯到多方的利益，而参赛者永远不是其中的重要因素——参赛者给竞技项目带来的变化，无非是在"戴盔跑"中开始佩戴护胫甲而已。战车项目的重中之重——驷马战车赛，与荷马史诗中的竞赛原型相比，赛时更长，危险系数也更高。而诸如"二马战车赛"和"赛马"等竞技似乎是为了取悦远道而来的观众增设的项目。两项"武装"竞技，"卡尔普"和"戴盔跑"，更多的是为了满足"演习"的需要而非真要发起战争。"长矛赛"在《伊利亚特》中销声匿迹，从某种程度上说，也反映了人们想把竞技体育和战争行为区分开来的愿望。

　　尽管伊利斯人没有让选手的夺冠之路变得更轻松，但他们确实让比赛变得更加有趣了。他们希望看到参赛者面临更大的挑战，甚至是潜在的危险。忍辱负重、克难制胜的能力在公元前5世纪是希腊精神中十分被看重的品质，这样一来，竞技会反映出人们的思维变化，竞技体育体现的不仅仅是一个人的状态，它还体现了一名选手的品格。这些特点在竞技史上亦有体现。在公元前6世纪和前5世纪的交替之际，在希腊社会中，竞技成了一项重要的指标，竞技体育史的内容比任何一个地方志的记录都要详尽。

9. 殊荣难忘

品达认为自己是记录历史方面的最高权威。正是通过他的文字，竞技者和那些巅峰时刻才变得永垂不朽。事实上，他作为竞技体育中首屈一指的颂诗诗人面临着无数挑战。和任何自诩的封号一样，品达的诉求也需要经受众人的非议。他的作品属于公元前 6 世纪最后二十几年兴起的颂诗文学的范畴，但只是其中的一部分。这些个人的记录行为，可以看作人类社会开始重视个人意识的产物，这些记录也使公元前 5 世纪的希腊对西方思想传统做出了功不可没的贡献。无论是埃斯库罗斯那些与品达颂诗同期的伟大戏剧作品，还是索福克勒斯的创作，都表明竞技体育式的庆典对"运动员"的社会地位带来巨大的影响。这些人是像荷马史诗中的英雄人物那样为了自己而拼搏，还是为了人民而奋战呢？对这些由于个人成就而冲破地域局限的人，人们又是如何看待的呢？

竞争激烈的古代竞技盛典在当时应该是喧闹非凡的，但现在看来却稍显"安静"——因为在我们所掌握的资料中，音乐和舞蹈的信息已经失传。品达或者巴库利德斯的诗作本应由唱诗班吟唱，如今乐谱早已不复存在，我们甚至不知道诗人本身是否需要演唱，或是参与到舞蹈演出之中。品达的作品句法复杂，韵律多变，寓意丰富，因此有人说品达的作品就是古代的"匪帮说唱"，但没有音乐记录，甚至没有证据表明品达的颂诗中存在统一的乐谱，我们很难判断对品达的评论是否准确。同样无法判断的是，巴库利德斯的作品韵律更直白，辞藻更清晰，演唱他的作品和现今福音歌手的演出是否存在着异曲同工之处。我们也不知道歌唱一部完整的、通常约有百句的胜利颂诗作品，大概需要多长时间。

但我们知道的是，这些颂诗是要在冠军的故乡由唱诗班在公开场合演唱的。唱诗班由年轻男子组成。品达认为，颂诗的一大优点在于它与雕塑不同，它具有传唱度，这使得冠军的名声能够传到世界的各个角落——他的作品可能表演过不止一次，演出地点也包括冠军家乡之外的城市。雕刻家也许会辩驳说，在适当的地点竖立雕像的效果一点也不比颂诗差：在奥林匹亚曾有这样的风气，成千上万的人们每隔几年就会到某尊雕像面前，一同追忆冠军的巅峰时刻。虽然颂诗和雕像并不是非要二者择一，但它们都需要耗费不少的资源。当时一尊铜像的花费可能与一场常规战争一个月的开支不相上下。而颂诗的演出（除了支付给诗人的费用）可能需要花上十倍的价钱。我们无从知晓诗人除了稿费之外是否还要收取额外的费用，但各方数据显示，这笔开销不是个小数目。这两项行为都需要艺术家巧妙地运用现有的表达方式——在艺术作品中，希腊的竞技者都更倾向于自己看起来和其他竞技者一样强壮；而品达颂诗的主角则希望能像竞技始祖一样，将自己的成就和神话故事结合起来，并体现出些许哲学意味。尽管希腊的竞技者在某种程度上突破了荷马创作的禁区，但竞技者绝非一项"民主的职业"。

在颂诗和纪念雕像不断发展的同时，一种特殊的统治模式正在不断衰落。公元前6世纪前叶，这种模式在希腊推广开来，并一直在西西里岛等地区兴盛不衰，即僭主政体，希隆和塞隆即为代表。

一位成功的君主，应当能够在贵族阶级的权斗中左右逢源，并为天下万民谋得福祉。希腊最成功的一位君主是皮西特拉图，整个公元前6世纪几乎都是由他和他的子嗣统治着雅典。公元前510年，皮西特拉图的儿子希庇亚斯遭到驱逐，希腊本土最后一位君主政权宣告结束。其实，早在很久之前，即有证据显示，雅典贵族成员认为皮西特拉图掩盖了他们的光芒，而他们想要在奥林匹亚及其他地区举办的盛会上通过夺冠来一雪前耻。某贵族成员曾在维奥蒂亚南部的阿波罗神庙举行祭典庆祝战车比赛的胜利，这位王室成员毫不掩饰自己对皮西特拉图的反感。此外，某宗族领袖在赛马比赛中成绩出众，并在奥林匹亚驷马战车赛中一举夺魁，他表示自己应该在土耳其欧洲地区的加利波利半岛占山为王。此人的同族西蒙曾连续三届获得奥林匹亚驷马战车赛的冠军。西蒙由于反对皮西特拉图而被放逐，在此期间他第一次夺冠。第二次夺冠之后，皮西特拉图承认了他的荣誉，允许其重回故里。但皮西特拉图的儿子在西蒙获得第三次冠军之后将他处决。皮西特拉图本人曾在某地方盛会上夺冠，他继位后不久，这一盛会却成了所有雅典人的庆典，也就是大雅典娜节，内容包括"卡尔普"和"戴盔跑"的竞技原型、"武装训练"、音乐竞赛以及其他盛会均会举办的裸体竞技项目。大雅典娜节上为选手提供的奖品也比其他竞技会丰厚，皮西特拉图应该是想借此让自己的盛会更加与众不同。

　　然而，丰厚的奖品以及"雅典中心"的赛程，并不能将现有的比赛改造成"纯希腊式"的竞技盛会。"中立性"是一个重要的因素，无论是在诗文还是在雕像里，在奥林匹亚以及其他泛希竞技会场上，君主和对手是完全平等的。诚然，理想化的平等主义是时事所趋。资助品达的人都有良好的出身，许多人甚至据传是神灵或是英雄人物的后裔，而且勤奋聪慧，风流倜傥，诚实勇敢。他们通常是不止一次夺得冠军，每一次都是全城欢庆的盛事。我们知道，比赛失利的人可享受不了这种待遇。

最初供奉在竞技神庙里的祭祀品通常是比赛用具。现存最早的"胜利纪念品"大多是铁饼或是助跳器（Halteres）——跳跃运动员在五项全能竞技时所持的重物。在这些物品上刻着简单的文字说明："伊帕内图斯曾在跳远比赛夺冠时使用过。""伊乔伊达斯敬献宙斯后裔，这一铜器助我击败劲敌凯法利尼亚人。"直到公元前 6 世纪后半叶，为冠军竖立雕像的新做法才成为纪念手段之一。最早的雕像是由石头凿刻而成，形象为裸体的青年长发男子，这是那个年代的标准表现模式。约公元前 500 年，青铜开始取代石器成为雕像的主要用料，日渐兴起的写实主义取代了之前程式化的雕刻方法。写实主义意味着人要像人，马要像马，以此类推。当时还没有真正意义上的"肖像雕塑"，竖立雕像的目的是纪念夺冠的时刻，因此冠军们常常千人一面。短发、肤色均匀、体毛整齐、形态可掬，这是他们共有的鲜明特色。

竞技英雄

当时，雕像代表的不是普通人，也不是为了体现普罗大众的状态，而是要体现品达颂诗中那些崇高的理想。但无论是雕像还是颂诗都未能准确表达出伟大的竞技选手在当时发挥的效应。

在西奥吉恩和尤提姆斯的支持者眼中，这些人都天赋异禀。在要求极高的竞技比赛中，他们为了获得胜利而拼搏，身心均遭受着巨大的考验。在当代体育中，当不受待见的选手获得了胜利，或是众望所归的选手铩羽而退，都会引发人们对竞技结果的不满。古代的竞技选手对公关宣传的效果也并不陌生。米罗在竞技场外不断向人们展示自己的实力，巩固人气。他像赫拉克勒斯那样穿上狮皮，挂着权杖上场。

在公元前 5 世纪的希腊乡村，人们普遍认为神明是真实存在的。公元前 490 年波斯入侵时期，曾奔走于雅典和斯巴达两地传递消息的伟大信使斐里庇得斯，断言他在奔跑途中亲眼见到了牧神潘。将消息带到马拉松并告知同胞后，斐里庇得斯咽下了最后一口气。他跑的距离大约有 26 英里，这就是现今马拉松运动的古代原型。在此次战争期间，一个名叫埃披吉罗斯的雅典人声称，自己的失明是某位关键时刻扭转战局的英雄人物所造成的。大多数人相信在公元前 480 年的战役中是阿波罗的介入阻止了薛西斯的战队，使特菲斯免遭摧残。人们还说在萨拉米斯战役中听到了神的呼唤。由于当时品达和巴库利德斯习惯性地将竞技冠军和神话故事中的强者联系起来，自然而然地，人们也乐于传颂这些神的传说，渲染神明对历史上的英雄人物产生的影响。

公元前 476 年盛会召开之际，将神明和竞技选手等同起来的做法已日臻成熟。不过此时西奥吉恩还没有向人们宣称赫拉克勒斯就是自己的"亲生父亲"，尤提姆斯也还没有散播自己是河神之子的传言。之前人们已经听说卡利斯托的拳击手格劳克斯宣称自己是海神的后裔。他被看作当时的"米罗"。我们也许还记得那则关于阿斯坦帕利亚的克莱蒙德的悲惨故事：由于残暴地杀害了对手，他被剥夺了拳击冠军的称号。回到家乡之后，克莱蒙德精神崩溃，摧毁了校舍并把自己锁在一个大箱子里，之后不见踪影。有人曾询问阿波罗对此事的看法，他降下神谕，说人们应当纪念克莱蒙德，因为他已经是个传奇。

数年之后，有关五项全能选手尤赛克里斯，阿波罗也降下过类似神谕。尤赛克里斯来自尤提姆斯的家乡，他因误判违规锒铛入狱，抑郁而终。克罗顿的米罗虽然没有引发盲目崇拜，但街头巷尾依旧在谈论他的故事。人们还记得，约34年前，米罗风头一时无两，在他正要接受冠军王冠的时候却摔了一跤。于是米罗打趣这算不算"扣分"，周围哄堂大笑。这样的场景或许人们想多看到几次吧。人们也记得，米罗曾带着自己的雕像参加奥林匹亚竞技会，还站在滑溜溜的铁饼上，看人们是否能把自己从上面推下来。

尤提姆斯的斗志是受到了这位洛克里斯竞技英雄的刺激，还是单纯想要挑战西奥吉恩的地位，我们无从得知。但这些围绕竞技者而展开的故事会对选手的行为产生具体的影响，这一点至关重要。有趣的是，竞技选手由于自己的成就而在民间社会处于核心位置，但同时他们又被边缘化了，因为才能把这些人和普通民众区分开来。希腊式的英雄是充满矛盾的角色，他们既拥有非凡的力量，同时又面临着巨大的威胁。尤提姆斯利用了这样一种情绪，并在自己雕像的碑文上写道："尤提姆斯，洛克里斯人士，阿斯提克勒斯之子，三次问鼎奥林匹亚，立像于此，受万人敬仰。"一些人对最后一句话十分不悦，认为尤提姆斯抱持着一种万人之上的优越感。但他死后阿波罗的神谕认可了这一说法，文字得以复原。

再以西奥基恩为例。据说他在九岁的时候就搬得动市场上的青铜雕像。那个雕像应该是阿波罗的，他是位讲究运动员荣誉的神明。后来西奥基恩的某竞争对手在一天夜里鞭打西奥吉恩的雕像，此举激怒了雕像，雕像倒下，将此人砸死。人们相信死者儿子的说法，认为雕像就是杀人凶手，并把它沉入大海。之后便爆发了饥荒。人们询问阿波罗该怎么办，阿波罗降下神谕，要求建造一座神庙来平息此事——这座神庙至今仍留有部分遗迹。西奥吉恩告别竞技约一百年后，一段铭文向我们讲述了下面的故事：

前来祭拜西奥吉恩的人至少需要在箱内投放一欧宝隆（钱币单位）。未能做出如上捐赠的人将被记录在案。善款每年都会汇总并交由最高牧师，并在金额达到一千德拉马克之前由最高牧师妥善保管。到达这一金额后，由议会和大会决定是否应当斥资对西奥吉恩神庙进行维护修补。

虽然六欧宝隆才合一德拉马克，但萨索斯人似乎已经相信，随着时间的推移，一定会有很多人前来造访西奥吉恩神庙。

还有一个人，虽然名字不详，品达曾为此人创作颂诗庆贺他在公元前 460 年奥林匹亚拳击项目中获胜——他不仅是奥林匹亚冠军的领军人物，还在自己的家乡得到了特殊待遇，人们用金色字体将品达的颂诗刻在当地的神庙里，以资纪念。人们说他是赫尔墨斯之子。当"斐斓霓柯"在竞技场一马当先的时候，当公元前 476 年西奥吉恩和尤提姆斯用重拳击败对手的时候，当品达说是赫拉克勒斯创办了竞技会的时候，这些关于竞技选手的传说，胜利的庆典，甚至竞赛的场地，早就已经步入了成熟发展的阶段。

但这些竞技究竟是如何产生的呢？

10. 泛希腊圈的兴起

我们无法在荷马史诗中的葬礼竞技和公元前 476 年的竞技会之间找到直接的联系。个别项目，例如驷马战车和摔跤发生了巨大的变化。新的项目已然出现，而荷马史诗中帕特洛克罗斯的竞技却已难见踪影。有人说，竞技会仍然是有钱人才能玩的游戏，只有这些人才能率领大队人马长时间舟车劳顿，只有这些人才能接受最高级别的训练。

但有一个项目似乎是例外——驷马战车。这项运动声望极高，一个州甚至会动用公共开销来支付团队角逐冠军的费用，比如公元前480年的阿尔戈斯。和荷马史诗中的竞技不同，胜利的荣誉不再仅仅属于冠军本人，冠军的家乡亦与有荣焉。在荷马时期，人们似乎也不会像哈格达玛斯的父亲那样，夺冠之后在帐篷里请人载歌载舞地庆祝胜利。阿尔西比亚德斯曾说，自己只愿意参加战车比赛，因为在其他竞技中，他有可能会输给小城市的选手。这对于阿尔希比亚德斯这样自视甚高的人来说，简直是不可想象的。

奥林匹亚竞技会上的比赛与荷马史诗中的竞技（无论是帕特洛克罗斯举办的，还是在腓埃基亚举办的竞技），两者间最明显的不同在于前者引发了狂热崇拜。在公元前8世纪至公元前7世纪之间希腊各州发展情况的考古证据中，我们发现了某种新的发展趋势，"私人化"转向"全民化"的这一风潮亦和这一趋势紧密相关。并不是所有的地区都受到了这些变化同等程度的影响，所有城市呈现的面貌也不尽相同——我们能确定的是，人们正在选择本区域的发展路线，而不是遵照某种规定好的计划向前迈进。

神庙正是希腊各州发展过程中最重要的新特征之一。诚然，在城市出现之前，祭祀场所就已经存在，这些场所很多都坐落在日后这些"城邦"的边境地带。这些祭祀场供奉的神明通常掌管的是一些重大的转折，例如诞生、婚姻、战争等等。一些神庙是在之前祭祀场所的遗址之上，或者附近区域建造而成。某些祭祀场所的所在地是迈锡尼王权时代的陵墓遗址，还有一些是随着周围区域的兴起而兴建的。这些兴建在"中间地带"的神庙常常是人们聚集的场所，但这些人在自己居住的区域也设有用于祭祀或公共就餐的地点，这些地点通常会被安排在名门望族的居所附近。

公元前 8 世纪，随着政治团体开始壮大，希腊的政治版图也在发生着变化。旧的神庙仍然十分重要，但仍然不在新的区域之内，之前的居民已经迁出，取而代之的是更新更密集的定居点。就像希腊著作《塞诺西辛》（字面意思为"聚居"）总结的那样，这是一个循序渐进的过程，有时，从希腊发展中的各州迁出的定居群体比旧的定居点要井然有序得多，这也许是因为这些定居者们对于城市的蓝图了然于胸，并且清楚地知道在没有旧基础的情况下，如何最好地实现这些规划的缘故吧。

希腊人迁居海外的行动是本土各州发展情况的重要体现。这一行动似乎由埃维亚岛的某位探险家所领导，这个人建立了分布广泛的贸易定居体系，范围涵盖从叙利亚阿尔敏纳到那不勒斯湾皮塞库萨考岛的广大地区。向西定居的活动约始于公元前 770 年，"锡"是吸引希腊人这样做的最重要的因素。锡和铜可以锻造出青铜，而青铜是当时世界上盔甲原料中重要的组成部分。在希腊人向西进发的途中，他们常会在周围发现非利士人（来自现黎巴嫩境内）的踪迹。希腊人对非利士人十分了解。随着王权体系的崩塌，希腊人开始在塞浦路斯定居，并在岛上把自己的定居点和非利士人的居所划分开来。他们还学习如何改造非利士人的字母，使它们更适合自己的语言。这些非利士人也加入了某神秘地区的行进队伍，从伊拉克北部岛屿出发，向着叙利亚境内进发。这一神秘地区就是"亚述"。

在公元前 883 年至前 824 年的六十年间，曾有两位亚述帝王将自己的势力向西延伸。随着其中第二位帝王——沙尔马二世纳塞尔的崩逝，亚述王朝也宣告瓦解，但他们那伴随血腥屠杀的西进唤醒了沉睡中的小亚细亚地区。在戈尔迪附近，即现在土耳其西部，一股新的势力正在崛起。叙利亚北部各州也在拓展自己的势力。在这样的背景之下，对于锡等战争原料的需求变得更大，通过贸易获得利益的渴望也不断膨胀。结果，世界上最臭名昭著的政策促进了各国的发展，进而催生了我们对于"个人尊严"和"人身自由"的追求，这真是世界史上最让人哭笑不得的事例之一。

亚述的兴起带来的经济增长有助于希腊摆脱"后王权时代"的困境——富庶的希腊各州希望在东方找到更强大也更富有的邻国以实现自我发展——但这并没有立刻创造出条件，让竞技体育完成从"葬礼游戏"到"狂热竞技"的过渡。为了实现这一点，操控竞技圈的贵族阶级必须放弃单打独斗，而找到与自己志趣相投的竞技团体。公元前8世纪，祭祀场所开始在兴起中的城市里出现，这是体现上述趋势正在成形的重要标志。在许多情况下，这些神坛都被建造在贵族阶级的故居之上。正是在这样的背景之下，竞技体育开始从贵族阶级的"自娱自乐"向世界范围内的集体狂欢转型。值得注意的是，在希腊世界中，几乎所有的竞技盛会都宣称自己脱胎于英雄式的葬礼游戏。然而，严格意义上来说，这种说法并不可信，但它却体现了一种转型的过程，而这一过程甚至早在荷马游吟时期就已经开始了。涅斯托耳曾说伊利斯的无耻国王偷走了自己派往战车比赛的赛马。这种说法与《伊利亚特》中竞技体育的主体思想并不相符，但它却可能代表了一种悄然发生的变化。也许正是出于这一原因，涅斯托耳代表的是旧派的竞技英雄，亲驾战车参与比赛，而后者是新派的王公权贵，他的荣誉来自战马的速度，并非自己的驾驭技巧。

奥林匹亚的挖掘发现说明，早于公元前8世纪，人们已经常常前往这一地区。访客们为了满足用水需求而开凿的水井是最重要的证据。当时，没有竞技馆，也没有神庙——只有供奉佩洛普斯的土堆和伟大的宙斯神坛。人们似乎是在公元前9世纪才变得"狂热"起来的——所谓的佩洛普斯神坛也不过是早已被人遗忘的古代定居点遗址上的一个土堆而已。在公元前 9 世纪末，人们开始在这个古老土堆前举行祭祀活动，它似乎是吸引人们前来的一个因素。具体原因我们并不清楚，但很有可能与战争有关。奥林匹亚在很长时间内都是人们陈列战利品、纪念真实战争胜利的所在。还有一些人说奥林匹亚是传达神谕的地方，这对于意志勃发的将领来说十分有效。作为市郊纪念胜利的祭祀场所，奥林匹亚顺应了"后王权时代"的时代潮流。

正是由于奥林匹亚的这一作用，许多贵族才前往此地来纪念自己的巅峰时刻。公元前 6 世纪中叶当人们在第一座竞技馆铺设跑道的时候，也许有一条跑道是为竞走比赛而设置的。如果祭祀场附近的水井证明了观众的存在，那么一些常规的竞技活动也许在公元前 700 年左右就已经开始了，但这种结论并不准确，因为直到公元前 650 年左右，主要的神庙才被建造起来。不过，对于神庙的狂热虽然体现了人们渴望胜利，却并不能因此断定它们本身与竞技体育存在直接关联。祭祀场所总体来说与纪念胜利有关，竞技盛会也确实可能起源于此，但早期的昂贵祭祀用品，例如三足鼎，代表的是贵族阶级的地位，本身与竞技体育并无关联。

最有可能的情况是，四年一度的竞技盛会之所以会诞生，是因为人们决定要为竞技者建造一座最新最好的设施，那便是竞技馆。如果竞技馆建设时并不是抱着"如若建成，选手即来"的初衷，那么这说明在公元前 550 年之前这个地方就已经对竞技者存在着一定的吸引力，因此大致推算，这些竞技应该兴起于公元前 600 年左右。那时，发展完善的城邦已经遍布希腊各地，而且贵族阶级也试图在这些城市建立并巩固自己的势力——在奥林匹克享受胜利果实，并愿意派出赛马参加竞技的正是这些人。根据一份历史名单，人们认为约在公元前580年，裁判一职正式职业化，如果情况果真如此，那么这将成为新的证据，证明竞技体育出现的时间为公元前7世纪晚期。但成立这一部门的目的是因为有人抱怨管理状况不够好吗？有关奥林匹亚的希腊文学最早产生于公元前6世纪中期。

研究始于公元前600年的奥林匹亚竞技，就必须看到在这些竞技的诞生的同时，还有一些别的竞技会也在进行，而它们是泛希腊竞技会的组成部分，包括：公元前573年的尼米亚竞技会、公元前581年的伊斯特米亚竞技会、公元前582年的皮提亚竞技会。虽然这些时间都不及奥林匹亚竞技会举办时间那样确定，但不容忽视的是，这些地区的考古发现也没有明确表示当地从来没有举办过这些重要的盛会。所有这些地点都有一个共同的发展模式——约公元前8世纪末，市郊的神坛开始出现，而竞技比赛的直接证据可以追溯到公元前6世纪。在伊斯特米亚，最早的波塞冬祭祀场地建于公元前8世纪末，但最早的竞技馆应该于公元前6世纪才建成（具体时间很难确定）。在祭祀中使用和竞技有关的物品则最早出现于公元前6世纪中期。在公元前8世纪末，"神谕"在德尔斐变得至关重要，它使许多殖民行动——尤其是在意大利和西西里岛——有了正当的理由。让人印象深刻的是，按照神谕的指示，崛起中的希腊某州曾成功地解决了当地的政治乱象。

约公元前600年，竞技场所附近开始出现前所未有的重大祭典。尼米亚就是其中的典型之一，公元前6世纪中叶之后当地出现了最早的建筑：奥菲尔忒斯神坛，实际上，它是新兴事物，把竞赛地点和神话历史结合了起来，就像佩洛普斯神庙和奥林匹亚那样密不可分。但在尼米亚，竞技场由强大的阿尔戈斯州控制，该州在公元前7世纪后期还曾加入伯罗奔尼撒的政治斗争。还有两个重要的场馆分布在一百英里距离之内，这是否让阿尔戈斯人萌生了独立承办比赛的念头？如果是的话，这和希腊人的做法十分相似，并且是精打细算的结果。竞技会的精神支柱是远古的神话传说，这种传说一直被认为与伯罗奔尼撒文化一脉相承；其讲述的是伯罗奔尼撒人和底比斯之间的一场战争，而这场战争在史诗时代有着极为崇高的地位。不过伯罗奔尼撒人强烈的民族自豪感似乎没有在竞技会的特定名称上体现出来，竞技会直译指的是"纯雅典娜式的盛会"。这种安排是为了实现自我提升，并放低门槛，使更多的人能够参与进来。

考古记载所展现的只是时代演变的粗略线条，而不是准确的年份和难忘的人物。古希腊竞技史也年份不详，又没有倡导裸体主义的先驱人物，在某种程度上，人们对这早期历史的满意程度并不高。也就是说，在传统记录中出现的日期并不准确。古代竞技史应该是随着希腊社会的变化而逐渐变化的。最有可能的情况是，竞技选手不再为荷马时代的国王所独享，而是逐渐和神庙联系在了一起。这些神庙有的建在国王的宫殿里，有的建在神坛里面，在这些神庙中，竞技者被当作突破极限的代表，是希腊世界中新的财富。这有助于我们理解竞技体育在当时的重要性，竞技体育不再是那些足能支付奥林匹亚旅费的有钱人才能参与的游戏，而是把希腊境内各个城市年轻人聚集在一起的重要因素。若非如此，奥林匹亚或是特尔斐的竞技荣誉不会如此重要，冠军荣归故里也不会如此风光。如果没有体育迷自发的热情，巨星也就不会光芒万丈了。

伟大的泛希腊竞技会让人们体会到身为希腊人究竟意味着什么，同时它也为希腊各州提供了一个集会的平台、中立的场地，在那里，旧时的仇敌可以聚在一起，迎接新的挑战。公元前483年为了应对波斯人侵危机而举行的首届希腊竞技选在奥林匹亚召开，这并不是偶然的。但是，竞技会只是希腊社会中竞技历史中的一个侧面，也有助于我们从竞技的角度了解希腊城市生活和教育情况。

11. 竞技与公民道德

公元前 326 年 10 月或 11 月，马其顿的亚历山大大帝召集军队在比阿斯河岸（印度北部恒河支流）举行仪式庆祝音乐和竞技比赛的召开。这样的竞赛在军队中并不少见。七年前，亚历山大围攻推罗国的时候曾举办过这样的比赛。此外，六年前，他在埃及继承大统以及第二次派兵对抗波斯大流士二世的时候，也曾召开过这样的比赛。随着在推罗不断深入，他还要在颠覆大流士政权之后，在波斯首都苏撒召开更多的比赛。在随后率军向中亚进发的途中，亚历山大仍然保留了这样的做法。抵达目的地之后，他召开了更多竞技比赛，但方式却完全不同。根据资料显示，这些竞技都是"裸体"及"马术"比赛，之前的却是"裸体"和"音乐"竞赛。亚历山大这样做的目的是什么呢？是因为随着进入仍由波斯贵族控制的地区，他担心那些马术超群的选手——即使他们不情愿脱掉衣服而且桀骜难驯——会迫不及待地想看到马其顿选手在场上一败涂地？但几乎可以肯定的是，没有人受邀参加潘克拉辛和摔跤比赛，因为据说亚历山大对这两项运动并无好感。

在比阿斯河举办的竞技和别的竞技比赛不同，它们见证了亚历山大执政的辉煌时刻。而这些比赛，坦白地说，却不那么让亚历山大欢喜：这些竞技举办时，军队开始叛乱并拒绝执行国王盲目向前的命令。因此，亚历山大为狄俄尼索斯和赫拉克勒斯设置了祭祀神坛——据说这两位希腊天神曾在亚历山大之前进攻过印度——并通过举办竞技比赛在马其顿军队中达到重振士气的目的。

无论是亚历山大在比阿斯举办的竞技，还是在结束漫长而危险的征途，回到现伊朗和伊拉克境内时举办的比赛，都会在结束后举行特别仪式庆祝好运的开始或是厄运的结束。有时两样同时庆祝。有一次，上万希腊军队为追击波斯公主来到了伊拉克，交战之后他们在波斯帝国的中心地带陷入孤立无援的境地，但最终他们不仅发现了归队的路线，还杀死了公主，并擒获怒火冲天的波斯国王。他们凭借无尽的勇气和随机应变的能力，成功地在黑海登陆，并在那举办了竞技活动。参加竞技的人并不是职业选手，而是士兵。他们的竞技技巧不是通过所谓的训练而获得的，而是成长的结果。公元前 5 世纪时，竞技训练开始成为希腊自由男性必备的素养之一，这些人出生的家庭应当有能力将至少一位家庭成员装备成重装步兵。正是在竞技馆里，他们结成了可以延续一生的友谊，养成训练的习惯，并为日后所用。这些希腊男性的第一次性经验也很可能是和同场的年轻男子发生的，因为他们长时间接受裸体训练，而这种训练是良民教育中至关重要的一个环节。

竞技馆是希腊世界锻造男性品性的核心机构，但却没有面向女性的类似机构。如果父母不反对，女孩可以在家学习读书写字，小时候，她们有时还可以在宗教庆典上参加竞走比赛。但是在希腊，女孩不能成为公民，也不能掌控财产，除非她们的父母是斯巴达公民。被排除在竞技体育之外，而自己的兄弟和未来的丈夫却在赛场上驰骋，这毫无疑问凸显了女性"低人一等"的地位。她们不仅没有参赛资格，而且连观看比赛也不被允许，因为人们认为女人注视非亲非故男子的裸体是件伤风败俗的事。

竞技场馆的建造，以及开始将体能训练当作优秀公民必备素质的看法，不能追溯到迈锡尼世界延续下来的传统中，也和公元前6世纪初期竞技盛会初步成形的风潮没有关系。在竞技馆中教授的技能，已经远远超过个人竞技的范畴，与社会的发展紧密相关，而社会的统治者倡导的是一种"空想平等主义"。要实现真正的平等，一个人，无论他是选民还是陪审员，更有甚者是名战士，都要能够公平公正地参与宗教仪式的庆典。公元前7世纪至前6世纪的希腊，这些活动的准备工作主要是体能和音乐方面的培训。但最初，文学效应并未获得人们的重视。虽然我们掌握了很多有关公元前7世纪至前6世纪竞技基础建设的证据，但有描述公共设施的文学作品却是直到这一时期结束之后才出现的。

在竞技机构的发展过程中，有两种模式相对来说变化不大。一种模式与立法者有关，他们制定了一系列规章制度告诉人们如何教育子女，充分体现了国家对这一问题的重视。在另一个种模式中，自主建造场地以供切磋的权利逐渐被国家所掌握，但人们仍有独立训练的权利。雅典人和斯巴达人在这一问题上一如既往地意见不合，他们都在展示自己的模式存在更大的发展空间。

斯巴达人认为，本州的青年训练体系遵循了某位伟大立法者的意图——他们普遍认为此人的地位堪比斯巴达人公元前 8 世纪宪法的缔造者吕库古。斯巴达教程中有趣的一点是，训练完全不是为了培养一流的奥林匹克选手而设置的；奥林匹亚竞技会在斯巴达体系诞生之时可能还未出现。这并不是说斯巴达人不渴望在奥林匹亚这样的盛会上夺冠，而是因为这些竞技对斯巴达人的日常而言无非是"锦上添花"。而且斯巴达人确实参与了这些伟大盛会的角逐——有证据显示，庇西特拉德当政时期，有不少斯巴达人曾在大雅典娜节上夺冠，还有许多人是奥林匹克冠军。公元前 4 世纪，斯巴达盛极一时，一些斯巴达人还夺得了驷马战车的桂冠。唯一诞生过女性冠军的重大项目也是奥林匹亚的驷马战车赛，夺冠者名叫斯尼斯卡，她是公元前 4 世纪前叶斯巴达国王阿格西莱的妹妹，于公元前 396 年和前 392 年两次参赛。

斯巴达的传统记录很有可能是正确的。虽然我们并不能确定驷马战车赛举办的具体时间——斯巴达人推测应与奥林匹亚竞技会诞生的时间大致吻合——但我们还是无法想象在没有进行公共培训的情况下，斯巴达人的管理模式究竟是何种形态。斯巴达的组织基础是一个人民团体——"*homoioi*"，意为"平等者"——这些人承担捍卫家园的责任，并且会定期召开公开会议就公共利益问题进行投票。政治领导权分属两名巴赛勒斯（通常是斯巴达州中两座村落中大家族的成员）以及长老议会。"平等者"应当承担保卫家园和治理城市的职责，因为大部分男性居民都必须将收入的较大份额上缴政府，政府再将其重新分配给"平等者"（每人均可获一份世袭财产）或是神职人员。因为"平等者"必须对政府全力效忠才能体现自己的价值，所以他们很有可能会让后代接受宗教训练，这样自己的职务就能得到继承，在盛典、集会或是战场上发挥作用。"平等者"学习的一些强调团队精神的竞技是希腊其他地区所没有的——其中一项是团队搏斗运动，另一项可能是某种用棍击球的游戏，类似今天的曲棍球比赛。这种教育体系指导在公元前 7 世纪中叶才被引入斯巴达，原因很大程度上要归根于古典时代的教育活动是在"赛道"，而不是在竞技馆进行的。

　　尽管有关斯巴达早期教育体系的证据十分有限，所有信息都来自公元前 4 世纪某篇文章中的一段文字，但我们还是了解到，男孩子似乎是到 14 岁才进入教育系统，他们必须搬离自己的家和其他公民的儿子住在一起。男孩子可以和同岁的伙伴一直住到 20 岁。在系统内，男孩子应该被归分成了三类："男孩"（paides）、"少年"（paidiskoi）、"青年"（hêbontes）。在斯巴达人眼中，一个人在 30 岁之前都不算真正成年，不能成为真正的"男人"。只有到了 20 岁成为"青年"之后，才有服兵役的资格。

　　前面提到的那段文字的作者色诺芬认为，常年的鞭策教育以及衣不蔽体、食不果腹的状态，让很多年轻的斯巴达人滋生了一种"绝对服从"的态度。他还认为教育中包含较全面的歌舞技巧训练，以及体育竞技和军事演习等内容，这种做法是十分可取的——但他显然并不认为教育出身体受到摧残、文化水平低下的下一代是一件坏事。与色诺芬同时代的人对斯巴达人的评价要严苛得多，他们认为斯巴达人是不文明、不成熟的。然而，所有人都知道，这样的教学是只向精英分子开放的相对狭隘的训练，而且有证据表明教育本身并不像色诺芬描述的那样残酷。实际情况似乎是每年只有八十人完成学业并加入军队成为正规士兵，而且他们的父母一直对孩子的所作所为保持高度关注。

改变斯巴达人未来的社会关系也在学业期间悄然成型；当男孩们成为"少年"之后，他们必须和年轻男子成为恋人。这些年长的恋人被称为"*eispnêleis*"，或者说"启蒙者"，这些人先于男孩们成为"青年"，并即将长期为军队效劳（他们也可以和女性结婚）。这种关系——既是性爱关系又是情感关系——只限于十几岁到二十出头的男孩之中。色诺芬极力反对青年和男孩之间的这种关系，但并不否认斯巴达式的关系是件好事。少年们希望从年长的恋人那里学到如何管理自己，有时还要向他们学习文化知识。

雅典人的做法截然不同。直到公元前6世纪初，希腊人才全面概括出公民制度的重要意义，那个时候伟大的改革家梭伦结束了"六一汉"的制度，而在这种制度下，大部分雅典居民年收入的六分之一都需上缴；很有可能是上缴给州府，因为雅典的"六一汉"是某种制度发展的产物，这一制度与斯巴达的希洛人制度十分相似。也就是说，无论雅典的年轻男子被认定为雅典人四大派系的何种类别，他们如今都站在了平等的基础上。梭伦还将雅典人分为四个等级，其行使职能由个人财产来决定——有钱的人承担的职责也就更重，不是出任政治领袖就是担任宗教要职，还需为公共服务，包括庆典提供资金，以及保家卫国。

公元前6世纪中期——当时的雅典被皮西特拉图的家族操控——我们有理由相信公共资金的用途是为了支援集体训练场所的建设。有考古证据显示，当地也许曾在大雅典娜节上使用过的某条赛道正在被改建为市民中心，充当集会场所。这些地点最初是一位名叫哈刻狄墨斯的英雄人物的神社，矗立在集市的北部，也就是现在"学园"的所在地。大雅典娜节的项目之一——火炬竞赛曾从这里出发，后来这里似乎变成了可供人们训练的集会场所。据说，皮西特拉图（或他儿子）

的男性恋人在竞技馆内为厄洛斯树立了一尊神坛，皮西特拉图王朝时期的克勒斯忒涅斯（伯罗奔尼撒半岛北部西库翁的国王）还"为人民"建造了一座竞技场和一条赛道。而在雅典，杰出的政治家、家喻户晓的军事家西蒙于公元前5世纪让"学园"变得更加完美，增添了清晰的赛道，并在周围盖上带有顶棚的走廊，还种上了树木让环境更加宜人。

西蒙将修缮后的竞技场馆当作献给雅典人民的一份礼物，但这却招来了一些麻烦，因为西蒙把场馆的维护工作想得太简单了。2世纪时，普鲁塔克曾写下一些公元前5世纪的情况，他指出，西蒙的做法是将自己的私人资源与大众分享。虽然并不是说公元前5世纪的政治家绝对不能这样做，但他的做法确实引发了一些问题。曾编纂过公元前4世纪20年代雅典宪法的某位"暴躁"的作家说，在他的时代，除了有钱人为自己建造的"竞技馆、浴室和更衣间"，雅典人也在建造所有人都能使用的类似设施。而且他观察到，"民众"似乎比有钱人更享受这些设施。有趣的是，无论现在情况如何，当时希腊人认为年龄不足的男孩并不能真正算作"民众"中的一员。这一说法的问世、普鲁塔克口中的"学园"、西蒙改造后的场馆以及其他修缮过的"聚会场所"，都表明这些行为并不是为了对固有的教育体制做出改革。建造这些供成年人使用的建筑，很重要的原因是提供这些男子放松自我的场所，那里也是学识渊博的教师经常光顾的地方。由此看来，哲学家柏拉图愿意在"学园"讲课，并不是因为他渴望与十几岁的少年会面，而是他在那里能够碰到有空交谈的成年人。

即使有人愿意花时间在竞技馆和友人谈天说地，但更多的雅典市民去那里是为了保持自己良好的身形。如果一个人足够有钱，他应当成为重装备步兵。如果一个人不是那么富有，那他应该成为雅典强大海军战舰上的水手——尽管《宾虚》中水手们毫无自由的奴隶形象早已深入人心，但当时古代战舰上的水手都是自由人。年满18岁并且身强力壮的雅典公民都有服兵役的义务。头两年，男孩会被分派到雅典的领地阿提卡加入守备部队。20岁之后，他们成为男人，这一阶段会一直持续到50岁。成为男人之后，他们有可能要到海外战斗。从51岁到60岁，他们被划分到后备部队中。这些18岁的少年在入伍之前并没有受过专门的培训，但人们希望这些人能够裸体展示出自己有体力成为军队中的一员，也就是说他们必须保持良好的体型。

每年在公共节庆上举办的合唱表演和竞赛项目是重要的全民活动，这些活动也要求人们保持健壮的身材。竞赛在各个部落的竞争退伍中轮流进行——公元前508年或前507年的机构改革已让部落数达到十个——其中最重要的一项舞蹈节目是"战舞"，舞者们的穿着打扮和重装步兵赛跑者十分相似，只是不用手持长矛。这些项的目的是在部落间创造出一种凝聚力，部落成员们经常一起观看军队中军事训练的情况，而这些军队的组成结构和城市的部落结构可谓一脉相承。很重要的一个信息是，这些负责组织这些部落的人被称为"体育官"，人数大约在30人到40人之间（举办大雅典娜节的时候人数会增加），每年有数百精壮的雅典青年会参与到盛会的表演之中。

在西蒙或者色诺芬捐赠的这些设施中，人们焦虑地注意到：雅典人所依赖的是一种"自由市场化"的机制，因此优秀人才之间的竞争是为了满足各自公民群体的需要。孩子是否能够接受教育完全由雅典各阶级自主决定：在雅典社会中，会读书写字还不如会扔铁饼重要。参与竞技体育通常不是强制性的，而且实际上只有那些有时间接受训练的人才能参加。但从修昔底德引述的伯里克利的文字中，我们可以清晰地看到，当时存在一股强大的社会压力，要求人们参与公共活动、履行融入社会的职责。修昔底德整理后伯利克里的发言如下：

> 我们对美好事物的爱不会成为奢侈的放纵；我们对精神的追
> 求不会让我们脆弱无依。我们认为财富应合理使用，而不是成为
> 炫耀的资本。人们不应该因为贫穷而感到羞耻；真正的羞耻是甘
> 于贫困，无动于衷。每一位在场人士，关爱自己，同时也心系家
> 国。即使是那些日理万机的人，也对政治现状了然于胸：我们不
> 是想说不关心政治的人有多么自私；我们想说的意思是，这样的
> 人虽生犹死。

同样的，色诺芬也总结过大哲学家苏格拉底的态度，告诫年轻人
保持良好体态是自己的国民职责之一：

> 并不能仅仅因为军事训练未获得国家的公开认可，就借机放
> 松对自己的要求。只有保持健壮的体型才能确保自己在任何一场
> 比赛中，在任何一次活动中都不会颜面扫地。

青年人接受竞技培训并不是官方要求之一，这并不代表人们对竞
技场上的动态漠不关心，而这些公共设施在公元前 5 世纪时的数量也
在不断上升。公元前 5 世纪末，除了"学园"的竞技馆之外，在波
罗·律凯俄斯的神坛附近又新建了一座竞技馆，位于"阿果拉"的东
面，也就是现在雅典国家花园的所在地。此处训练场也有可能建于公
元前 5 世纪末，与"学园"配套的永久建筑是由西蒙的政治强敌——
伯里克利在公元前 4 世纪建造的。"吕克昂学园"也曾是军队重要的
训练场地，它和"学园"一样吸引着形形色色的知识分子。第三座竞

技馆，也是人们提供健身场所，坐落在赫拉克勒斯神庙附近，取名为"库诺撒尔该斯"。社会地位不高的人在这里能够宾至如归，它也为公元前4世纪的知识分子，尤其是反动文化哲学运动的犬儒主义的支持者提供容身之处。

这三个地方的共同特点是都临近次要的宗教祭祀场所——这些地方可能是雕像、祭祀用地、神坛，但都不是神庙；而且它们都建在城墙之外。地理位置上远离城市再次说明这些地方最初并不是为孩子而建的设施。

公元前4世纪，这些设施都呈现出独特的建筑风格，里面设有摔跤场、有顶棚的赛道、更衣室以及洗浴设施。在柏拉图对话录《欧绪德谟篇》中，最详细地记录了公元前5世纪末吕克昂学园的情况，苏格拉底说道：

> 也许是神的旨意，当我独自待在吕克昂学园的更衣间并即将离开的时候，我们相逢了，在我起身时，我认出了这些伟大的传奇人物：于是我再次坐下，不一会儿，欧绪德谟和迪奥尼索多鲁斯两兄弟走了进来，还有跟着一些随从，我想应该是他们的门生吧，他们一起在有顶棚的赛道上漫步。

此处带顶棚的赛道建在摔跤场的周围。天气好的时候，人们喜欢在室外的赛道上进行赛跑。除了这些设施之外，这里很可能和"学园"一样，建有一座花园供场馆的管理者使用。

毫无疑问，摔跤场周围的赛道体现出了成熟的竞技馆和"纯摔跤场"之间的天壤之别。但这些建筑并没有立刻成为希腊境内所有城市的建筑特色。伊利斯确实在公元前5世纪末建造了一座竞技馆迎接前来奥林匹亚的竞技选手，科林斯也可能建好了两座竞技馆，其中至少有一座在公元前 392 年内乱大屠杀发生之前就已经建造完毕。公元前 400 年之前，底比斯也曾建有一座竞技馆，坐落在城外。公元前 4 世纪中期，还有一座竞技馆建在提洛岛。菲勒，公元前 4 世纪曾被激进君主统治，该地的设施与西拉丘斯、西西里岛上的设施大体相同。然而，鲜有证据能够证明克里特岛的戈耳屯、埃维亚岛的欧雷欧斯、拜占庭和艾菲索斯曾经出现过竞技场馆。这说明，特尔斐和奥林匹亚的竞技馆很有可能是公元前 4 世纪末或公元前 3 世纪初才出现的。尼米亚没有竞技馆，伊斯特米亚的竞技馆也很有可能是公元前 3 世纪建成的。从建筑风格史中我们可以知道，亚历山大时代之前，"竞技馆"只有在那些想要证明自身重要性的建筑附近才会出现，而建造竞技馆是不具强制性的。在大雅典娜的祭祀场所上，它显然不是必需的，直至其蔓延到所有主要城市之后，情况才有所改变。究其原因，并不久远：公元前 5 世纪到公元前 4 世纪的竞技馆是供男人训练的集会场所。它并不是教育机构，也不是竞技盛会的平台。

由于违背了人们对成年人哲学要求，竞技馆可能并不是男孩接受教育的地方，但它确实是一项公立设施。正因如此，它才需要行政人员的管理，需要一系列的规章制度规范常客的行为。竞技馆需要具备：向学员教授各项竞技的教练（也就是现代体育馆或者体育俱乐部里的教练或指导员）、清洁人员、完整的设备、大量供人们训练前涂抹身体的橄榄油以及帮人涂油和卸油的人员。例如，在公元前 4 世纪的雅典，"*epistatês*"（"管理者"）是一项公职；"体育官"最终变成了负责竞技馆事宜公职人员的头衔，在公元前 5 世纪到公元前 4 世纪期间，只有那些训练青年在各大盛会参加火炬竞赛的人才能担任此职。除了公立竞技馆之外，还有一些供私人训练的竞技馆，运营者自称

"*paidotribês*"（源自希腊语男孩一词，*pais*），原因在于他们擅长培训更年轻的竞技选手。与三大公立竞技馆的人员开销由政府支付不同，这些人是能够从顾客那里获得服务酬劳的。私人竞技馆和摔跤学校的存在说明，即使在最民主的希腊，有钱人还是觉得私人机构比公立机构更划算。

无论选择私立还是公立，政府都认为年轻男子需要受到道德监督。看起来，让政府忧心忡忡的并不是年轻的同龄男子在一两年的训练课程之后，可能会对对方产生情感和性爱上的依赖，而是年轻男子独立出去锻炼的时候，可能会让年长的人想入非非，伺机而动。然而，也无须大惊小怪，18 岁的男子接受入伍检查的时候，确实会偶尔发生被骚扰的情形，但人们也都知道如何应对。最让政府担心的是，这些公立机构可能会滋生让雅典普通民众认为不妥的行为——雅典自由男子卖春。

有一次，雅典政治家埃斯基涅斯抨击对手狄摩西尼，指控他的某位支持者存在卖春行为；反过来，狄摩西尼则指控埃斯基涅斯犯有叛国罪，指其交易对象为亚历山大大帝的父亲、马其顿国王腓力二世。公元前 346 年，埃斯基涅斯在针对提尔马科斯的诉讼中获胜，靠的是避开当时的政治局势：被告提尔马科斯是一位成功人士，他的政治主张比埃斯基涅斯政治主张要成熟得多。埃斯基涅斯的言论针对若干年前的陈年旧账，当时英俊的提尔马科斯还只是竞技馆上一位普通的顾客。通过这样的做法，埃斯基涅斯终于让雅典人民透彻地体会到年轻的竞技选手究竟有何现实意义：

> 我们知道，雅典人克里顿——阿斯泰奥卡斯之子、珀里托代的伯里克莱底、珀勒马吉恩、克利格拉斯之子潘塔雷翁，以及跑

步选手提美斯特欧斯，这些人不仅是城邦中，也是整个希腊中最美的人；他们有过许多恋人，个个都是道德的楷模，没有人会责备他们。

拥有一个或是多个男性恋人并没有错，错的是不该卖弄性感。埃斯基涅斯承认阿喀琉斯和帕特洛克罗斯是恋人关系，还指出，在荷马史诗中：

> 他们的性爱关系被隐藏在了友谊之下，原因是他认为这样超乎寻常的爱恋在有识之士面前是那样一目了然；阿喀琉斯曾说，悼念帕特洛克罗斯的死去，就像是在铭记最锥心刺骨的痛，天不遂人愿，他未能实现曾向墨诺提俄斯许下的诺言；他说只要墨诺提俄斯让帕特罗克罗斯跟自己一同前去特洛伊，并交由自己照顾，他一定把他平安地带回奥珀斯。很显然，正是出于这种性爱关系，阿喀琉斯才会对特罗克罗斯呵护备至。

埃斯基涅斯说，这种关系建立在两个社会地位相等的人之间，它与提尔马科斯总是和富有的年长者共同生活的做法有着本质上的不同。这不是爱，而是肉体交易，"立法者"也立法全面禁止这类行为的发生。埃斯基涅斯引述相关法例规定，说任何从事男性卖春行为的雅典人都将被禁止参加公共活动，并且有可能处以死刑。他之前还引述过别的法例，目的是说明男孩不能与年长男士直接接触。出现这样的法律并不奇怪，而且成形于公元前5世纪90年代的雅典法律还将这类法例纳入了法律体系。虽然这些法律都出自梭伦的理论体系，但似乎公元前5世纪通过的许多法例并没有被纳入其中。

对古代竞技史来说，对提尔马科斯的指控是十分必要的，它强调了雅典人对于男人认为裸体男孩具有性吸引力的现象持续反感的态度，这些有吸引力的男孩会利用自己先天的优势在竞技场上寻求年长者的经济援助，这种关系与其他类似关系之间的差别在于，后者关系中的双方是心智足够成熟，能够为自己行为负责的成年人。至少在公元前 5 世纪事实确实如此，从艺术表现形式中可以看出，竞技者与其"教练"之间的年龄差距不应过大。

公元前 4 世纪和公元前 5 世纪，竞技活动的参与者可以自主地选择想做的事情。但公元前 4 世纪末，至少雅典的情况发生了变化，雅典设定了两年的训练时间让青年接受训练，这些青年都出自能够承担成为重装备步兵所需的武器开销的富贵人家。这样的训练适应年龄为 18 岁到 20 岁，主要集中在竞技馆内举行。重要的是，自从被腓力二世击败之后，雅典已经急剧衰退为三流城邦，因此，政府才愿意拿出两年的时间让即将成为公民的人接受军事和公民培训。所涉及的青年人约占城市中 18 岁到 19 岁人口的一半，他们将参加传统的火炬接力赛，并且需要监视阿提卡边境的情况。举办这些活动所需多少时日已无从知晓，但重要的是，即使是在雅典这样一个文化生活关乎荣誉尊严的地方，青年人的培训还是与之后提高这些人文学造诣的训练截然不同。识字能力仍然不像体格健壮那样是"公民美德"之一，也不是人人都必须拥有的能力——政府并没有为非重装备步兵的人安排训练，也没有对文学教育提供支持。

12. 贝罗亚

亚历山大大帝崩逝之后的那个世纪，希腊世界发生了翻天覆地的变化，其边境亦持续延伸到了印度的边界。在这一时期发展繁荣起来的许多城市之中，竞技馆开始成为一个越来越重要的象征，体现了希腊世界共有文化之间的依存关系。将这个现已分裂成数个战乱王国的世界凝聚起来的是这样一种原则：重要的人要能读写一些希腊文字，并且要在竞技馆接受训练。当时，东面有来自中亚边缘地带的帕提亚民族的威胁；波斯帝国已被亚历山大摧毁，但罗马人仍在争夺意大利控制权，以及单纯的治国无方（主要指公元前 3 世纪中叶之后的埃及）等因素让这些分裂的王国的国力已经下降，但竞技馆的重要性却在上升。体现这一重要性的最佳象征，当属发现于阿富汗北部乌许斯河沿岸城市阿伊哈努姆的竞技馆。在这样一座建筑风格融合了希腊元素和伊朗元素的城市里，纯希腊式的竞技馆外墙体现了与故土之间的密切联系：墙上装饰着阿波罗神在德尔斐降下的神谕，这些神谕有可能是通过亚里士多德的学生克来阿克斯而进入该市的。

正是在这一过渡时期，我们发现了最强有力的证据来说明竞技馆内发生了什么，以及它们是如何融入市民生活的。证据来自位于现希腊北部的贝罗亚市（现名韦里亚），那里迅速发展成为后来的马其顿王国。这是一段公元前 180 年刻在石柱两侧的文字，时值公元前 197 年罗马人第一次大胜马其顿国王以及公元前 168 年第二次战败导致王国解体两个事件之间。这段文字非常全面，向我们展示了为了让城市的竞技馆正常运作，一个人必须经历的尝试、痛苦和担忧。这个人的工作并不是培养奥林匹克选手，而是确保贝罗亚人民能够享受那些令人尊敬的年轻男子带来的盛大的节庆，这些男子不仅身形良好，而且在必要的时候还能保卫城市。

这段话的开头凝聚着浓厚的丑闻气息。人们已经聚集在一起，一个名叫卡里普斯的男子说道：

　　既然所有的部门都依法运行，而且在其他建有竞技馆并且需要"抹油"的城市，都是由竞技法管理公共记录所，那么我们最好也效仿此法，而且最好将我们通过的审查官条文刻在石柱上，并放置在竞技馆和公共记录所的门前，这样一来，青年人将会多一分羞耻心，亦会服从领导，而他们的收入也不会被浪费，因为当选的竞技官都将依法行事，而且当任职到期，他们也将接受官员的审查。

遗憾的是，我们并不知道之前的收入是如何被浪费的。当与竞技官发生争执的时候，青年人将买给他们的器具弄坏了吗？竞技官提供的橄榄油质量低下？当他被控提供劣质油或是其他不法行为的时候，他是冤枉的吗？竞技官所需要提供的最重要的东西就是橄榄油，让官员进行审查应该是对青年的一种让步。另一方面，接下来的四十行实际的法律条文都是由某现任竞技官所起草的，而且官员审查似乎是一项进一步的保护措施——他已正式提出要求彻底清查，以还自己一个清白。

竞技馆所起草的法律已全盘通过，因此人们每年都需要选举一批竞技官和其他公职人员。新任竞技官就任之后，他将在竞技馆把相关人员召集起来，并选出三名男子（特别指出是"男子"的意图在于他们必须和竞技官一样年满30），这些人将协助竞技馆对青年和收入进行监管。接下来，这段文字中似乎出现了有关财务问题的汇报程序，但是石柱上载有相关法例的部分已遭严重破坏。财务问题主要涉及提供至关重要的橄榄油、处理罚金、砍伐用来加热浴池的木材等事宜。另一面记载的主要是竞技馆内部的活动，第一个方面就是"隔离"：

当信号落下的时候，30 岁以下的人无须脱衣，除非得到监督者的批准；当信号升起的时候，若无监督者的批准，旁人无须脱衣，亦不得在本市另一竞技馆内用油涂抹身体。如若不然，竞技官将禁止其入场，并处 55 德拉马克罚款。所有竞技场的使用者都应服从竞技馆依照竞技法指认委派的监督者，违者将受鞭刑。

在这些内容中有两个显著的不同点：第一显然是 30 岁以上和 30 岁以下的人之间的区别；其次是国民竞技馆的成员及非成员之间的差异。我们对该市另一座竞技馆一无所知，但很明显的是，这些场馆的会员不能使用国民竞技馆。假设一个人因为某些原因不能加入国民竞技馆才选择加入这些机构，那很有可能这个人不具备"公民身份"。还有一点是，人们把这一区别看得很严重，因为 55 德拉马克是非常重的罚款，它相当于一位散工两个月的薪水。

在别的城市，升起信号标志着想来此处的男子可以前来抹油和锻炼——这些条文解释了其他文件中未能解释的信息——但此处升起信号就意味着较年轻的成员训练时间的结束。这一差别被清楚地记载在埃斯基涅斯控诉提尔马科斯时手稿夹杂的文件里，有人甚至主张把这些内容增添到雅典法律中。虽然最后并未添加，但它们反映出来的思想体现了人们对法律的期许。

在任何情况下，竞技官都不能允许成为"男人"的选手参加"赫迈厄"竞技；如果他容许此事的发生，而且不将他们驱逐出竞技馆，他将面临自由男子失职条例的制裁。

"赫迈厄"曾是竞技馆中最重要的年度盛会，所以管理也非常严格。

接下来一系列贝罗亚的条例中规定，当18岁以下的男孩开始用油涂抹身体，青年以及所有未满22岁的人士，只要仍是受训军人，都需要每日练习箭术和标枪。没有明确的理由表明为什么训练只限定于轻步兵队的训练（在其他地方，青年和年轻人需要学习重装备步兵甚至是骑兵的战斗方法），有可能因为在首次被罗马打败后，全面的军队训练是受到限制的。除了本章节中提到的这些限制，官方规定还禁止"年轻男子与男孩厮混或者交谈"。

说到男孩的训练，竞技官必须确保男孩的教练每天准时到场（除非生病或因别的事情而搁置）并且完成自己的工作。这样的机制在当时的公共教育机构中是独一无二的，竞技官必须对玩忽职守的或是迟到的教练处以一日一德拉马克（一日工资）的处罚。如果男孩或者教练不服从命令，他有权鞭笞男孩并对教练开处罚金（如果教练为奴隶身份，可以处以鞭刑）。每四个月，竞技馆将会让教练对男孩进行检查，并为此委派裁判，而且会对工作完成得最出色的教练加冕庆贺。

下一部分的法律指出的是谁将永远不能参加竞技馆的活动，以及竞技官如果不能确保"隔离"工作的有效进行，将可能面临的巨大罚金：

> 奴隶、自由民或他们的子嗣、被剥夺权力者、卖春者、在集市进行交易的人、醉汉、疯子均不得在竞技馆脱衣。如果竞技官纵容这样的人用油涂抹自己的身体，或是明知故犯，他将被判处

三千德拉马克的罚金。

这里的被剥夺权利者指的是那些因为某种原因而被剥夺了公民权利的人——比如提尔马科斯，认罪之后他被禁止参加任何公开活动。从名单中所列其他人员的类别中，我们可以极其清楚地看出，古代社会排外的竞技培训中的参与者，体现了其与"公民意识"之间某种程度上的联系。更重要的是，它告诉我们虽然奴隶可以在竞技馆中工作，但这些人即使重获自由，他们的孩子也是自由之身，但他们和孩子都不能享受"公民"的权利。在这些文件问世之前约50年，马其顿国王腓力五世曾向某市致函，指出如果该地的人民想要增加公民的数量，他们应该学习罗马人的做法，允许重获自由的奴隶成为公民。腓力当然不能强迫他们这样做，而且看起来，他的意见也没有被采纳。

在当今世界，体育为拥有运动天赋的人开启了一条摆脱经济困境的道路——很明显，这一点在奥林匹克运动初期引发了争议，在当时，强调一个人的业余身份，无非是为了说明出身不佳的人没有参加竞技的资格。直到20世纪，竞技场上的公平才变成体现社会公平或是理论上的机会平等的重要标志。主张为竞技营造出排外的社会氛围的贝罗亚人一定不会赞成甚至不屑于国际奥林匹克委员会的创始人皮埃尔·德·顾拜旦的观点，他们甚至很难想象，在那个时代，可以出现一个杰基·罗宾森这样的人物——在他开始为美国职棒大联盟效力后，他成了美国社会种族平等运动的动力和象征。值得注意的是，我们在这仅仅提到了杰基·罗宾森的例子，而像米娅·哈姆这样的女性足球运动员能够出现并成为偶像人物，对贝罗亚人来说更是连做梦都没想到的事。

希腊某些城市的规则不像贝罗亚那样严苛。奴隶在竞技馆中有时候可以获得别人捐赠的橄榄油。但是还是没有很明确的证据表明他们可以全面地参与到竞技馆举办的竞赛之中，而且参与竞赛的经济门槛也很高。人们必须付费使用橄榄油。这种情况下，竞技馆的运作资金由城市提供，城市则必须提供更多现金。这绝对不是市政府的兴趣所在，在古代世界，收支平衡是个让市政府头疼的问题。我们知道，奴隶也能在分配中分一杯羹，这有可能是因为一些非常有钱的公民愿意自己承担橄榄油的费用。

既然竞技官有义务维持竞技馆排外的特性，那下一节我们将谈到如何保护竞技官本人。和之前有关竞技本质的内容一样，这部分内容也以自己的方式向我们透露了很多信息。

> 任何人不得在竞技馆内言语辱骂竞技官；如有违者，竞技官可对其处以 50 德拉马克罚金。如若有人在竞技馆内攻击竞技官，在场人士应当上前制止，竞技馆对打人者开处 100 德拉马克罚款，并可依据本市法律对其提起诉讼；凡是能帮助竞技官，但未能做到者，将处以 50 德拉马克罚款。

谁会想攻击竞技官并被处罚金呢？很显然不会是男孩中的某一个：任何年轻人犯下此类违法行为都将被判处鞭刑，而且打人者还需要足够有钱方能支付巨额罚金。所以这指的是出格的父母，他们会突然出现并开始抱怨自己的儿子没有得到应有的照顾。此处描述的巨额罚金和难以遏制的怒气体现的是人们对于青年人竞技成就的重视。而最有可能让父母失控的就是一年一度的盛会——赫尔墨斯节。

赫尔墨斯节明确地体现了竞技馆内所推崇的价值理念。在这种盛会上，竞技官会捐献武器作为外貌、素养、耐力等方面的奖励，颁发给不足 30 岁的选手。跟所有涉及主观评判的活动一样，外貌奖由委员会决定——竞技馆会选出七名竞技馆常客组成小组并通过抽签的方式从中选出三名。那些更客观的奖项——表彰刻苦训练的奖项——由竞技官颁发。这些比赛源自其他场地（当时在希腊有两处）并且反映出了一种普遍共识：竞技馆是年轻人学习公民美德的地方。两项火炬竞技也有奖项，分别颁给男孩组和青年组。为此，竞技官会遴选团队，并受三人小组（每项竞技设一个小组）监督，三人小组会在竞赛前为受训团队提供十天的橄榄油。另外一个独立的裁判组决定花落谁家。这些安排看起来似乎复杂得已经超越了接力比赛所需要的程度，说明比赛的目的并不是决出胜败，而是要展现良好的公民水准。它也说明竞技官需要受到保护，不致被指操控比赛，或者徇私舞弊。这在一定程度上减少了殴打竞技官诉讼官司发生的概率。

　　该法律最后一部分涉及的内容为偷盗和财务。竞技馆日常运作所需的资金来源主要有两个——一方面是市政府；另一方面，通过贩卖一种称为"格洛俄斯"（gloios）的物质——竞技者结束训练之后从他们身上刮下来的橄榄油和尘埃的混合物。听起来并不吸引人，但格洛俄斯是收入的主要来源。根据所谓的标准理论，该物质可以让肌肉变得更软、更耐寒、更松弛，生长速度更快，有一部展现了古代医药观的作品认为格洛俄斯与"帕托斯"（patos，铜像上的污垢）混合之后有助于治愈不良肿瘤，而且可以治疗炎症，还可以缓解痔疮症状。其实这些功效要归功于橄榄油，使用含有铜像微量铜元素的混合物可能也有效果，因为铜具有抗菌特质，能够缓解感染，今天它被广泛运用在许多杀菌产品和运动服装中。

关于格洛俄斯的交易提醒我们要注意一些未被记录在贝罗亚文本中的关键人物。尽管竞技官的训练者需要自己互相抹油，并且在训练后通过一种名为"刮身板"的东西把积累的灰尘、油脂汗液除去，但是被迫在那传递橄榄油并收集格洛俄斯的人却是竞技馆所管控的奴隶。他们还需要充当看守者，确保离开的人不会错拿训练者的衣服。

贝罗亚的法律提供了最翔实的证据说明竞技场所在训练公民时的情况，但其理论基础源自斯巴达公元前 7 世纪进行的实践，不过斯巴达人的做法一直在与时俱进：贝罗亚问世之前几年，斯巴达由于战败而被迫屈服于伯罗奔尼撒半岛北部的两大联盟（亚加亚联盟），必须打破自己的传统格局和教育模式。贝罗亚碑刻诞生之后约 40 年，斯巴达人向罗马请愿，希望恢复自己的传统体系。罗马同意了这一请求。改革后的斯巴达教育被称为 "*agôgê*"（军训），引发了罗马人的极大兴趣，因为罗马人认为斯巴达政局稳定，军队实力强劲，而这些都是罗马人梦寐以求的特质。

13. 身强体健 职业竞技

男孩在竞技馆中的体能训练并不是为了奥林匹克的成功而做的准备，那他们是如何成为冠军的呢？首先，男孩们需要对此表示支持的父母以及优秀的教练。这些教练和在公立竞技官任职的 *paidotribês*（教练）非常不一样。他们是在各自竞技领域的专家，用现在的话说叫培训"生活模式"的专家。 职业 *paidotribês* 或 *gymnastês*（两个词都是"教练"的意思，职能相当）的工作不仅是要教授竞技，还需要设计出成功的训练方案。在品达时代，培养过 30 名奥林匹亚冠军的米勒西亚本身就是一名奥林匹克水准的摔跤手，也是一个富有的人，不然他的儿子修昔底德（不是那位著名的历史学家）也不能在政坛大展拳脚。或者，教练应该是自家人，就像罗德岛的迪阿格拉斯那样。品达曾创作了一首颂诗纪念迪阿格拉斯公元前 464 年在拳击比赛中获得胜利，他还指出迪阿格拉斯的身形非常魁梧（他也曾在泛希腊竞技会上夺冠）。

他的两个儿子阿库西劳斯和达莫格图斯接受了不同的竞技培训——阿库西劳斯是公元前 448 年奥林匹亚的拳击冠军，而达莫格图斯则是公元前 452 年和公元前 448 年潘克拉辛比赛的冠军。难以想象的是，选择相关的竞技项目并在父亲的指导下训练的两兄弟，竟然避免了令人尴尬的同室操戈。他们的小弟多雷欧斯斩获了公元前 432、前 428 和前 424 年的奥林匹克冠军头衔。而他的姐妹所生之子也将延续家族的传统成为奥林匹克拳击冠军，据说，其中一位名叫凯里帕特拉的拳击冠军就表示出浓厚的兴趣，想要训练她的儿子。有人说她（唯一的女性）曾经向裁判请求，希望可以观看儿子的比赛。被拒绝后，她说自己的兄弟和父亲都是奥林匹克冠军，于是裁判们心软了。公元前 424 年和前 420 年，奥林匹克拳击冠军阿尔坎内图斯观看了自己儿子们的授冠仪式。

即使教练不是家庭成员，那也必须是关系非常亲密的人，而且在固定教练和极其成功的年轻选手之间可能存在着性关系。品达曾至少在两个场合含沙射影地指出教练和冠军之间的关系就像帕特洛克罗斯和阿喀琉斯——实际上他所指的是哈格西达姆斯，品达说这是个让人"情愫暗生"的人，并且在他教练伊路斯的"激发"之下登上了冠军宝座。这对于竞技馆的传统访客来说，也许是无法忍受的，但在奥林匹亚参加竞技的选手们生活的是一个标准不同的世界。通往尼米亚竞技馆的甬道上留有竞技者在等待入场或比赛结束的时候刻下的涂鸦——其中一则简单地写着"我赢了"；很多人会写下一个名字，然后在后面加上"美丽"二字——这是体现顶级选手如何看待自己及对手的重要标志。很有可能，在这一时期，竞技选手之间已经确实存在"同性性行为"。他林敦的伊克西图斯，是公元前444 年奥林匹克五项全能的冠军；当他说自己在整个奥林匹克训练期间都没有性生活后，人们都把他当作怪物。然而，他也被誉为当时的最佳教练。据说，在公元前216 年与卡普鲁斯的潘克拉辛竞技中一战成名的科里托马库斯也离开了饮酒会，因为宴会已经变成了"性爱派对"。

更好的做法是，科里托马库斯应该在人们开始喝酒的时候就离开饮酒会，因为喝醉酒要比性爱麻烦得多。伊克图斯就赞同这一观点，据我们所知，他是根据经验主义建立训练机制的第一人。随着时间的流逝，尤其是在突出节食和训练的地区，"实践出真知"似乎反映了当时的训练形态。现代教练都知道无氧运动的产物三磷酸腺苷分子——细胞内的能量来源——会造成乳酸的堆积使肌肉疲劳。为了缓解这一现象，好的教练会推荐需要不断运动的有氧训练，这将刺激毛细血管的生长，运送更多的血液，并将更多的氧气和养分输送给肌肉。如今，好的教练还会推荐多摄取碳水化合物的节食法，比如，环法自行车赛的冠军兰斯·阿姆斯特朗训练时每天摄取 6000—7000 卡路里（在高山地带骑车时则高达 9000 卡路里），其中的 70% 来自碳水化合物，15% 来自蛋白质和脂肪。节食法的作用在于它能够补充高强度训练中燃烧的肝糖。

在伊克西图斯的世代结束之后，一名叫希罗迪库斯（出生于现伊斯坦布尔附近的塞利姆比亚市）的男子首次将体育和医药结合在一起。不久，有一位名叫迪欧提姆斯的教练撰写了一本《汗液的功效》，指出汗液有三种。大约在这一时期，另一本书《养生之道》亦被创作出来，不过该书的作者被人们错误地认为是生活在公元前5世纪的神医希波克拉底。书中有关训练的章节很有可能提到了那个时代竞技教练所熟知并且正在探讨的诸多话题。例如，书中指出，慢跑的人可以降低体重，流汗增多，而且那些刻苦训练的人会浑身酸疼："缺乏锻炼的人即使在轻微的训练之后也会痛苦不堪，因为他们身体的各个部位都不适应这种训练。但是接受训练的人也会在非常规训练之后感到疲劳，一些人如果常规训练的强度太大，也会出现这种症状。"

在公元前4世纪，这些早期著作的光芒比不上四卷莎草纸著作《训练特质》以及亚历山大·席恩的长篇著作《竞技训练》（*Gymnastikon*）。实际上，我们对席恩作品的了解全部来自2世纪至3世纪的伟大药学家盖伦的大量记录。盖伦对席恩这样的人十分反感，认为他们跨入了自己神圣的医学领地。然而，在辩驳席恩作品的工作中，盖伦向我们全面展示了席恩所谈论的观点。实际上，席恩十分看重训练的层次以及其对身体的影响，他指出竞技教练应该像医生一样关注健康。比如，盖伦指出席恩在谈到训练时使用了"热身"（*paraskeuê*）、"中场"（*merismon*）、"完成"以及"复原"（*apotherapeia*）等词汇。在论述"复原"时，他很有可能记录了有关按摩的具体方法，他推荐在训练之后进行"硬按摩"或"软按摩"，并且似乎还用了相当长的篇幅进行展开论述。在谈到"复原"时，他用特殊的笔触写道：

> 当遵照此法训练之后感到疲劳时，第二天的大部分时间泡热水澡是最有效的解乏方法，它能温暖整个身体，而这种温度，就像"容器"一样，盛装着养分输送到全身。

　　其他人则花费了大量的时间阐述饮食问题。盖伦不止一次对竞技选手的巨大食量发表评论，他认为选手们不仅运动强度过大，而且进食太多。他发表了自己对某些人著作中的"饮食处方"的一些看法，而通过罗马帝国时期（约公元前3世纪初期）菲洛斯特拉托斯的作品，我们可以对这些著作有一个大致的了解。在《竞技论》中，菲洛斯特拉托斯总结了竞技教练的作品中所涉及的内容。该作品本身是一部奥林匹亚简史，也是竞技历史的先驱，书籍创作的来源五花八门，书中还表达了盖伦对教练的不满，教练们以大师自居，认为自己不仅精通训练技巧，在人体习惯和人类智慧方面也无所不知。

　　在"饮食"这一问题上，菲洛斯特拉托斯发现各家观点不一，但他赞同古代竞技选手的普遍做法：食用大麦面包、未发酵的小麦面包以及牛肉（最好是公牛）、山羊肉和鹿肉。有趣的是，他选择了大麦面包和未发酵的小麦面包，这两种食物糖指数都很高，它能很快让血糖水平上升，进而迅速补充密集训练中损失的肝糖。鹿肉和山羊肉的脂肪含量很低，同样，古代用草料喂养的牛肉中的脂肪含量也比当代商业化饲养的肉类中的脂肪含量要低得多。

　　菲洛斯特拉托斯不赞成用精致的蛋糕代替未发酵的面包，也不赞成食用鱼类，两者均是生活奢侈的象征。暂且不管他对鱼肉中蛋白质成分的无知（这一点很多人都会同意），他指出用低碳水化合物面包代替高碳水化合物面包的做法并无不妥。此外，帕萨尼亚斯发现公元前476年的竞技选手德罗美图斯引入了一种饮食方法，提倡大量食肉，因为竞技选手之前进食的奶酪太多了。竞技选手可能进食了过多的奶酪——古代世界通常用山羊奶或绵羊奶制成——并不奇怪，因为这两种食材都是上好的蛋白质来源。总而言之，古代竞技选手的饮食中脂肪的含量比现代饮食低；现代奥林匹克运动员的饮食中，一般含有约 40% 的碳水化合物、40% 的脂肪以及 20% 的蛋白质，而平均指标会因为竞技项目的不同而发生变化。

短期来看，高脂肪的饮食能够刺激骨骼肌的生长，但是这种饮食催生的肌肉不能像低脂肪饮食催生的肌肉那样快速地从疲劳中恢复过来。在希腊竞技中，这可能是灾难性的。现代奥林匹克选手通过数周的训练达到最佳状态，但希腊竞技选手需要训练至最佳状态以应对一整天的激烈角逐。尽管情况是多变的，就像需要提高肌肉密度的搏击选手和赛跑选手是不同的，但是菲洛斯特拉托斯所描述的最佳饮食很有可能是很多运动员参照的标准。大量摄入碳水化合物的好处是它可以在较短的时间内为高强度的体能训练提供养分，帮助选手到达最佳状态。用现在的话说，古代竞技者也需要补充碳水化合物饮食。明尼苏达的梅奥医学中心所描述的此类饮食习惯大体上反映出了盛会上对于竞技比赛的需求：

> 这类"补充碳水化合物"的饮食，需要在高强度高耐力的竞技比赛开始前几天，增加摄入碳水化合物并降低活动强度。碳水化合物的摄入可以使能量达到最佳储备，并且提升您的竞技水平。

这种饮食习惯的好处在于：

> 如果您参加的是耐力竞赛——比如马拉松选手，游泳选手或是自行车选手——并准备参加时间为 90 分钟以上的高强度竞赛，那么补充碳水化合物可以使您的能量储备达到最优化，以增强持

久力，抗击疲劳。

竞赛的本质——单日有多次角逐、多次高潮——使得希腊的奥林匹亚竞技活动成为一场场持久力的较量。虽然典型的饮食方案中肉的含量已经超过平均水准，但是菲洛斯特拉托斯想强调的是教练对于补充碳水化合物的功效是有所了解的。有人可能会说克罗顿的米罗每天能吃20磅肉、20磅面包和8升半葡萄酒，但传说是言过其实的——这样的食谱热量将达到57000卡路里。不过它很好地反映出饮食结构中碳水化合物和蛋白质的均衡摄取，而在竞赛在即之时，需要摄取更多碳水化合物。另外，米罗能够参加竞赛超过20年，说明他没有摄取太多的脂肪。

饮食是训练的一个方面，身体状况是另外一方面。菲洛斯特拉托斯及前一个世代的讽刺作家琉善都提到有些机制对心血管的健康状况要求极高，并指出这些机制代表的是一些训练原则，而这些原则到他们的创作时期已经延续了几世纪之久。菲洛斯特拉托斯讲述了纳克索斯岛一位名叫提桑德罗斯的拳击手的故事："他靠双手游到了汪洋的中心，这是双手的训练，也是身体的训练。"他还赞扬了一些需要运用周围环境的训练机制，比如在河中游泳、背负重物维持身材（他似乎相信米罗在奥林匹亚背着公牛绕场行走的故事）。而琉善所描述的竞技训练主要来自一本类似对话录的作品，对话双方是伟大的雅典改革家梭伦和一位名叫阿那卡尔斯西的色雷斯访客，这位访客认为希腊的习惯十分奇怪。在创作这部作品的时候，色雷斯和希腊一样，是罗马帝国的一部分，城市文化跟希腊本土的城市文化相比简直不值一提——但是在琉善看来，能够记录下古希腊最受推崇人物的语言，实在是件有趣的事情。琉善来自幼发拉底河的萨摩沙特，他深知在罗马统治时期，如何克服以希腊经典阅读为基础的教育体系带来的同质化影响，而使本地传统得以传播。

琉善的《阿那卡尔斯西》（即色雷斯人和梭伦的谈话录）开头部分记叙的是阿那卡尔斯西在吕克昂学院观察到的现象，这位困惑的色雷斯人问道："哦，梭伦，这是为什么呢？"

为什么您这儿的男子都在做这样的事情？一些人用胳膊把对手圈住，将另一个人扳倒，有的人快窒息了，有的人像猪一样纠缠着倒在泥里。在开始的时候，我发现他们脱掉了衣服，在身上抹上了油，非常平静地轮流帮人涂抹身体。

阿那卡尔斯西所看到的摔跤形态跟我们在摔跤手册上看到的情况大体相同，该手册的问世时期大约就是琉善、菲洛斯特拉托斯、盖伦进行创作的时期。通过里面的文字，我们可以看到古代教练都说了些什么：

站到他的旁边，用脚出击，将他击倒。

摔他！现在站起来，转身。你获胜了。

摔他！扫堂腿让他摔倒。

站到对手的旁边用胳膊把他的头夹住把他击倒。

右手从他的腋下穿过去。用胳膊将他的手锁住，如果他的手从你腋下穿过，就用你的左脚攻击他的侧面。再用左手把他推开。保持力度，将他推倒。你再转身，抓住他的双肩将他击垮。

出脚攻击。固定住对手的身体，并上前将他的头部往后掰扯。然后正对对手，向后弯曲，撞上前去，注意脚步要稳。

此外，阿那卡尔斯西还观看了在泥坑和干沙坑里的摔跤比赛，选手会把尘土撒到对手身上，他猜想这样可能会让油脂脱落，可以将对手抓得更牢；他还看到拳击手之间的争斗，说"所有场地的人都在竭尽己能，有的人在原地上蹲下跳像是在跑步，有的人还会突然跳起然后空踢"。他看到的这些跳起飞踢的人是正在训练的潘克拉辛选手，而那些在原地跳跃的人是在进行一种类似 20 世纪早期竞技训练中的"膝盖运动"，是现代有效提速方式的原型。

梭伦告诉阿那卡尔斯西，通过艰苦的训练培养合格的公民是这些训练的目的，但接着他谈到了职业选手和业余选手之间的区别：

> 如果人们看到竞技中的优胜者会在希腊人面前得到荣誉并昭告天下，他们训练的热情会变得更强……此外，我跟你提到的"奖赏"也并非不重要——它意味着一个人得到了观众的认可，收获了名利，并且被认为是该领域最优秀的人。所以有很多能够接受训练的适龄观众，退场时会更加珍惜这样的品格和付出。

在向阿那卡尔斯西解释他所观看到的训练意义何在之前，梭伦先解释了阿那卡尔斯西同伴的疑虑。这位同伴抱怨天气太热，但梭伦说正是这样的体能考验让希腊人身强体健，并且能和周围的环境和谐共处。如果琉善写下这段话时盖伦也在场的话，他一定会开始新书的创作，就像他写给色拉西布洛斯的作品中提到的那样，他会解释为什么这一说法是不正确的——他认为严苛的体能训练摧毁了人们的健康，而人们只应当听从医生的话。也就是说，阿那卡尔斯西口中那些具体训练的作用，无论是在职业竞技方面，还是在相关手册（菲洛斯特拉托斯可能亦参照过）的内容方面都与琉善的说法不符：

> 我们要把他们训练成优秀的赛跑选手，让他们适应较长距离并且在短距离赛事中遥遥领先。跑步不是在坚硬牢固的地面上，而是在深沙堆上进行的，因为这样选手无法脚踏实地，沙子会从脚下滑走；我们也会让他们跳跃深沟，必要的时候，他们还需要在最大程度背负重物的同时跨越其他的障碍物。

随后，梭伦解释了五项全能训练的意义和泥地摔跤的效果：

> 至于这些铺设的泥土，请容我道来个中原因。首先，选手可以避免硬着陆，而摔在柔软的地面上；其次，选手在泥地流汗时会变得更滑……这对力度和肌肉的要求大幅提高，当双方均处于这种情况之下时，选手需要紧紧抓住对手并将其制服之后方能逃脱。

梭伦在此阐明的原则对于现代阻力训练来说十分关键——换句话说，使肌肉紧缩以对抗外力——这一做法适合那些需要在相对较长时间内发挥所有潜能的选手（也适合我们当中那些单纯想要减肥或者改善身材的人）。据梭伦的说法，在竞技馆中，通过跑步训练选手的心血管机能是十分可取的做法，这与当代的最佳方式再一次不谋而合。这些理论并不诞生于琉善和盖伦的时期。实际上，盖伦认为这种实践十分古老，他还听说克罗顿的米罗请集市上的人们来推自己的做法质上就是公开的阻力训练。

拳击竞技中，技术的提高与饮食控制和持久力之间并无关联。琉善借阿那卡尔西斯之口描述了人们互相攻击的场景，但这类"现场版"的角斗是相对少见的，因为选手严重负伤的可能性很高。也许正是因为这样，在盖伦的时期以及提尔马科斯的时期，有人主张让奴隶来当角斗拍档。一般来说，拳击手会通过击打装满沙或水的皮袋来进行训练，或是进行空拳练习。菲洛斯特拉托斯说，他们应该只在有风的时候偶尔进行训练。而"动真格"的训练时，奴隶必须在场上充当"活沙袋"。此外，还有证据表明在和对手进行训练的时候，选手有特殊别致的手套可供使用。

虽然有关训练方法的最佳证据全都来自公元 2 世纪至 3 世纪的文本之中，但这些作家的写作方式让我们觉得他们是在遵从某种深刻的古代传统；盖伦将数百年前的课题作为自己的目标，也说明他们描述的基础训练原则在贝罗亚的竞技馆中就已经存在了。实际上，鉴于奥林匹克竞技的本质及其对选手耐力方面的要求，教练们很有可能早在公元前 6 世纪就已经开始初步了解这些训练方法了。

如果一个人想成为身材出众、受人爱戴的选手，他应该怎么做呢？很简单，找到一个好教练是头一件任务。即使这个人不是自己家庭的成员，也需要让他相信自己是一个有前途的学生，这点很重要。从菲洛斯特拉托斯的文字来看，教练对收谁为徒是谨慎的，菲洛斯特拉托斯还提到了一些通过古代面相学的原则来筛选潜在客户的基本标准。

看透一个人的性格是十分重要的，因为教练必须接受最优秀的竞技者来维护自己的招牌，就像美国主流大学的教练，他们必须将最优秀的人才纳入麾下，才能保住饭碗。菲洛斯特拉托斯说，古代教练必须善于洞察人心，他必须知道"体现性格的特征都是通过眼睛传递的，透过一个人的眼睛，我们能够看出这个人是否懒惰、鲁莽、虚伪、怕吃苦，性格是否放纵"。深色眼睛的人的性格被认为和蓝眼睛的人不一样，和眼睛充血的人也不一样。此外，就像猎人选择动物当作打猎助手时需要验货一样，教练也必须谨慎地审查自己的学生，确保他有天赋、有能力取得成功。要做到这一点应该是很困难的，因为古代社会死亡率极高。一个人的平均寿命大约为四十出头，父母很有可能在孩子不到 20 岁的时候就去世了。这说明教练必须"掌握一种方法，通过审视选手的裸体，尝试了解选手父母的情况"。那些细皮嫩肉、骨瘦嶙峋、青筋暴露或是（严格训练后仍然）臀部松弛、肌肉无力的人都不是理想的年轻选手。如果候选选手看起来无精打采，太易流汗或是完全不流汗，或是不能从训练中快速地复原，他们都将被淘汰。

曾经有一位教练在接受某位选手之后决定他最擅长的项目是什么时，会通过一个人的体型来决定。未来的五项全能选手身形不能过大也不能过小——精瘦、高挑、精壮（但肌肉不能过于强壮），腿的比例要适中，腰部要灵活。手很长，手指很细，这些也是有利特征，因为更容易抓住铁饼。长跑运动员需要像五项全能选手那样拥有强壮的手臂和颈部，但双腿却要像短跑选手那样纤细："短跑选手双脚在奔跑的时候双手在快速地摆动，感觉像是手上长了翅膀一般。长跑选手也会这样做，但要等到比赛快结束的时候。其他时间他们并不会这样奔跑，而需要将手臂向前伸直，所以他们需要强壮的肩膀。"

拳击选手的标准不同。他应当拥有宽大的手掌、强壮的手臂、有力的肩膀、修长的脖颈以及强劲的腰身。腰部的训练必须彻底，因为撞击可能会让他失去平衡。选手的小腿不宜过粗，这样看起来不灵活，而且在踢打对手胫骨时显得尤为笨拙。在菲洛斯特拉托斯看来，选手身材清瘦并不是一件坏事，这代表换气舒畅——虽然他说这也不是太重要，因为隆起的腹部可以保护头部不至受伤。我们不清楚这到底是怎么一回事，按现代的理解，应该说拳击手需要后倾，而让腹部向前。

最吸引教练的人是摔跤选手，像米罗那样的块头是不对他们口味的。对菲洛斯特拉托斯来说，最佳摔跤手的形象应该是身材苗条、脖颈长度适中的，肩膀要有力，手臂肌肉发达、双腿强壮、灵活性高。不应是肥胖的，而要敏捷、干练，有冲劲而又机智。菲洛斯特拉托斯曾明确地指出，在他那个时代，没有人会特别在意"戴盔跑"、短跑和中距离跑竞技选手之间生理上的差别，这清楚地表明，菲洛斯特拉托斯认为训练和体型才是成为冠军的关键因素。在公元前 2 世纪之前，人们曾努力想要对不同竞赛做出区分，但从公元前 164 年至前 152 年，罗德岛的列奥尼达斯一个人在这三项比赛中就赢得了 12 次奥林匹克冠军。传统观点仍然认为，"戴盔跑"选手的肌肉应当比短跑选手的肌肉更为发达一些，而中距离跑选手应该介于两者之间。在公元前 164 年之前，人们都认同这一说法，甚至四百年后，菲洛斯特拉托斯也不愿意将其全盘否定，他一边说传统观点毫无意义，一边又在不断重复传统观点。也许他很难承认人的天赋比教练的方法更重要，而且他对个人技巧几乎绝口不提。菲洛斯特拉托斯虽然承认有位雄心勃发的埃及摔跤选手在梦中得到天神的指点之后，学会了如何运用自己的生理特征，但他认为这是特殊事件。在另一部作品中，他对拳击选手和潘克拉辛选手的成功产生了兴趣，这些人从神谕神坛那里得到了有关自己竞技和职业的启示。其中一个人是赫力克斯，此人后来声名大噪，他的马赛克肖像甚至出现在了台伯河河口奥斯提亚港的一间小酒馆中。

菲洛斯特拉托斯和之前论述过竞技培训的人都不愿意承认天赋对

于一个冠军来说可能比教练的技巧更重要。同样的，盖伦也不愿意承认体能教练会比自己更了解养生之道。声称知道如何保持良好状态的竞技教练遭到过盖伦的猛烈抨击。

竞技是一门基于观察的学问，一门植根于人体知识的学问。这门学问需要未来的竞技选手巨大的付出，也需要极大的资金投入。因此并不让人意外的是，那些公元前 5 世纪之后的成功选手都是来自贵族家庭。例如在雅典，从公元前 5 世纪至公元前 3 世纪，参加国际竞技的选手基本上都是来自这一社会阶层，而且，顶级的雅典贵族会在赛马比赛中砸下重金，新兴家族的成员则很有可能会参加裸体竞技项目。在一些地方，参加竞技比赛能够让人进入当地的仕官阶级；贝罗亚时代的竞技法以及菲洛斯特拉托斯时期的竞技法似乎规定：一个人必须家底丰厚才能凭借竞技才华进入城邦的统治阶级。

公元前 300 年，反抗亚历山大大帝的一系列战争依然迅猛，从这一时期起，土耳其西部伟大城市艾菲索斯的碑文中出现了一些管理竞技活动若干原则的最佳例证，其中一则如下：

> 安德洛尼克斯之子内尤莫斯对议会及公民大会说道："在尼米亚少年组拳击赛中，色蒙之子阿忒努德鲁斯以艾菲索斯人的身份夺得了冠军，他为城市带来了荣誉，议会及公民大会认为，色蒙之子阿忒努德鲁斯应当成为艾菲索斯公民。根据法律规定，在尼米亚奋勇拼搏获得少年组冠军阿忒努德鲁斯应当得到相应荣誉，他应当在集市上获得表彰，就像其他冠军所受待遇一样。根据法律的规定，司库将授予阿忒努德鲁斯冠军的赏银。他将被分配到某一部落以及某千人组中……他抽签选中的部落是卡尔纳额乌斯，选择的千人组是……（石碑此处破损）

竞赛之后，选手能在想要居住的地方获得公民身份的做法至少可以追溯到公元前5世纪，当时，意大利南部克罗顿的阿斯提鲁斯在奥林匹亚夺得短跑和中距离跑取得三连霸（公元前488年、公元前484年、公元前480年）之后，宣布自己成为叙拉古人，以取悦城邦的君主希隆。但他家乡的人民不太高兴，于是把他的宅院改造成了公共监狱。克诺索斯的埃格特勒斯曾经雇佣过品达创作胜利颂诗，他庆祝时曾被当作希梅拉人，因为他夺冠的时候正被放逐在外。后来，获取公民身份似乎在竞技选手中流行起来，因为大家都需要四海为家的人。而获得金钱奖赏，比如阿试努德鲁斯所获得的奖金，并不能让人过上穷奢极欲的生活。向重大赛事中获得冠军的选手颁发奖赏——至少可以追溯到公元前5世纪的雅典——也并不是要让竞技世界变得更加民主。获得冠军的概率是很低的。这种奖励与颁发给城市中杰出的公职人员以及慷慨的捐赠者的奖赏差不了多少，它表明在国际竞技中夺冠通常被视为提升城市声誉的方法——所以阿试努德鲁斯说自己是艾菲索斯人的时候也让城市与有荣焉。

竞技冠军对于一个城市之所以重要的原因很简单：优秀的竞技选手代表的是"阳刚之气"。获得冠军表明一个人具备相应的美德，并且就像梭伦在《阿那卡西斯》中所说的那样，这样的人应当成为人们的榜样，因为宝剑锋从磨砺出，用一位观察员的话来说，如果你想成为奥林匹亚的冠军，就必须将自己交给教练，服从指令，节制饮食，勤于锻炼，控制饮酒，甚至做好挨打的准备。菲洛斯特拉托认为，教练应当在各个竞技选手中培养的品质之中，"阳刚之气"（与懒惰相反）绝对是合格参赛者的首要要求，这只有通过严格的训练才能达到。菲洛斯特拉托斯极力反对暴饮暴食、饮酒过量以及性爱生活。并不只有他一个人抱持这样的观点，主流思想也认为个人享受摧毁了男子气概，暴露了阳刚的外表之下隐藏的是"反阳刚"的本质。

　　然而，假设一个人可以抵抗肉体的诱惑找到一位优秀的教练，而且具有天赋，这个人还必须足够富有才能参加比赛，并在赛场上刷新纪录。虽然，重大盛会并不是人人都能参加，但是从公元前6世纪开始，希腊各地出现了许许多多地方活动，人们可以在那里一试深浅，证明自己的价值。萨索斯的西奥吉恩就在积累上千头衔的竞技生涯中多次参加这些活动。公元前5世纪末，斯巴达人树立的石柱上记录了他们中的一员达摩农如何亲自驾驶战车在希腊南部地方巡回赛比赛中屡屡获胜的故事。达摩农还资助了他的儿子参加三大赛跑项目，包括"短跑"、"中距离跑"以及"长跑"，而且同时在少年组和男子组的比赛中多次夺冠。父子俩经常参加同一届盛会。达摩农说，他的儿子作为少年选手获得了许多项目的冠军。他们的故事表明家族赞助的竞技活动可能已经出现，因为每个城市都愿意举办一些年轻人也能参加的竞赛。

　　在一些地方，政府也有可能赞助那些前途看好的选手，帮他们支付巨额的主要赛事参赛费用，并为其配备水平超群的培训人员。比如克罗顿人似乎在米罗的时代就已经开始为一流的教练提供资助了。许多年后，阿斯盆都市为了表彰摔跤选手的才华，把他们的图像刻在硬币上。阿尔戈斯人会在赞助竞技队伍参加奥林匹亚这样的盛会之前，提前做好政府开销预算。这一始于公元前4世纪初的做法，似乎一直延续到了4世纪末，当时阿尔西比亚德斯曾把国家队买下来，以便派其参加奥林匹亚竞技会。阿尔西比亚德斯自己参加比赛的时间是公元前416年，虽然名义上是个人参赛，但他的参赛引发了巨大的社会反响，因为他在奥林匹亚时接受了雅典附属城市数目不小的捐赠。这并不是帮助贫困的年轻选手开始竞技生涯的慈善赞助，而是一笔精打细算的城市投资，目的在于通过这个"彰显阳刚之美"的国际舞台提升自己的地位。因此，我们在艾菲索斯公元前3世纪的另一条法例中读到：竞技官向市议会提出请求，希望议会能够为阿贰努德鲁斯提供旅费参加别的竞技比赛，并使教练与之同行。城市应该是在提供数额公开的赞助，并且愿意让一些外国居民或者是重获自由的奴隶获得公民资格，以及参加比赛。

阿贰努德鲁斯已经通过在尼米亚及此后的多次获胜经历证明了自己能为城市带来荣誉。既然不仅要全国闻名，还要蜚声国际，那么四处奔走对于一个有抱负的竞技者来说是至关重要的。选手必须在参加重大赛事之前，先在各种盛会中积累一定的知名度，幸运的是，公元前2世纪初的碑文向我们展示了这类盛会的原貌。碑文来自土耳其西南部利西亚某著名神庙莱顿的附近，那里曾是利西亚联盟的集会场所。不断增加的经济机遇把罗马人吸引到了这里，而且还很有可能伴随着军事介入。由于土耳其的南部海岸是臭名昭著的海盗天堂，罗马政府承担起了在该地区巡视侦查的重任。因此，利西亚人民决定设立一项盛会纪念罗马女神，作为罗马势力的象征。让我们来揭开这一盛会的面纱：

桑图斯市安德罗马楚斯之子小安德罗马楚斯为竞技主席时，利西亚联盟所创罗马竞技之获胜名单如下：长笛乐手——萨尔迪斯市阿波罗基恩之子西阿吉恩；七弦琴乐手——帕塔拉市皮提翁之子小皮提翁；由于歌唱选手表现欠佳，以七弦琴为伴奏的歌唱比赛的桂冠在罗马神坛予以保留。男子长距离跑冠军——阿尔哥斯夏利薛奴斯之子阿里斯托克利图斯；男子中距离跑冠军——阿尔哥斯夏利薛奴斯之子阿里斯托克利图斯；男子短跑竞技冠军——来自米拉的美内斯特拉图斯之子安提欧楚斯；少年拳击冠军——来自佩尔加蒙的阿尔特蒙之子依皮格诺斯；少年组潘克拉辛冠军——来自费里德费亚的哈格农之子阿波罗尼尤斯之子阿尔特米多鲁；少年组长距离跑冠军——帕塔拉阿尔塔帕特斯之子格劳图斯；少年组短跑冠军——艾菲索斯西奥梵内斯之子梅内飞隆；少年组中距离跑冠军——来自迈安德河边玛格内西亚克特西普斯之子波斯多尼尤斯；青年组短跑冠军——阿尔哥斯尼坎德尔之子小尼坎德尔；青年组摔跤冠军——亚历山大薛农之子米尔提阿德斯；青年组潘克拉辛冠军——帕塔拉安提帕特尔之子依达格阿斯；"戴盔跑"冠军——阿尔哥夫……伊阿奇达斯；五项全能冠军——帕塔拉美内马楚斯之子格劳楚斯。

由于选手表现不佳，男子组摔跤桂冠在罗马神坛予以保留。

由于没有选手报名，男子拳击、摔跤和潘克拉辛的桂冠在罗马神坛予以保留。

赛马（幼）冠军——来自斯米尔纳费罗科勒斯之子卡里普斯；赛马（成年马）冠军——声称自己来自特尔美素斯的噶伊尤斯·波罗里欧之子噶伊尤斯·欧克塔维尤斯；二马（幼马）战车赛冠军——来自艾菲索斯的马赛东之女，但她被当作阿波罗尼亚人；二马（成年马）战车赛冠军——来自阿波罗尼亚尼尔楚斯之子、德美特瑞尤斯之子小德美特瑞尤斯；四马（幼马）战车赛冠军——米拉伊瓦格拉斯之子摩斯楚斯；由于竞技选手资历欠佳，四马（成年马）战车赛在罗马神塔予以保留。

由于地理位置的优势，利西亚人自然希望可以在竞技场上获得极大成功，因此，他们安排了一整套音乐项目配合马术比赛和裸体竞技的表演。这是受到了勒托神庙的启发，这座神庙是为了纪念阿波罗的母亲及其妹妹阿耳忒弥斯而建造的。他们甚至还希望自己的竞技会能够和皮提亚竞技会拥有相等的地位，和主要盛会一样，他们也规定只有成人才能参加五项全能和"戴盔跑"项目。但似乎事实并非如此。无论是对观众还是表演者来说，七弦琴歌者的表演都是痛苦不堪的，而且按照规定，如果演出太糟，不但没有人能够获得奖赏，表演者还有可能受到鞭刑。但有趣的是，即便少年组摔跤选手的表现让人失望，少年组和青年组的项目还是吸引了来自五湖四海的选手。

只有四名冠军来自利西亚，而且七弦琴、五项全能和少年组长距离跑的冠军都由同一城市的选手获得。其他冠军全都是远道而来者——如来自帕加马、艾菲索斯、迈安德河边玛格内西亚以及费里德费亚等主要的北方城市。亚历山大应该是埃及的亚历山大城，而阿尔格斯则地处希腊。四名冠军——三名男子组冠军，一名少年组冠军——应该是来自阿尔戈斯的，这使竞技看起来有点像古代版的"客场比赛"。诞生了男子组潘克拉辛冠军和青年组拳击冠军的费里德费亚代表团情况亦是如此。据说，由于阿尔戈斯人大量参赛，男子组赛跑项目人满为患，但主要的搏击项目却遭到冷遇，连利西亚人都不愿报名参赛。对少年和青年来说，获得冠军值得长久的付出，但对于年长的人来说则另当别论。一个功成名就的竞技选手也许不需要在古代版"季前赛"里承担受伤的风险。

赛马的情况又截然不同。在两场比赛中，新来的选手都需要语带权威地表明自己的身份。噶伊尤斯·欧克塔维尤斯·波罗里欧很有可能是一名意大利商人，但我们并不知道是什么吸引了佩伊索从富饶的艾菲索斯来到利西亚南海岸相对荒凉的阿波罗尼亚小镇；也不知道她与德美特瑞尤斯之子小德美特瑞尤斯之间是何种关系。他们是互相厌烦的邻居，还是分手的恋人呢？无论事实如何，他们都拥有金钱和良驹，就像公元前476年奥林匹克竞技场上的希隆和塞隆一样，他们在各自的比赛中摘夺了桂冠。

不管当时的冠军们内心是怎样的兴奋，但我们都很难想象安德罗马楚斯之子小安德罗马楚斯，这位来自数英里之外美丽的桑图斯的主席能够从参加的竞赛中获得任何的喜悦。两场竞技的表现太差以至于奖项空缺，四马战车赛中有超过两名的选手在竞技中舞弊，在标志性赛事拳击、摔跤和潘克拉辛中，无人角逐冠军。安德罗马楚斯所能做到的，只是为远道而来的访客——其中不少是年轻人——提供了一个平台，让他们的履历更加丰富；也让那些富有的新选手能够有机会炫耀自己的财富。尽管如此，他还是决定把竞赛结果刻在石柱之上，也让我们得以大致了解竞技职业发展轨迹，了解远道而来的竞技者如何从本地竞技馆跃上奥林匹亚的巅峰。或者简单举例来说，它也让我们看到阿波罗尼亚的赛马团怎样带着古代版的"乡村俱乐部奖杯"衣锦还乡。获得冠军之后人们也就能够证明自身价值的所在。

对于公元前326年跟随亚历山大前往印度的士兵来说，与战友对抗的能力是他们证明自我的一种方式。与同龄人相比，他们面对了太多的大小战役，突破了太多惨烈悲壮的围剿。在比阿斯河岸，在庆祝战友获得竞技胜利的同时——三四万希腊人和马其顿人中只有少数人能够参赛——他们也在庆祝军队的品格：他们的男子气概，他们的无所畏惧，他们的勤奋付出，他们的坚毅忍耐。亚历山大认为，这能够使士兵更加服从命令，这样的经历能让溃散的军心重新凝聚起来。他的士兵不知道如何赛跑、拳击或是摔跤，因为他们只是战士。但这些人知道如何享受这些竞技项目，因为他们是希腊人，而且是热血男儿。

竞技世界形成的原因不在于战火，亦不而在于奥林匹克竞技会。它的诞生来自竞技热潮和希腊城邦中象征男子气概的个人状态之间的特殊结合。在亚历山大死后，它会这样一直发展几百年，直到被他鲜有耳闻的一个城邦所控制——罗马。

第四部分 罗马竞技

14. 希腊遇上罗马

人们在"莱顿"纪念罗马女神的时期,适逢女神故乡的罗马人民开始在地中海东部建立长期地位的阶段。公元前133年,罗马人决定接手土耳其西部帕加马国王阿塔鲁斯三世遗赠的皇家领土,但阿塔鲁斯国王同年去世时,并没有将这一决定合法化。为了继承这块领地,罗马人在经历了惨烈的战争之后,建立起永久的罗马行省——亚细亚。因此,许多前来莱顿参加盛会的人最后都成了罗马子民。

亚细亚行省的建立表明罗马试图建造帝国的方式并不严谨。罗马城邦的机构形式上是民主的,但权力却集中在一小撮有权势的家族之中，这些家族的成员一般占据着城邦内的各大要职；而且缺乏可以贯彻执行的长期政策。之前西西里岛、西班牙、北非、马其顿等地的行省，有的为了驱逐侵占这些领地的外敌而建立，有的是因为固有政策上的失败而形成的。亚细亚行省却与之不同，即使吞并这一地区的决定招致了国内的非议，也引发了之前提到的战争，但这里仍是一个具有极大经济效益的地方。虽然国内的危机在残酷的政治扼杀之下显得风平浪静，但隐藏在内部的矛盾却会一直腐烂发酵，直至举办莱顿竞技会的数年之后，演变成一系列国内外前所未有、凶狠残暴的冲突。到公元前 30 年，等这些冲突平静下来之后，罗马帝国实际已经控制的区域包括整个地中海的海岸、土耳其中部的所有地区、巴尔干的大部地区，以及如今的法国、叙利亚和埃及等地。至此，古老的国家机制中出现了一个全新的角色，那便是"皇帝"，这一角色影响了此后数百年罗马统治疆域的变迁。

约公元前 41 年，在这个进程接近尾声之时，我们看到了因此影响竞技发生的变化：不仅在爱琴海地区出现了更多的罗马人，而且亚历山大死后诞生的希腊王国也纷纷解体——其中最后一个是公元前 30 年被占领的埃及。越来越多体胖嗜酒、喜欢通信的罗马人让我们看到了一些进行中的变化，马克·安东尼在这些事件中发挥了重要的作用。他对克娄巴特拉七世的迷恋决定了接下来十年间事态的发展，并且在争夺罗马世界统治权的慢慢长路上走向了自己的人生结局——自尽。

公元前 41 年，虽然安东尼身体不佳，却迈上了自己政治生涯的顶峰。他成为两年前政治行动的漏网之鱼，并且开始领导由三名执政官组成的"三头联盟"以实现共和国的复辟——"三头联盟"刚刚在希腊北部的腓立比之役击败了自己的对手。这些敌手驻扎在东部行省，为了夺取敌军控制的领土，安东尼来到了艾菲索斯，在那里，他的体能教练——随员中任务最艰巨的人——提出了一些要求。安东尼写道，上次他在艾菲索斯的时候，马克·安东尼·阿尔特米多鲁斯教练——根据罗马传统，如果一个人是在另一个罗马公民的介入之下获得罗马公民身份的话，他需要将此人的名字添加到自己的名字当中——走上前来，身后跟着高级牧师的神职协会以及许多竞技冠军，向他请求授予这一团队崇高的特权。成为神职协会高级牧师的人，也就是神职团队的领导者，而且协会的档案中会记录下高级牧师就职的时间。

阿尔特米多鲁斯和牧师不仅要求安东尼保障现有特权——例如进出口不交税、货物不被没收，这对于旅行者来说是十分重要的权利——而且要求赋予新的权利，包括不服兵役，不用在自己的城市提供公共服务，不用在自己的房产为士兵提供住处，举行节庆期间的停火协定，不受人身攻击，以及有权利穿紫色的衣服。最后一项要求尤其引人注目，因为紫色通常是王室人员的象征，授予此种权利就意味着授予了协会成员最高的地位。作为一个组织，这些特权帮助顶级竞技者突破了一些市井小民的桎梏，将其置身于"泛地中海"大背景之中。他们的要求得到满足之后，自然会接着要求安东尼"设立一面铜板，并将已经获得的特权雕刻上去"。

安东尼在信中说他愿意答应这些请求。他授予的特权是货真价实的，而他愿意的原因在于罗马某些思量不周的法规让之前的行动效果欠佳。公元前44年3月15日尤利乌斯·恺撒遇刺，这引发了内战，而为了帮自己的军队募集资金应付战争，安东尼及其属下开始在罗马元老院运筹谋划，征收一系列进出口关税。元老院是由现任及前任地方官员组成的议会，依照传统，由人民投票决定采取何种措施。决议草案中似乎要取消恺撒通过的免税措施。与此同时，安东尼还面临着来自"协会"的压力，正在刻录元老会法案的艾菲索斯人民表示，"复辟共和国之'三头联盟'诸成员，若决定公布法案，规定地方官员不得对教师、辩士学派及医生征税，并授予这些人免税优待"，我们对此表示赞成。安东尼对竞技采取的措施正是顺应了这一法案精髓的结果。

安东尼的介入表明了一种趋势：竞技和文化项目要屈从于罗马主要政客的要求。以爱琴海地区为例，公元前1世纪的前25年，随着罗马人代替当地领袖成为主要的政治力量，这一趋势也越发明显。安东尼时期存在着好几个演员组织，以及至少两个竞技者组织，而最先开始介入这些纷繁职业组织的人是公元前1世纪最不受人喜欢的罗马人——卢基乌斯·科尔内利乌斯·苏拉。

无情、冷酷、自命不凡、嗜酒成性的苏拉，总体来说是个标新立异的人物。在公元前8世纪内战中崛起之后，苏拉是第一个决定为仇敌列出"处罚清单"（proscription lists）的人——这个词可能来自拉丁文 *proscribere*，是"清算"的意思——这些人面临的处罚是就地正法和没收财产。安东尼和他的属下决定在公元前43年年底清算自己的仇敌，认为苏拉的做法并无不妥。这与他们之前的以德报怨的领导者恺撒的做法南辕北辙。由于苏拉非常喜欢和演员待在一起，所以他给演员的特权包括不用提供公共服务，免服兵役，不用为士兵提供住处，免缴征税还享有特殊补贴。同时他还含沙射影地提到元老院之前曾授予免除公共服务豁免特权，可能是想说明这些是之前君主首肯过的特权。恺撒曾经决定将这些特权授予知识分子。公元前80年，苏拉曾要求竞技者在罗马而非奥林匹亚参加竞技，他很有可能也将一些基本特权授予了竞技者，但很明显，这些特权远远比不上他授予演员们的特权。但安东尼彻底改变了这一切。

一个人要授予新的特权，他就必须在罗马获得专制的权利。像苏拉、恺撒、安东尼这样的罗马人转而取代当地领袖支持着文化职业的发展。长久以来的观点认为，竞技选手应该是精英阶级中经济情况优越的人。但意大利艺人面临的境况却完全不同，而且这三位罗马人的做法也展示了罗马统治者的另一个重要特色：善于参照别人的惯例改造自己的做法。

15. 国王与游戏

罗马人对待希腊竞技的方式和前任君主的方式存在着细微的差别。像苏拉或者恺撒这样的罗马人会通过授予特权的方式来展现自己的仁慈，展示其他罗马贵族所不具备的高姿态：无论他们的目的是什么，在罗马夺取权力才是罗马政客心中的重中之重。对于安东尼、恺撒或者苏拉来说，授予这些特权是为了表明他们是理解希腊世界的，说明自己是有学之士，而且就恺撒而言，确实如此。

尽管罗马贵族会把这些表面上的文化素养看成政治斗争的手段，但罗马人早已经习惯了通过竞技会方式和广大的希腊观众进行交流。早在苏拉出现前的一百年，罗马指挥官首次击败马其顿之后，在伊斯特米亚宣布："希腊人民自由了！"在此之前的一个世代，罗马军队摧毁亚得里亚海上海盗的巢穴之后，某位罗马人获准以"荣誉希腊人"的身份参加伊斯特米亚竞技会。这位名叫普劳图斯的罗马人据说速度极快，尽管有人叫他"扁平足"，他还是获得了短跑竞赛的冠军。此后许多罗马人开始向东进发，比如莱顿的噶伊尤斯·欧克塔维尤斯，这些人希望更深入地参与其中，还有很多人来到希腊是因为获准进入竞技馆提高自己的教育水平。据说，罗马城邦的领导者们——即使是苏拉、恺撒、安东尼这样的人，也能掌握希腊语和拉丁语两门外语——都尽量避免以个人身份介入太多。人们似乎认为，赞助希腊人是一件好事，但作为公众人物不应该试图和希腊人一较高下，而且在公元前 1 世纪，似乎还有这样一种观点：想要在政坛谋得领导地位的罗马贵族应该避免在公开场合和东方的君主撕扯拼杀。

　　自亚历山大大帝的父亲腓力二世在位期间开始，旧君主和古希腊盛会之间的关系就一直处于发展变化之中。在腓力政治生涯的早期，他曾获得赛马比赛和二马战车赛的冠军；他统治希腊的第一步就是控制了皮提亚竞技会的主办地特尔斐，并且他曾于公元前 346 年主办过这样的竞技会。此后，腓力的朋友开始在当地行政部门占据高位，达欧楚斯就是其中一个，他为自己及家人建造了巨大的纪念碑，如今仍然矗立在阿波罗神庙的入口附近，也是普通访客的必经之地（这些残留的雕刻现在特尔斐永久展出）。这些先贤之中曾经有一个人获得了公元前 484 年奥林匹亚潘克拉辛的冠军，并且在其他竞技会上也多次夺冠。当公元前 338 年，腓力剿灭希腊各州联盟正式成为“希腊之主”之后，他组建了各州议会巩固自己的地位，并且还雇人在奥林匹亚为自己建造了一座气势恢宏的纪念碑。这就是腓力的图形神庙（Philippeion），建在祭祀场地最醒目的赫拉神庙附近。神庙里装着腓力及其父母、妻子和亚历山大等人镶着象牙的黄金雕像，世代相传。

　　数年后，在腓力遭到暗杀之前，他的战车曾在奥林匹亚一举夺魁。亚历山大把奥林匹亚当成向希腊全境发布声明的场地。在奥林匹亚，他公布了和阿富汗公主罗克珊的结婚画像，并且在生命的最后几年，宣布希腊所有流放在外的人可以重归故里。记录了公元前 4 世纪后半叶前往尼米亚的代表团情况碑文清楚地表明：竞技会的价值在于它成了名流观看比赛、其他人观看名流的场所。根据残留的碑文记录，塞浦路斯的代表团包括萨拉米斯市的城主（著名的海军将领）、索罗伊的国王（应该也是一名海军名将），很有可能还包括亚历山大的侍卫以及来自希腊北部阿卡尔纳尼亚马其顿政权的主要反叛分子。

在亚历山大之后的世代，托勒密——亚历山大某位统治过埃及和爱琴海大部分地区的将军后裔，似乎成为竞技场上最热衷于赞助赛马比赛的人物。亚历山大的将军托勒密一世曾在公元前 314 年和前 310 年在皮提亚竞技会上获得幼马战车赛的冠军，也曾在奥林匹亚问鼎赛场。托勒密的儿子小托勒密于公元前 2 世纪 70 年代获得了驷马战车赛的冠军，并为自己和妹妹阿尔西诺伊（亦是托勒密的妻子）树立了巨大雕塑。此时，与本国其他的统治者相比，托勒密认为自己才是希腊文化中"真正的冠军"。对手们却认定他们不再是真正的希腊人——这一说法并无道理，因为托勒密的支持者大肆宣称在奥林匹亚的成功让他们很好地继承了历代统治者的传统。托勒密家族也成了品达吟唱诗歌中的主角。宫廷诗人波西迪布斯曾为托勒密一世的孙子托勒密三世写道：

> 在奥林匹亚战车赛冠军中，父王、母后和我是绝无仅有的冠军王族。托勒密是我的名字，贝雷尼斯赐予我血脉，埃尔迪亚是我的故乡，我是竞技的冠军，我的双亲也是赛场的胜者；父王的荣光无须赘述，但母亲以巾帼之躯，赢得冠军之名，岂不快哉！

埃尔迪亚是马其顿的一块区域，而提及贝雷尼斯是为了掩饰母亲出生在埃及的事实。

在埃及统治阶级成员中，并不是只有这个直系王室家庭展示了马术竞赛技巧。托勒密舰队的指挥官卡尔里克拉提德斯就曾在特尔斐夺得驷马战车赛的冠军，据说因为他的马太聪明。那场比赛中出现了好几个并列第一。在竞走比赛中，裁判通常会命令率先冲过终点的人再进行一场比赛。有个作弊的方，可以贿赂裁判让他宣布平局，直到你获胜为止，不过可行性不高。在赛马比赛中，通常通过抽签决定，但在这场比赛中：

> 它奔跑在赛道的右侧，把头部压得更低，突然间，它将一位裁判带了起来，它是赛马中的勇者！观众不约而同地呼喊，它就是毫无疑问的冠军。

公元前 268 年，托勒密二世的情人——比利斯蒂奇在四马（幼马）战车中夺冠，并且在奥林匹亚的首次二马（幼马）战车赛中一举夺魁。在这样一个阿谀之风盛行而言论又极其自由的年代，毫无疑问，有一些阿尔戈斯的历史学家会说比利斯蒂奇是阿尔格斯国王的血脉。阿尔格斯国王是托勒密的远亲，实际上，托勒密也愿意认同这样的谱系。在这一情况下，波西迪布斯简直是用了一首嘲讽胜利的诗歌来表达自己的态度：

> 普兰戈把紫色的皮鞭和闪亮的缰绳放在战马齐列的门廊上，她战胜了经验丰富的菲拉额娜，骑着没有马鞍的战马飞驰，直至月色中的幼马开始嘶鸣。亲爱的阿弗洛狄忒，请让她享受胜利的喜悦吧，您的恩赐将被永世铭记。

　　普兰戈和菲拉额娜是著名的高等娼妓，此处提到幼马，目的是为了让读者注意到这位娼妓是擅长和"年轻的种马"打交道的；奥林匹亚某项目的首位冠军的确会被人永远记住，但提及她的风流韵事，是为了说明获得这项永远难忘的殊荣背后需要经历许多的艰辛。要成为敢为天下先的人——哪怕是王室家族中第一人——是成就辉煌的必要条件。对于竞技者来说，聚集了大批王室成员的竞技场有可能成为进入政治权利中心的一条捷径。

　　国王对竞技体育的关注也影响着每一座城市，因为这些城市开始想要在变化的政治形势中明确划分出自己的势力范围，所以他们期望举办出更多全新的盛会。许多盛会仍是当地的"特密斯"项目，或是冠军可以获得奖金的"有奖比赛"。还有一些活动称为阿贡（*agôn*），是类似奥林匹亚那样的竞技会。奖品可能只是一顶橄榄枝的王冠，但意义非同寻常。创造阿贡或者扩大特密斯项目规模的原因之一是，希望这样的活动能够成为主流竞技会，以彰显自己"新兴势力"的地位。因此，希腊北部艾托里亚联盟才宣称竞技会的目的是纪念特尔斐这座城市在公元前278年的凯尔特人的屠城计划中劫后余生。新的盛会名为"索特里亚"（Soteria，意为"救赎庆典"），每隔四年举办一次，项目包括戏剧竞赛、合唱表演以及音乐独奏。想要和艾托里亚和平共处的城市会派遣裁判、大使参加竞技会，"以希腊救赎的名义向皮提亚阿波罗致敬"，并代表各自的城市参加其他的祭祀活动。

　　公元前245年，当时地中海政治舞台上的重要角色——艾托里亚联盟宣布举办一场全新的改良版竞技会，包含多种文化活动、赛马比赛以及"裸体竞技"项目。此外，艾托里亚人还宣布他们的音乐项目要和奥林匹亚的项目不相上下，其他项目的水平也应达到尼米亚的水准。为了响应这一号召，各个城市都必须派出最好的乐师和竞技者参加比赛。就整体效果而言，艾托里亚已经发现，随着索特里亚竞技会的水平开始接近他们所举办的皮提亚竞技会，他们已经同时拥有了两大主流竞技会。

对势力较弱的地区而言，举办竞技会有可能仅仅是混乱时期的自我保护，或者是为了吸引访客前来当地观光。例如克斯岛，举办竞技会是为了纪念阿斯克勒庇俄斯，而当地就有一座纪念阿斯克勒庇俄斯的神庙。又比如在土耳其西部的米勒图斯，竞技会的名称定为狄迪米安，这是因为附近的狄迪马是阿波罗发布神谕的地点。而政局不稳也许是土耳其西部迈安德河边玛格内西亚举办盛会的最大原因。这座城市努力地推广纪念女神阿耳忒弥斯的本地盛典，声称他们这样做是遵从了阿波罗神谕。那一年是公元前 221 年，但结果却让人失望。公元前 208 年他们东山再起，宣称这一次是全新的"纯希腊式"的盛会，举办周期为四年，项目包括达到皮提亚竞技会水准的戏剧竞技、马术比赛和裸体竞技。这一次取得了很大的成功，他们在阿尔忒弥斯神庙的墙上建立起档案栏展示着来自全世界各地的贺信。盛会不仅让人们看到了他们悠久的希腊历史，也向全世界展示了自己目前的状态。在莱顿竞技会上我们看到了举办竞技会的第三个原因：可能仅仅是为了跟强大帝国建立起外交关系，也有可能是为了对得到的某些援助表示感谢。

而对国王们来说，可以扩大影响力是资助竞技会最重要的原因。在那个时代的统治者眼中，政治影响力需要通过展示自身优势来实现。所以托勒密以及其他领导者并不只是要表达对罗马古代竞技的欣赏，或是对城市举办的新兴盛会的认同；他们还需要举办属于自己的盛大庆典。例如，公元前 279 年，托勒密二世为了展示王族的权势，准备祭祀所有天神以及一切对政权有利的不死神明，为此，他决定从那往后每四年就要举办一次盛会。在罗德岛的凯里薛诺斯的笔下，我们看到当时有繁花似锦的花车，浩浩荡荡的军事游行，以及数之不尽的财物。文中并没有直接描述竞技项目本身，也没有描述臃肿女人带来的演奏（我们知道这肯定举行过），因此文本看起来稍有瑕疵，但最终我们还是发现了与冠军庆典相关的内容，里面涉及的冠军一共有十二名。

大约五十年之后，土耳其西部的佩尔加蒙国王击败凯尔特人的部落领袖，使之于公元前 270 年移居至土耳其中部，为了纪念这一事件，佩尔加蒙国王召开了一场纪念雅典娜并定名为"胜利使者"（Nikephoria）的全新庆典。后来，这场庆典发展为完整的竞技盛会，于公元前 181 年结束，它代表着创办盛会的国王日渐膨胀的自信心，也有助于在国民中建立起自我认同的观念。末代皇帝逃出王宫前往罗马七十年之后，这些活动仍在进行。升级版的盛会也是为了盖过邻国君主的风头，因为这些凯尔特人最近也曾败在这位君主的手下。公元前 167 年，击败了马其顿国王的罗马将军埃米利乌斯·保路斯在希腊北部举行了一场盛大庆典，目的是展示战场上一个不争的事实：罗马才是名副其实的"天下之主"。他召集希腊各地的大使参加这些活动，组建了一条巨大的游行队伍，并邀请各地艺术表演者协会的人以及各个项目的竞技选手前来奏乐演出和竞技。他自己活像一国之君，坐在宝座之上，发表着有关希腊未来的种种看法。

保路斯的做法启发了叙利亚的国王安提阿哥——两年前入侵埃及的时候，这位国王曾是罗马人的手下败将——他自己也想召开一场盛大的竞技会。罗马人虽然勒令他撤离埃及，但他仍是安提阿的国君，他的竞技会和与其地位相当的托勒密二世所举办的竞技会同样盛大。在安提阿哥的游行队伍中有装束各异的士兵（一些人穿得像罗马人）、战车以及大象。他甚至还安排了两辆由大象拉动的战车，除此还有：

> 八百位头戴金冠的青年、神职人员提供的一千头肥牛和近三百头母牛，以及八百根象牙。画像的数量更是数不胜数。那些人们传颂崇拜的神明以及所有的英雄人物的"化身"也在队伍之中，他们有的浑身镀金，有的穿着金缕编织而成的衣物。还有一些肖像是用神话传统中描述的珍贵材料而制成。跟随其后的是展示"日与夜""天与地""黎明和正午"等内容的画卷。

最后，安提阿哥展示了五百名角斗士，一共展出了三十天。他展出的角斗士比当时罗马人在自己城市展出的角斗士身材更高大、装备更精美。他似乎不仅试图表达自己才是仅存的希腊国王，还要说明罗马是为自己服务的。无须讶异，他的子民并不接受他的官方封号"伊皮法尼斯"（意为"天子"），而是称他为"伊皮玛尼斯"（意为"疯子"）。

公元前 3 世纪至公元前 2 世纪，王室的支持、民众的崇拜加之罗马的博采众长创造了一个史无前例的丰富多彩的娱乐世界。一名优秀的竞技选手拥有无限的可能性，雅典人戈伊乌斯之子美诺多鲁斯的传奇经历就是一个例子。他是一名拳击手也是一名潘克拉辛选手，曾获得公元前 132 年奥林匹亚竞技会的冠军，并在特尔斐、尼米亚、大雅典娜节以及一系列竞技中摘得双料冠军。公元前 1 世纪 30 年代他开始在主流竞技男子小组赛中崭露头角，之后横扫希腊本土。然而，他却似乎完全不能参加现土耳其境内的任何比赛——因为在他的竞技生涯中，该区域应为战争区；他也从未参加过伊斯特米亚竞技会，因为公元前 146 年科林斯已被罗马人摧毁，竞技会也被宣布取消。美诺多鲁斯把自己当成希腊冠军，但从他父亲的名字可以看出他应该拥有意大利血统。他在雅典人统治的提洛岛格外受到推崇。公元前 2 世纪后半叶，一个意大利族群在岛上兴盛起来，有可能他便是在这一族群内成长起来的。

　　但是他死后的情况如何呢？在罗马人还不是希腊世界统治者的时候，人们是如何消遣的呢？

16. 罗马与意大利

　　罗马人有自己丰富的娱乐传统。这些传统在少数大贵族团体统治下的某一地区发展而来，公元前 8 世纪的某一时期，这些团体合而为一，并将其政治中心定在了台伯河东岸两座山丘之间的谷地。罗马世界最早的娱乐活动有宗教仪式用的舞蹈，或许还有一些拳击和摔跤比赛，以及战车赛。不同活动的参与程度也不尽相同。

　　在罗马传统中，团队领袖率领代表团队向神祇致敬——因此，这些神职人员舞蹈团的成员也必须出身名门。但其他活动却并非如此，按照罗马惯例，团队领导或是追求社会声望的人，都必须为全体人民提供娱乐服务。罗马贵族并不会和同辈人一起参加为其所准备的竞技活动，即使人们一直希望战神广场上的罗马青年可以接受常规的竞技训练。这一传统可能来自罗马北部的重要地区——埃特鲁斯坎（现在的托斯卡纳地区），在那里出现了许多有竞技活动的图像，有的被画在陵墓的墙上，有的出现在上流阶级收藏的艺术品之上。从那些进口自希腊的彩绘陶器上可以看出，当时艺术家笔下的人物通常佩有束带，而这些人在希腊会被描绘成一丝不挂，至少在公元前 6 世纪裸体竞技盛行的时期应当如此。晚些时候，当地出现了纯埃特鲁斯坎环境下的竞技者，他们像奥林匹亚的竞技者一样，也是一丝不挂的。但没有证据表明这些人是埃特鲁斯坎出身高贵的人。

直到公元前 4 世纪末，罗马征服了南面的萨谟奈和坎帕尼亚之后，这些地区的传统开始进入罗马。再往南，是希腊人和众多意大利部落共同掌控的岛屿，也是克罗顿米罗的家乡。因此不可避免的是，随着罗马在意大利的势力不断壮大，它必须适应罗马新版图内各民族的种种传统。也许，同样无法避免的是，无论传统形态如何，它们都将融入罗马体系，以支撑现有的权力架构。事实上，希腊和罗马观念上的不同，最直接地体现在对"盛会"这一词三种不同的表达方式上。奥林匹克竞技会（或其他竞技会）在希腊被称为"*agôn*"——竞赛，而在罗马盛会被称为"*ludus*"——游戏，或者是"*munus*"——礼物。希腊语注重的是参赛者的经验，而拉丁语则将重点放在那些可以得到享乐，又能获得礼品的观众身上。

这一区别在某些绘画和浮雕作品上也十分明显，一些作品中，观众聚集在升起的长椅之上和参赛者一同观看比赛。但这一情况在希腊艺术作品中不会出现，竞技者及盛会相关人员才是注意力的焦点。埃特鲁斯坎艺术作品中表明女性也可以参加竞技会，而原因在于表演者已经从社会阶级剥离开来——与其说他们是人，不如说是玩物。女性也可以参加罗马的竞技会。说到当时流行的竞技项目，埃特鲁斯坎人似乎最喜欢拳击、摔跤、竞走以及一些类似五项全能的竞技，此外还有两马战车赛和三马战车赛。

尽管许多证据表明这是一场自上而下的构建形式，但也有一些证据说明情况是相反的。在一些传说中，埃特鲁斯坎贵族成员会亲自驾驶战车，根据罗马公元前 5 世纪创立的法规显示，一个人只有通过亲驾战车所得桂冠中的黄金才能随着主人一同入葬。法律还规定，如果王冠为某人所有，但却是由别人或奴隶驾战马而获得，则另作别论。在战车赛的有关记录中，一些驾车人似乎穿着独特的制服并戴着圆锥形的帽子。这样的制服极有可能是罗马战车赛的特征之一，这项历史悠久运动在罗马公共生活中一直处于核心地位。另一个问题是，"竞技体育"和"群体身份"之间开始出现若隐若现的联系。埃特鲁斯坎现今可考最古老的陵墓上的竞技记录表明，两名摔跤手身上贴上了"标签"，他们代表的是埃特鲁斯坎人和"外来者"之间的较量。而将竞技看作不同群体之间的比拼，这是罗马世界的特色之一。

埃特鲁斯坎的证据之所以有趣，是因为作为公元前 7 世纪和前 6 世纪意大利的行政区域，埃特鲁斯坎是罗马城市发展时期与之联系最为紧密的地区。罗马人甚至认为他们某些早期君主是埃特鲁斯坎人，还有传统显示，罗马七峰之一的凯连山，是由埃特鲁斯坎的开拓者所命名的。我们所掌握的有关真实罗马人最早的艺术表现形式并不是来自罗马，而是来自埃特鲁斯坎的城市沃尔西陵墓的壁画（前文提到的人是"来自罗马的格奈乌斯·塔克文"）。所以，如果埃特鲁斯坎的贵族亲自驾驶战车，并且有法律文本证明罗马贵族也有相同的举动，那么我们有理由相信这便是事实的真相。

那么表明贵族参与的证据有何意义？贵族又为何不再亲自参与竞争了呢？这很有可能意味着"战车比赛"曾卷入罗马城邦公元前 5 世纪期间所经历的一些变化之中。变化之一是用年度治安官取代了皇帝，建立起新政府；变化之二是只允许高级官员参与比赛的做法最终宣告失败；变化之三是贵族阶级的某些成员选择在相对靠近帕拉蒂尼山的一些面积与规格十分接近的屋舍内居住下来。所有这些变化都表明，罗马城邦的统治家族正在限制直接参与竞技的行为。如果情况属实，这也许可以一定程度上解释为什么他们不再彼此角逐，而是反过来雇佣职业选手以供消遣。

　　无论在罗马历史早期影响战车比赛的社会学因素有哪些，显而易见的是，罗马大竞技场上呈现的这种比赛的具体形式是罗马人对其改造之后的结果。这些罗马人所居山谷的形态决定了这一竞技的基本形式。生活在马克·安东尼和尤利乌斯·恺撒时期的罗马人认为，在公元前 6 世纪末皇帝遭到驱逐之前，竞技是在此处举行的。但为何选在此处？这和所有"先有鸡还是先有蛋"的经典悖论一样无从考证，我们无法得知选定这一区域作为赛道是因为对这里的崇拜，还是因为这里举行过比赛才备受推崇。其中一处为康苏斯神的神庙，这位天神似乎与"良驹"有所关联；另一处供奉的是名为穆尔西亚的神明，她曾是"幸运女神"。从赛道的布局可以看出，穆尔西亚和康苏斯的神庙都建在远处回程柱的附近。

　　罗马大竞技场赛道最早出现的时间似乎可以在一份声明中获得确认，声明中显示赛道边有一个永久座席，是为赢得罗马近邻著名胜利的男人所预留的。那个席位据说在穆尔西亚神庙的附近。一百多年之后，我们开始获得的罗马战车赛情况的信息表明此后经典的"四车赛跑七圈"的经典竞赛形式正在成形。公元前 329 年，永久的入场大门被建造起来。入场大门最开始被称为"oppidum"，在拉丁语中通常表示"城镇"，这说明入场大门的面积都非常庞大。这一点之所以重要是因为入场设施的构造与竞赛人数之间存在着必然的联系，而这也说明我们有充足的证据显示主导竞技比赛数世纪的四大部分已然形成。

　　我们对此所获得的第一条详细信息来自公元前 2 世纪早期，当时诗人恩尼乌斯写道："他们都满心期待的等待着发令官即将发出开始指令［mitteresignu］的时刻，所有人都注视着起始门［carceres］的洞口［orae］，彩绘战车很快就要夺门而出了。"有趣的是，恩尼乌斯此处使用了一些之后仍在使用的竞赛词汇，比如 *"mittere signu"* ——这是表示比赛开始的标准用语；以及之后的技术词汇像 *orae* 和 *carceres*（分别指起始门前部的障碍物以及起始门本身）。恩尼乌斯提到的彩绘战车意味着团队和统一的着装。这让我们回想起埃特鲁斯坎战车手佩戴的那些圆锥形的帽子。当然这也让我们想到职业的战车团队只为愿意参加战车比赛的人服务的时期。但我怀疑第一座起始门被建造起来的时候，他们并未成为竞技的主导。

除了竞技的团队问题，有关战车比赛的另一个奇特现象是贵族成员会直接参与马戏部门的管理——这些人是所谓骑士阶级的成员，或者是诞生议会成员以及其他社会领袖的罗马阶级。罗马人借鉴了这种马戏部门的管理模式来执行其他外包给骑士集团的国家职能。公元前214 年，正当罗马在迦太基外敌汉尼拔的入侵下风雨飘摇之际，负责签订供应战马合约的审查员表示，他们决定不再采取这一做法。曾提供战马的人表示他们可以继续提供战马，且愿意等到迦太基被击败之后再结账。数世纪之后，审查员仍然在为赛马供应准备合约，甚至连参议院阶级的成员也可以参与合同竞标。这种模式似乎说明，契约诞生的方式极其悠久，人们在很长一段时间内仍在沿袭这种做法。

马戏战车赛是罗马人对竞技历史的杰出贡献。公元前 3 世纪风靡罗马的另外两项娱乐项目也在世界各地落地生根，它们是舞台演出和角斗士搏击。

17. 演员与角斗士

虽然广义上说，舞台的历史是竞技历史的一个方面，但演出者的状态却将它与罗马世界的其他娱乐活动联系了起来。在希腊世界，演员和竞技者都来自同一阶级，并且根据项目的不同，还有可能在同一盛会上进行比拼。对罗马人来说，演员和竞技者出身相同阶级，所受对待也大同小异。他们都是奴隶或者是移民，他们生命的主要目的就是为了支持贵族阶级的政治野心。不仅如此，在战车赛中，社会领袖和他们所雇佣的人之间随着时间的推进渐渐产生了巨大的差距。举例来说，罗马最早的牧师是贵族家庭的舞者。随着时间的流逝，人们意识到新的神职人员不应该再参与到体力演出之中。到了公元前3世纪，罗马牧师甚至不会直接参与主持祭祀活动中屠杀牲口的活动。

此时，我们开始获得一些有关罗马艺术发展的证据。常见的情色文学《弗西宁》以及《亚提拉闹剧》（一种以小丑为主的即兴喜剧），名字都源自意大利的城镇名（弗西宁和亚提拉），而 comoedia（喜剧）和 tragoedia（悲剧）的类型之分则明显是外来之物，是希腊语的音译罢了。之前提到的恩尼乌斯和那维斯是公元前3世纪至前2世纪期间最重要的诗人代表，这一时期正是拉丁文学开始兴起的阶段。那维斯来自那不勒斯湾附近的坎帕尼亚，恩尼乌斯来自意大利南部。在这一时期的第三个重要人物卢修斯·安德罗尼库斯是一名获得自由的奴隶，与其同期，年纪稍小的喜剧剧作家普劳图斯来自意大利西北部的翁布里亚。人们对于他们的需求也许是剧作家和演员协会得以成立的原因，协会可以帮助天才的会员们协商酬劳，但并不能保证他们的人身安全。那维斯据说曾因措辞不当而得罪了当时最大的某个贵族家庭而遭受牢狱之灾。

那维斯最著名的作品是有关罗马首次对战迦太基的一首诗歌，这场惨烈的战争从公元前264年一直持续到公元前241年。在战争爆发的同年，根据罗马传统的记载，在一位名叫卢修斯·朱尼厄斯·布鲁图斯男人的葬礼上首次在罗马古墟举办了角斗士比武。

有关角斗士比拼的最早证据并不是来自罗马或者埃特鲁斯坎，而是来自南方的坎帕尼亚及周边地区。李维是我们有关公元前4世纪罗马历史的重要信息来源，他说在罗马人击退了身着金银盔甲的萨姆尼外敌之后，把这些盔甲供奉在古墟附近，他们的坎帕尼同盟者把它们分配给了角斗士，并在晚餐时观赏他们的角斗。在这过程中，他们把角斗士称为"萨姆尼"，有限的证据显示，这也许能够在伊特拉斯坎竞技中"本地人"和"外来者"比拼时激发一种"团队精神"。

梭伦托岬将那不勒斯湾和萨莱诺湾分隔开来。在萨莱诺湾的南端，坐落着帕埃斯图姆市。帕埃斯图姆西面的邻居正是罗马人和坎帕尼亚人公元前4世纪时所对抗的萨姆尼人，而且其文化深受前两者的影响。因此格外有趣的是，在三座大约属于公元前4世纪的墓穴中出现了手持长矛作战的战士的壁画，描述的全都是葬礼游戏的场景。其中一幅图画中，衣不蔽体的战士在受伤之后仍然在战斗。两个人的大腿受了伤，另一个人的右肩负了伤。受伤的部位至关重要，因为在之后表现角斗士战斗的绘画中，最常见的受伤部位就是肩膀和腿部。由于在当时的希腊世界或任何地方都没有出现类似的事物，所以唯一合理的解释是：这些比拼都出现于萨谟奈山丘附近。

在帕埃斯图姆的绘画中，装备以及受伤部位是至关重要的，因为"角斗士"这个词暗指使用剑进行决斗的人。而问题是，这种剑在公元前3世纪末之前并没有成为意大利步兵的基本装备。如同这些绘画所展示的那样，最早的角斗士可能还不是"角斗士"，因为他们使用的是当时的步兵武器，也就是矛。有趣而且有意义的一点是，希腊语中角斗士的意思是"独自战斗的人"。希腊历史学家波利比奥斯的作品是切实提及过角斗士的最早文本之一，他使用这个词汇很有可能是因为它在希腊语中已经存在了很长时间，而希腊语在那不勒斯湾和帕埃斯图姆被广泛使用。

"角斗士"这个词之后开始出现在拉丁语中是因为大部分竞技者已经开始使用短剑了，而在公元前 225 年前后，它也成了罗马步兵基本的杀敌武器。而即使在那个时候，那些供人消遣的决斗者还没有广泛采取这种做法。在早期反映角斗士的作品中，男人的装备是长矛或者是短剑。罗马东面萨宾人的土地上的一座浮雕引人深思，其年代可追溯至公元前 1 世纪初，它展示的应该是两对角斗士，正拿着盾牌和短剑进行决斗，中间站着一名女子。另一座浮雕也是公元前 1 世纪的作品，发现地是埃特鲁斯坎的城市阿米特尔努姆。它似乎在展示当地杰出人物葬礼上的一项活动。角斗士在用长矛进行决斗，身后站着一些少年作为替补队员，少年的工作就是给角斗士提供新的兵器。

在罗马，角斗士的首次亮相出现在葬礼游戏上。将角斗士和葬礼游戏联系在一起的意义在于，人们认为角斗士展示的美德和生命中的美德紧密相关。值得注意的是，这些早期作品中没有任何一部反映出有人丧命的情形。实际上这种竞技十分危险。角斗士本身地位不高，但他们并不是罪犯，也不是战俘。李维描述坎帕尼亚盛会的时候，他并没有说角斗士是"萨姆尼人"，而是说他们是顶着"萨姆尼人"的名称"被迫决斗"。有时其他角斗士被称为"高卢人"或者是"色雷斯人"，这些都是罗马人不喜欢的异族名字。高卢人曾生活在意大利的北部和法国，在罗马人的意识里他们一直都是一块心病，不仅因为他们喜欢战争，人数众多，且常常喜欢跟自己唱反调，还因为一群高卢人曾经在公元前 4 世纪初期将罗马洗劫一空。而色雷斯人在公元前 146 年马其顿省建立之后于对抗罗马外敌一事上表现得不够积极。

用罗马人不喜欢的民族来命名"角斗士"的这一趋势，再一次体现了娱乐活动中"敌我对立"的模式，但这一观点存在一些问题，因为据我们所知，没有任何一个"角斗士"代表的是罗马战士。有趣的是，公元前3世纪至前2世纪的世纪之交，罗马人最喜欢看的戏剧明显都是以希腊喜剧为蓝本的。有一些戏剧以罗马为主题，包括一些严肃作品，也就是展示罗马早期历史的悲剧作品，还有一些以罗马为背景的喜剧，但它们似乎都不如那些身着希腊服饰演出的戏剧受人们的欢迎。在这些希腊场景中，晚辈、奴隶和女人能够开年长者的玩笑，因而颠覆了普通罗马家庭中的权威体系。观看喜剧的观众，看到的是台上展现出的罗马美德在接受外国文化的质疑；就像角斗士的观众观看的比赛所体现的是一种"异域风情"一样。这些美德——勇敢、力量、速度和技巧——都是非常罗马式的，但展示这些美德的时候，没有任何一个罗马人愿意败在萨姆尼人的手下。这两种形式的娱乐项目都在大约相同的五十年间开始放光发热，这是一个巧合吗？我并不这么认为。

至公元前3世纪末，角斗士竞技已经完全同化成了罗马形象的一部分，安条克四世就曾经举办角斗士竞技来庆祝自己的无上权力。在意大利，到了公元前1世纪，角斗士表演已经和罗马的选举体系紧密地联系在了一起。谋求公职的候选人似乎开始感觉到，选举前举办一场印象深刻的角斗士演出将增大他们成功的概率，所以我们看到年轻的尤利乌斯·恺撒为了纪念许多过世已久的家庭成员举办这些竞技。他应该不是唯一一个这样做的人，但他似乎比其他人做得更趋极致，并通过了第一部可考的参议院法令以限制政客能够派出的参赛人数。防止选举腐败的措施包括候选人在临近任职选举的期间内不得随意举办竞技活动。但这些举措似乎成效甚微，政客可以雇佣角斗士个人，甚至是一群角斗士来充当自己的保镖。恺撒自己的角斗士团队也十分庞大，以至于公元前49年内战爆发的时候需要采取特殊的手段来将其驱散，以免他们造成社会动乱。据说恺撒在意大利各地都有代理人，如果看到有潜力的角斗士即将被杀，他们会出手干涉，并将其买下献给恺撒。这一点尤其引人关注，这说明恺撒的目的是保证自己的角斗士都能平安无事。

罗马人喜欢看角斗士在竞技场上殊死搏斗是西方文明思想意识的深刻体现。至少从 19 世纪开始，研究者已经认为罗马人涌入斗技场观看角斗士的厮杀是罗马帝国社会腐败的重要标志。研究罗马帝国衰败和崩溃史的大历史学家爱德华·吉本就对这项竞技不甚感冒，他对此亦着墨甚少。法国画家让-莱昂·杰罗姆（1824—1904）有一幅著名作品，描绘的是一名角斗士站在倒下的对手身上，仰视着斗技场上嗜血如命的人群。这幅作品激发了雷德利·斯科特的重磅电影《角斗士》的创作灵感，电影也大大促进了这一概念的推广。

然而，这一观念从根本上说就是有问题的。首先，角斗士竞技并不诞生在罗马帝国时期，而是在罗马扩张的巅峰时期。而且，在西罗马帝国瓦解前的一百年，它几乎销声匿迹，但在国王和子民大都为基督徒的公元前 4 世纪，它却十分普遍。换句话说，在角斗士竞技诞生的社会中没有明显的"异教徒"或者是"堕落的人"。竞技也许是残酷的，但前去观看角斗士竞技的人并不期待看到场上所谓血肉模糊的场景。恺撒这位罗马历史上最成功的政治家认为自己可以网开一面而不是赶尽杀绝，罗马历史上第二成功的政治家奥古斯都都努力让竞技变得不那么血腥，这代表着罗马人一种深刻的预期：死亡并不是游戏的必要因素。

当然，毫无疑问有人在角斗士竞技中丧生，一些人愿意组织比赛让角斗士豁出性命，他们认定这样会使比赛更受欢迎。不过，在罗马共和国，处死由于失利而让观众失望的角斗士并不是特别常见的做法，在当时，若发生这种情况，参加比赛的个人需要承担一些金钱上的损失。造成死亡的更大的原因可能仅仅是角斗士对手的威胁。讽刺作家卢西琉斯公元前 2 世纪末创作的一首诗歌中体现的正是这样一种情形。在这篇独特的诗文中，他站在一名想要力压群雄的角斗士的视角描述了一场决斗。在诗的开头部分，作者着墨介绍了参赛选手并将我们直接带到竞技场上："在法拉希家族举办的比赛上，有一个名叫阿瑟尼尤斯的萨谟奈人，他是个卑鄙小人，性命和身份一样低贱。他的对手是普拉希迪阿努斯，人类有史以来顶级的角斗士。"在这些诗句中，我们仿佛听见了观众的呼声，在接下来的有关角斗士的文字里，普拉希迪阿努斯对自己这样说道：

　　"我会干掉他并获得胜利，如果这就是你所想要的，"他说道，"但我觉得事情应该是这样的：我会领教他的拳头，然后用宝剑刺穿这个小人的肠肺。我痛恨这个人。我为愤怒而战，他也剑拔弩张，我们两个人都已迫不及待，引领我的是愤怒，激情和对此人的仇恨。"

在决斗结束时，某人的腹部已被宝剑刺穿。关键在于，普拉希迪阿努斯并不是非杀对手不可，他是根据对手风格来决定用何种方式来决斗。最终他决定杀死阿瑟尼尤斯，观众乐见其成，同时，诗句的作者也赞成他抱持这样的想法。这也是之后角斗士历史里我们将会碰到的主题，这些主题和现代电影作品，如《斯巴达克斯》或《角斗士》中所表现的主题截然不同——尽管在雷德利·斯科特版本的角斗士竞技中，他清楚地认识到：像马克西蒙斯这样的男人，凭借展现的技巧和勇气，一定会成为英雄人物。

让我们把《角斗士》和《斯巴达克斯》作为众多作品中的代表，在这两部电影中，角斗士都是生活在营地里而不再是监狱之中。不言而明的是，他们不是因犯，否则要逃走就太容易了。许多角斗士并未遭到幽禁。尤利乌斯·恺撒的角斗士只在离开训练场时被恺撒的敌手禁足过一次，因为他们害怕这些人太过随心所欲。其他角斗士可以在豪门中生活，受聘成为主人的保镖，这我们之前已经提到过了。诚然，某位角斗士在担任某政客保镖期间，在阿庇乌大道与政客对手克洛狄乌斯狭路相逢之际将其杀害，这引发了公元前 5 世纪最严重的国内危机之一。

在内战爆发之际，恺撒入侵意大利横扫地中海之时，一位对手曾让自己的角斗士捍卫非洲的某座城池以对抗恺撒。亚克兴战役结束之后，向马克·安东尼展示了最高忠心的人就是他的角斗士，这些人从土耳其跋涉到叙利亚，目的是前往亚历山大向他提供援助。在叙利亚政府保证将释放这些人之后，他们的脚步才停下来。

在罗马境内，角斗士似乎与贵族阶级的年轻人有着频繁的接触。公元前 2 世纪结束之前，两支罗马军队被游窜至法国南部隆河谷的一群德国游勇大举歼灭。为了报仇，罗马召集了新的军队，其中一支部队的指挥官从角斗士训练场上挑选了一名教官带在身边，操练士兵如何进行战斗。效果是成功的，因为他的军队被看作罗马派遣作战部队中最强的一支劲旅。士兵们大部分生长在意大利的乡村，在入伍之前没有接受过太多徒手作战的正规训练（许多惨败的经验都是因为罗马军队中的新兵接受的训练不足）。五十年后，我们发现，罗马的年轻人在进入社会生活之前一年，不再"游手好闲"，而是穿着束衣在广场上的训练场接受军事训练。这里的训练场，也有"游戏"或者"竞技"的含义，曾是角斗士接受训练的场地；而广场指的就是罗马的马斯广场。在讨论演讲技巧的时候，西塞罗指出，武装训练不仅对士兵有益，对角斗士亦是如此。让角斗士参与到国内政治中很有可能是因为这些人在训练时曾与贵族成员有过接触。可以肯定的是，训练场的运行模式绝对不像希腊竞技馆那样，在公民和非公民以及不同的年龄阶层有着严格的管制区分。

角斗士在危机时刻对主人表现出来的忠诚让人觉得他们应当受到优待。但这并不是普遍观点，据了解，斯巴达克斯和他亲密的随从都遭到了主人不公正的管制，这也许是他们于公元前73年起兵反叛的诱因所在。他们遭受的监控似乎并不森严，所以斯巴达克斯和七十名角斗士同伴才能顺利脱逃，并躲入维苏威火山中养精蓄锐，以便来日大举反攻。从维苏威火山撤离之后，斯巴达克斯在奴隶和意大利贫苦百姓中召集了大量人马。公元前71年，斯巴达克斯最终被击败并遭处决。从角斗士竞技的角度来看，他的反叛并没有带来任何改革成果：那时，角斗士体系已经完全深植在罗马政治机器之中了。

时至当时，角斗士竞技不仅是政治体系的一部分，它也是罗马人自我认知的一部分。在奥古斯都统治之前，罗马没有永久性的竞技场，但现在竞技场的工地已遍布整个意大利，它们通常被建在曾被罗马殖民统治的城市，那里驻扎着一些苏拉麾下的退伍军人。这些退伍军人把这些拔地而起的石造建筑看作自己与罗马政权之间的联系，而角斗士之间的决斗提醒着他们曾经拥有过的战争的荣誉。这也是为什么现存最早的竞技场出现在庞贝古城。

庞贝的竞技场建在城市边缘出土的角斗场附近。挖掘出来的泥土曾经是"座位席"的基础。角斗场本身是一个占地 67 × 37 平方米的长方形区域。通过我们所掌握的罗马人下围宽度的微薄数据，座椅的宽度是根据阶级地位而决定的，平均下来每个罗马人大约可以获得一罗马英尺（11.8 英寸）的座位，这样就意味着，庞贝竞技场的 35 行座椅能够容纳两万人就座（前三排的座椅较为宽敞，约有两英尺，这些座椅是城市中上流社会人员就座的地方）。容纳这 35 行座椅的是一座高约 90 英尺的建筑。这很有可能就是罗马建筑垂直高度的极限，因为据我们所知，还有一些观众可以站在艾米利亚巴西利卡顶部的阳台上观看比赛。当然，庞贝竞技场或许和罗马并无直接关联——庞贝竞技场的形态是为了让观众能够更好地欣赏比赛，而罗马的长方形造型则是为了增加观看比赛的观众人数。

　　当时，在广场建造竞技场已经变得程式化，而建造的规格可能并不十分重要——公元前 200 年左右，罗马人口似乎尚未超过 20 万。较之总体人口数量，竞技场相对庞大的容量可能说明女性和奴隶也可以参与其中了，就像他们可以进出剧场和马戏场一样。早期的主办方希望能够尽可能多地吸引人群，这样会让他们脸上有光。当人口果真达到 20 万的时候，规格不再重要，人们开始想要征收门票了。即使庞贝的竞技场并没有效仿罗马，就座人数也仍然能够达到 10 万至 20 万人。公元前 123 年有平民团体曾声称要拆除较低座椅以方便罗马人看秀。还有人开始建议增收门票，尤其是当公元前 1 世纪中叶人口膨胀至一百万的时候，这一呼声更加强烈。但我们并不清楚门票制度是否正常地运行了起来。

　　西塞罗指出，如果将你已付款的门票分发给划分罗马人口的 35 个部落中某一部落的成员，这一做法并无不妥。但这不能防止 34 个人以你的名义将票分发给各自部落的成员，让所有部落的代表都能免费观看比赛。如果你让好友就座的地方是为维斯太贞女预留的位置，这怎么办？这个问题引发了不少特殊辩论。此时单一项目的参与人数相对较少，但实际上，"举办竞技"和"群众支持"两者之间的关系使买票的措施并不可行，更有可能的情况是，将门票分发给部落之后，再行分配。由于比赛通常持续数天，所以也有可能是如果你无法获得当天的门票，你将获得次日门票。

罗马年复一年地建造竞技场（spectacula）说明了一件事：有政客想要通过展示对人民的慷慨而平步青云。公元前 50 年前后，这种竞争性的形式主义已经达到了可笑的地步。当时，有人甚至建造了一座带有轮盘的剧场，剧场展开时可以同时上演好几出剧目，合起来的时候可以供角斗士比赛使用。恺撒也这么做过，不过他能够负荷庞大的开支是因为早年间积蓄了大量的财富。之后他又通过控制法国获得了用之不竭的资金流。

公元前 70 年在庞贝完工的竞技场有着极其特殊的意义。庞贝竞技场不像罗马的临时建筑那样狭小到无法满足人们的需求，而是极其庞大。城市的人口男女老少加在一起大概有一万人，即使他们都获准入场，也最多只能达到四分之一的上座率。这样设计也许是为了吸引周边地区的人民。不过，庞贝人的邻居从努凯里亚城前来参与这里举办的竞技时，曾发生过一件不甚光彩的往事。两地人民互相瞧不上眼，发生了暴乱，有很多人丧生。总体来说，当时竞技场可能只有五成上座率，而且据说周边城市的人在庞贝用石灰刷了很多竞技比赛宣传语，帮助庞贝提高上座率。

人们希望庞贝的圆形剧场成为一个标志。它展示了迁入此地的苏拉老兵的经济实力，也是他们在此处地位诉求的一种体现。竞技场的规格、形态无疑在向人们宣告：他们是这一区域高人一等的罗马人。类似的情况也出现在意大利其他地方。尽管我们没有一一核实所有存在过的圆形剧场，但可以推断，在公元前 30 年内战结束之前，曾有15 座石造圆形剧场主要集中在坎帕尼亚及其周边地区。而在公元前

70 年之前，那里一座都还没有。

角斗士竞技并不是共和国时期的娱乐创新，也不是唯一的舶来物。到西塞罗和恺撒时期，大规模屠杀野生动物已开始出现。罗马有着非同寻常的狩猎历史，这来源于击败迦太基的庆祝。这一活动的最早记录出现在公元前 250 年，由于迦太基人在战斗中使用了大象，地方官似乎虏获了许多用以展示，之后在胜利庆典上的狩猎活动中把它们杀死。第二次布匿战争（公元前 218 年—前 201 年）击败迦太基之后，罗马人开始引进外来动物。公元前 186 年，有一位罗马地方官举办狩猎展示以及其他活动来庆祝胜利，但是引发了不小的骚动，使得这种活动在短期内遭到禁止。解禁之后，动物展览不再仅仅是为了庆祝胜利。当时，狩猎越来越多地出现在地方官举办的角斗士竞技比赛中。到公元前 2 世纪末，随着北非大部分地区落入罗马的紧密控制之下，狩猎日渐增多。等到地中海其他地区被纳入罗马的势力范围，当地的动物也开始成为竞技场上的装饰品。我们掌握了一系列罗马官员凯基利乌斯·鲁弗斯从公元前 51 年起写给西塞罗的信件，当时西塞罗掌控土耳其南部的罗马某省，信中凯基利乌斯要求西塞罗确保自己能够获得黑豹以供竞技会使用。

"动物"和"地位"很快就不可分割地纠缠到了一起。在之后的一段时间，将动物带到罗马人民面前的能力是皇帝权力的象征，皇帝开始限制其他人展示动物，尤其要管制危险动物参与的决斗。但这些管制最后总是会被取消，人们可以购买动物来互相厮杀，也可以让它们与人决斗，或者将与动物决斗当成处罚罪犯的手段（可能需要获得皇室许可）。当动物互相厮杀是人为造成的，因为它们已被拴在一起。参与这项危险工作的人，称为 "*bestiarii*"，或者说 "驯兽师"，他们的地位不及捕获动物的人——*Venatores*。据说，驯兽师有时也需要处理接受处罚的囚犯，想必一定接受过高强度的训练。要挑起公牛和野熊之间的决斗，自己却不致丧命，这是一件了不起的工作。

能够展示新奇少见的动物体现了一个人掌控环境的能力。潜台词是如果一个人能够控制自然世界，那么他是不是也就能够掌控自己的手下呢？正是在这一背景之下，格内厄斯·庞培在罗马大剧院，也是罗马有史以来第一座石造剧院的开幕仪式上举办竞技活动时曾制定下新的标准。不过结果可能和庞培的期待不尽相同。

格内厄斯·庞培把自己看作同年代人中最杰出的罗马人，这倒也并非太言过其实。进入公元前 70 年代之后，年纪轻轻的他随苏拉获得内战胜利，并展示出了过人的军事才能。在之后的余战中，他亦表现不俗。到了公元前 60 年代，布置下难以察觉的天罗地网之后，庞培受命享受前所未有的指挥特权以对抗地中海地区土耳其南部的海盗以及本都王国国王米特里达梯六世。米特里达梯与罗马之间在之前二十年里曾爆发过一系列战争，而正是因为对抗米特里达梯的胜利，将苏拉推上了罗马帝国统治者的宝座。庞培对抗米特里达梯战略的结果是罗马获得了无数新领地，其中包括叙利亚核心地区塞琉古王朝的一个省，也使庞培成为世界上最富有的人。到了公元前 50 年代，他感觉到自己的地位正在下滑于是在公元前 59 年迎娶了恺撒的女儿，并且在高卢维护恺撒的统治权中立下了汗马功劳。数年之后，眼看恺撒风生水起，在维持与恺撒同盟关系的同时，庞培认为自己需要在人民面前风光一次，来提醒世人自己仍然是国家的领导力量。公元前 55 年，耗时六年的剧场竣工，为他提供了这样一次良机。

庞培剧场紧挨一座维纳斯神庙，这种布局让他可以宣称自己兴建的不是剧场，以免触碰罗马保守的敏感神经，因为永久性的剧场被看作公众腐败的象征——尽管实际上，就算是西塞罗这样身披"传统主义"外衣的罗马人，也会说剧场其实是汇集罗马上流社会不同观点的最佳地点，而这亦是罗马思想的一个关键特征。在这奇妙的五天之中，规模盛大的皇家庆典中的竞技游戏将"新"与"旧"结合在了一起，庞培头戴金冠，粉墨登场。

在那五天，罗马人有幸见到了各种各样的动物，包括狮子、大象、黑豹以及一头犀牛。人们还能观赏希腊语和拉丁语演出的提拉闹剧，见到世代成绩斐然的明星人物。公元前 82 年，时年十四的著名舞者盖勒利亚·考普利欧娜正式出道，她也获邀参与主要演出。苏拉钟爱的悲剧演员伊索普斯则不多久演到声音都哑了。此外，还举办了许多角斗士比赛，以及在招募自东方的竞技者间进行的体育比赛。庞培后来抱怨这是浪费钱。我们无从得知是否所有的稀奇动物都需要参与决斗，但大象肯定是参与过的，而且这个环节进行得并不顺利。庞培希望通过大象重拾往日荣光，但一直都以失败告终。他曾想像托勒密一样乘坐大象拉动的战车进入城市，但不巧的是，大象根本无法通过城门。西塞罗写道：

> 猎手们出去打猎，一天两次连续五天，这感觉真是太棒了——没人会否认这一点。但对一个文明人来说，看着凶勇的猛兽将娇弱的人类撕碎，或者看着威武的动物被猎枪刺穿，能获得什么呢？若说这些场面值得一看，其实你已见识过。而且看着眼前的一切，我们觉得毫无新意，只不过最后登场的角色是大象。这给平民百姓带来不小的震撼，但绝非享受。人们心中甚至迸发出一股怜悯之情，觉得这些牲畜也有着充满人性的一面。

活动之后的发展对庞培更加不利，据说，由于太过同情大象，观众甚至站起身来对庞培大肆咒骂。不过，虽然如西塞罗所言，庞培这次做得太过了，但活动本身仍显示出在罗马，竞技乃是举办者和观赏者之间沟通、交流的方式之一。尤其关键的是，西塞罗自己说他此前已经看过这种演出。庞培并非第一个这样做的人。谩骂渐渐打住了，庞培似乎做出了极大的努力打消人们的这种想法。

西塞罗笔下那些在庞培竞技会上被动物撕成碎片的人毫无疑问是运气不佳的猎手。其实，早在西塞罗时代之前的许多年，罗马州将"斩首处罚"外包出去之后，动物就已经开始充当"刽子手"的角色了，只不过在西塞罗生活的年代以及之后的数十年，此举变得更为频繁。这种方式以其他地方的标准来看似乎体现了一种放任自由的态度。比如在雅典，人们对死刑就极为严格。在雅典这样的希腊城市中，曾产生过隶属于国家的奴隶——他们来自今乌克兰境内，被武装成了弓箭手——维护公共秩序是他们的职责所在。当犯下严重罪责的人被处以死刑时，在雅典，通常的做法是将人钉死在十字架上，或者是在国家监狱的监督下服食毒芹自尽（比如苏格拉底）。11 人组成的小组负责监控这一过程。相比之下，罗马的组织要松散得多，警备力量又过于庞大，其中包括地方官员的辅臣——扈从，他们拿着一捆木棒中间夹着一把斧头，他们可以鞭笞犯下严重罪责的人员，亦可将其斩首。假设在西塞罗生活的时期，所有当选的地方官都出现在罗马，那么总共将有 72 名扈从。另外唯一的一支警备力量是由五人小组监管，这些人负责维护城墙之外以及台伯河沿岸的治安。我们不清楚他们具体雇用了多少人来从事这一工作。

法院下达的死刑命令将在斩首处罚三人委员会（Board of Three for Capital Punishment）的监督下被执行。拉丁文中 capital 写作 *capitalis*，来自拉丁词汇"首级"（*caput*），处决的形式就不言自明了。特殊情况下，还会采取其他处决方式，比如将判处叛国罪的人扔下卡比托利欧山西面的悬崖摔死，或者活埋。据说，维斯塔贞女被发现不再是处女之身时就遭到了此种刑罚。此外还有火刑。有时还会将罪犯和一只猴子、一条毒蛇、一条恶犬装在一个袋子里之后投入深潭。杀害尊亲的人将会受到此种刑罚。由于警力不足，罗马公民遭受斩首处罚的人并不多，只有那些蠢笨到被当场抓住就地正法的人才会遭此厄运。据说，监狱也不那么正式，只不过是广场附近一个小坑而已，充其量是将死之人的"候场区域"。一般来说，共和国时期的罗马人并不经常去处决罗马公民的现场看热闹。

但奴隶的境遇却完全不同。在罗马，奴隶会遭到毒打，会被钉死在十字架上，也会受到其他形式的处罚，这些处罚由职业体罚者来执行。有一份公元 1 世纪时普泰奥利市的文件留了下来，其中描写了体罚者的惯用手法，提道与城市签订合同执行处罚措施的个人，其所雇佣之人数不得少于 32 名。此外：

> 如果某人希望亲自执行某男奴或女奴的处罚，以及需要执行处罚的人［应采取如下行动］，如果他需要使用十字架，或者利叉，合约人将向执行人提供立柱、铁链和绳索；想要执行处罚的人应向搬运利叉的人、打手以及刽子手每人支付四赛司透司。地方官员在担任公职期间无论在何地执行处罚，当他发出指令的时候，他将获得执行处罚需要的一切物品，［合约人］将立好十字架，预备好铁钉、场所、蜡、蜡烛以及处决罪犯所需的必要物品；如果他需要将尸体拖走，执行方应当身着红衣，听钟声的指示，将某具或者多具尸体（有时可能不止一具）拖走。

此举的目的无疑是用最痛苦、最侮辱人格的方式将死亡展示在人们面前。主人需要找外面的刽子手来处决奴隶，这也是为了努力确保做出残酷处决的决定不是一时的冲动——如果罪责不是太过严重，主人应当可以冷静下来——毋庸置疑的是，当处理非公民，尤其是奴隶的时候，这一残酷血腥做法在体现公私合作关系上却有着重要的意义。而那些被地方官员在任职期间宣判的罪犯应当不是罗马公民，因为有大量证据显示，对自己的罗马同胞痛下毒手被看作一种非常恶劣的行为。

不止罗马人把处决过程变成一种公开的表演。在伊特拉斯坎人的墓穴中有一些可以追溯到公元前 6 世纪的壁画，我们可以在上面看到一名头戴圆锥形帽子、被称为"Phersu"的人物，很明显他是一名正在根据规则或者顺应公众舆论执行任务的刽子手。还有一幅画，描绘的是双手缚于身后的裸体男子正在遭受猛兽的攻击。刽子手和死亡之间的视觉联系让人觉得他也许就是后来罗马巨著中"卡戒"的原型。刽子手悠久的历史说明，这种把死亡当作公开演出的方式很有可能早于角斗士就已经出现在了罗马，但并不像之后数个世纪那样普遍，范围也限定在奴隶之中。公元前 5 世纪初，确实有记载在某一活动上奴隶曾于竞技场遭到公开殴打。而使用动物来虐待囚犯大约可以追溯到公元 2 世纪。到了公元前 65 年，这些血腥的画面与野兽角斗士参与的活动常规性的融合已达到了巅峰，那时，在恺撒作为奖品下发的银杯上面就描绘着野兽以及判处死刑的人。

18. 恺撒、安东尼、奥古斯都与竞技会

Neque nos qui haec spectavimus quicquam novi vidimus. "看着眼

前的一切，我们觉得毫无新意。"这些是西塞罗指责庞培的话。在当时，类似于现代"所有权"的制度通行于罗马，一个人要获得观众的首肯才能有进一步的作为，因此在竞技场上做出傲人成就的压力非常之大。比如当时的演说家、政治家凯利乌斯必须带着黑豹上场，不然他的演说就不值一看——如果他没有黑豹，那也就没有必要继续下去了。感谢上帝，他的朋友古力欧从非洲捕获的黑豹中拨了十只送给他。而作为凯利乌斯的朋友，西塞罗也会因为他只带非洲黑豹而没有土耳其黑豹颜面无光。这些动物太难寻觅了。也许它们从西塞罗的行政省迁徙到了邻近的区域里去了。西塞罗确实已经尽了全力。他深知如果人们知道他未能对朋友伸出援手，一定会让自己面子上不好过。

庞培必须试图说服年迈的伊索普斯做一场告别演出，也必须让考普利欧娜再献舞一次，尽管已年过四十，但她必须和大象们一起弄出一些新花样。恺撒则宣布他将派出 302 对角斗士参与竞技会，他可能是希望借此赢得一场公关之战，因为对手们企图通过立法，有效地抨击恺撒在造福人民方面并未做出异于常人的贡献。埃及或者叙利亚国王曾通过赞助竞技性的盛会来凸显自己的政治地位，罗马的政客们也不例外，而且企图心更加明显，因此他们需要挖掘一些更危险、更不同寻常的刺激。在公元前 49—前 48 年间爆发的内战中击败庞培后，恺撒的权势变得更加庞大。为了庆祝埃及大捷，他与即将生产的情人克娄巴特拉七世一起在尼罗河游行，庆祝了一番。游行之后，恺撒更在罗马开辟了一个新的庆典演出时代。胜利庆典的目的是纪念在高卢、埃及、土耳其以及北非获得四连胜。其中，在土耳其，恺撒与米特里达梯的纨绔王子的短暂交锋具有决定性意义。当时米特里达梯的儿子从克里米亚入侵并犯下诸多暴行，他甚至在占领的城市阉割了当地所有的男性居民。

由于有绘画作品存世，胜利庆典的基本装备是非常清楚的——凯旋将领坐在战车上进入城市，随身携带着一些战利品。开路先锋在前面带路，士兵跟随其后。游行的终点是卡比托·朱庇特神庙，在那里将举办祭典，感谢神明保佑自己获得胜利。在乘坐战车进入城市时，恺撒会穿着一件特殊的长袍，面部有可能要被涂成红色。游行队伍不受庆典规则的制约。

恺撒已经开始天马行空地幻想起来，认为不光要在战场上击败庞培，还要在街道上、舞台上、竞技馆中战胜他。胜利庆典结束之后，恺撒以维纳斯·吉尼翠斯（维纳斯之母，也有一说是维纳斯先祖）神庙为中心建造了一座新的广场，这暗含着在恺撒家族流传已久的观念：他们是女神维纳斯的传人。此时此刻，尽管庞培为纪念维纳斯建造的剧场仍然留在人们心中，但是，人们更在意维纳斯后人的事情：人们可能都记得庞培，但更记得她曾与恺撒的女儿相爱。

恺撒胜利庆典的竞技形式多种多样，目的是避免被人们批评毫无新意。除了建造木质圆形剧场供角斗士竞技以及广场狩猎之外，他还首次在罗马展示了一头长颈鹿并举行了陆海两地的模拟战斗。恺撒拆除了罗马大竞技场的护栏，这样可以派出两支部队互相决斗，每支部队由 500 名步兵、20 头大象和 30 名骑兵组成。在战神广场对面，恺撒挖出一个湖泊用作水上竞技的场地。有证据显示，这些竞技的参赛者不是角斗士，而是俘虏和判处死刑的人。恺撒是第一个在圆形剧场搭建雨棚造福百姓的罗马人，也是首位让王室儿童也参与到马术竞技展示之中的罗马人，他创办了一种名为"特洛伊游戏"的活动，让年轻的先遣队员表演精湛的马术演戏。此举的目的是纪念传说中恺撒的先祖、罗马城的开创者艾尼阿斯，他是一个远比罗慕路斯更受推崇的人物——罗慕路斯杀害了自己的手足雷穆斯，在一些罗马人眼中，这样的行为为血腥的国内历史奠定了基调。据说，罗慕路斯遇刺并在参议院被碎尸万段，这在当时也许是一种普遍的做法，但绝不是恺撒想要的下场。

在恺撒修整罗马大竞技场用作陆战场地之后，他在该区域实施了彻底的改造工程，开始挖凿新的排水渠，并沿着赛道修建大理石座椅。正是在这些由他主持的比赛中，他打破了娱乐项目中的不同等级划分，允许一些地位高贵的人（包括两名参议员）作为角斗士参与竞技，还为一场特殊的表演比赛提供了赞助。哑剧是一种特殊而独具风格的情景喜剧，当时有一位名叫普布里利亚斯·西拉斯的哑剧明星冉冉升起，他让所有参赛者根据由他选定的主题进行即兴比赛。最后一位上前挑战哑剧的是罗马竞技场的上届冠军，名叫拉博瑞尤斯，已经60岁了。能在那个舞台上展示自己，他感到无比的喜悦。大家感受到了十足的火药味，就像拉博瑞尤斯说的那样："我清清白白地过活了60年，今天早晨离开罗马时，我是一名骑士；回去的时候，我将是一名哑剧演员。"恺撒坐在观众席，看着拉博瑞尤斯在模仿普布里利亚斯的竞技中败下阵来。但恺撒承诺给他50万赛司透司作为出场费，也履行了诺言，并且补充道："拉博瑞尤斯，尽管我为你助威，但你还是输在了一个叙利亚人的手上。"恺撒说这番话是因为在这出剧中，西拉斯代表的是"Syrian"（叙利亚人），而罗马人认为叙利亚人是天生的奴隶。拉博瑞尤斯上场的时候打扮得像个叙利亚人，以此捉弄对手，还说了一些暗讽恺撒的台词，比如"罗马人，我们确实已经失去了自由"，"那些让所有人都害怕的人一定也害怕所有人"。这两句话让所有人的目光都投向恺撒，不过恺撒只是一笑置之。

舞台上的这一幕意义非凡，恺撒的反应体现出他不仅能够应对公众的嘲弄（他的士兵们也曾这样做，把恺撒胜利庆典时的性生活编成歌唱了出来），也表明恺撒愿意将演艺界的大门向自己阶级的成员敞开，所以他不遗余力地想要改变权力之间的平衡，并且清醒地意识到这样能够满足人们对于崭新事物的渴望。而且，为拉博瑞尤斯助威清楚地证明了他并未操控比赛。不过坊间传闻他其实对拉博瑞尤斯感到不满，因为比赛结束之后恺撒还在重复比赛时说的话。

总而言之，这一切对一个呼风唤雨的人来说是一大创举。恺撒还利用私人时间采取改组措施，他认为娱乐人员隶属各自雇主不合时宜。我们无从得知当时一名战车手能赢得多少收入，也不知道自愿参加角斗士竞技的人能获得多少酬劳，但我们却多少能够了解舞台表演者的薪资情况。拉博瑞尤斯对一日进账 50 万赛司透司毫无疑问是满意的——这笔钱足够支付恺撒一个军团一个多月的开销。其他例子还有 20 多年前，一位名叫狄欧尼西亚的舞者曾以一场演出获利 20 万赛司透司。西塞罗则提到一位名叫罗斯西尤斯的滑稽诗人，他放弃了 600 万赛司透司的潜在收入，因为钟情这位诗人的苏拉愿意授予他骑士身份。更早的时候，罗斯西尤斯和他的团队每天可以从公共基金中领取 4000 赛司透司作为预付款，而据说伊索普斯将约 200 万财产留给了自己的儿子。不过，让这些人望尘莫及的是，约五十年后，角斗士的出场费已高达 10 万赛司透司。

贵族之间的竞争让表演者赚得了金钱，亦获得了自由——这使得拉博瑞尤斯能够拒绝公元前 50 年代政治高官帕布里乌斯·克劳狄乌斯，不按照他的要求创作剧本。这也意味着公元前 44 年尤利乌斯·恺撒于 3 月 15 日遇刺之后，刺客头目同样无法让剧团根据自己的意图编排刺杀事件的剧目。在刺杀恺撒的当天，一名刺客"软禁"了一批角斗士，谎称自己正在组织竞技，让他不满的是，其中一位角斗士当天竟然还要为别人效力，刺客不得不尝试努力"说服"这个人重新做出选择。值得思考的是，这是有力地证明了艺人有可能获得自由，还是说明他们有可能丧失这些自由？不管结论如何，此处传递的信息是：一个人可以选择为谁效力。这也表明与娱乐界维持良好关系对政治上的成功是至关重要的。

马克·安东尼就很享受与娱乐界人士的良好关系，比如哑剧女演员伏伦妮娅。在安东尼参加争夺恺撒王位之前，他们的外遇关系可谓尽人皆知。此后，伏伦妮娅又和名叫盖鲁斯的政客兼诗人过从甚密，在诗句中，诗人把伏伦妮娅描述得像曼陀罗花一样永恒。安东尼与戏剧界混乱的关系，以及恺撒与戏剧界千丝万缕的联系，使得恺撒遇刺之后数日便爆发了一场令人震惊的政变。

3月15日早晨，恺撒在庞培戏院与参议院会面时遇刺身亡。他的尸首被三名奴隶送回家中安放。数日之后，盛大的葬礼送行队伍缓缓向广场行进，马克·安东尼在那里发表了演说。在著名的莎据版本中，是安东尼演说的力量煽动起了群众对于刺客的愤恨。事实上，虽然安东尼的演说有说服力，但很明显，如果没有合唱团的歌者、出色的演员以及心思奇巧的道具管理者等人的帮助，他绝不会获得如此感人的效果。负责此事的人似乎是恺撒的岳父——卢修斯·卡尔普尔尼乌斯·皮索，正是他带领列队走向广场。

最开始进行的是宣读遗嘱，在遗嘱中恺撒将丰厚的馈赠交予人民，并收养侄孙屋大维为养子。接着安东尼发表演说，详细讲述了恺撒的丰功伟绩，群众的情绪变得更加激动，大家开始和着音乐为恺撒唱挽歌。安东尼随即挥舞恺撒遇刺时穿着的长袍，向人们展示恺撒受伤的部位。接着，一名似乎一直站在舞台上的演员登场，他模仿着恺撒的着装，头戴面具，仿佛恺撒本人降临，呼吁人们为自己报仇雪恨。此时，一尊恺撒蜡像从棺椁中升了起来，并在"某种机械的作用下不断旋转，展示着遍布身上、脸上的 23 处伤痕"。就在此时，暴乱爆发了。聚集的群众火化了恺撒的遗体，开始攻击行刺者的住处。刺客们意识到，罗马再无他们的容身之处。安东尼之所以能获得成功，无论是从其结构构架，或是从其灵感来源的层面，都要得益于多年来恺撒在培养艺术人才方面孜孜不倦的努力。

恺撒死去四个月后，另一场社会事件改变了政治的格局。那就是纪念女神维多利亚·凯萨里斯的竞技会。与之相比，苏拉在 9 月创办的以胜利女神名义纪念内战决定性战役的竞技活动显得逊色不少。公元前 45 年，立法规定竞技会将在恺撒诞辰的 7 月举行，从 20 日持续到 30 日。7 月 12 日举行公祭，但公元前 44 年此活动并未举行。就这场竞技会而言，争夺胜利意味着谁能够合法地继承先人衣钵。安东尼是争夺者之一，他曾试图在葬礼上一步登天成为恺撒党派的领导者，但恺撒的随从支持恺撒的继承人奥古斯都。通过主持竞技，并展示与恺撒相关的随身物品，未来的帝王奥古斯都在罗马的声势日渐壮大。

恺撒死后，内战延续了数年。在这些年间，安东尼在自己的帝国辖区里让竞技者协会享受到了更多、更牢固的特权。除此之外，这一时期在罗马盛会中还发生了一项意义非凡的变革——突然之间，女性也可以成为角斗士。最早提及这一现象的记载出现在公元前 19 年的文本之中，不过其中只是提道，有资格在戏院就座前 14 排之家族中的女性，或在参议院任职之家庭女性成员，不得从事女演员、角斗士以及角斗士助理的工作。这本是一项参议院法令，参考了过去法例的相关规定，并在奥古斯都执政期间一直发挥着效力。女性角斗士并没有在西塞罗的记录中出现，这说明在西塞罗去世之前，女性角斗士还未能进入核心竞技场。公元前 54 年，克洛狄乌斯的姐妹与西塞罗的朋友、狂热的黑豹爱好者凯利乌斯分手之后，她曾指控凯利乌斯犯下故意杀人罪，之后西塞罗对此发表了演说。如果当时已允许女性成为角斗士，他肯定会在演说中提到克罗地乌斯姐妹充当过女角斗士的事实。

在那个女性可以在舞台上大放异彩的世界中，参加决斗的女性也许并不那么引人注意，我们不排除这种可能：最初，女性角斗士登场时只是把女性装扮成亚马逊传奇战士，作为舞台演出的延续，而不是为了中和角斗士训练场上过于男性化的氛围。这种实验行为日渐增多还有可能是因为角斗士竞技中的死亡率太高。证据在于，公元前30年之后，我们发现成功继承恺撒王位的奥古斯都试图限制两名角斗士"决战到底"的竞技活动。在这种竞赛中，一方必须使对方受伤，或者使对方无法继续比赛。这种决斗被称为"*munus sine missione*"，*munus* 的意思是"奖品"；"*sine missione*"的意思是"不会轮空"。换句话说，赞助方认为比赛中没有平局的可能。这类竞技极其受欢迎，至少在奥古斯都颁发禁令之前似乎是这样的。由于受到限制，竞技赞助方需要获得奥古斯都的批准，才能继续举办这类比赛。这种发展体现的风气在于，无论是参赛者还是赞助方的利益，都必须屈从于观众的期待，使之能够看到更新鲜、更奇特，自然而然也更加危险的活动。那么，在公元前44年之后，这些竞技是否变得更加普遍了呢？

"新鲜""奇特"自然成了安东尼关注的重点，他也找到了愿意合作的女人，他的一生所爱——埃及的克娄巴特拉。公元前41年，随着安东尼在东部各省的势力日渐巩固，在西德努河畔，克娄巴特拉来到安东尼的身边，带来了一场托勒密神话传统精粹的盛大演出：

> [她] 乘坐的驳船装着镀金的桅杆，船儿四周紫气缭绕，水手们跟着风笛琴瑟的节奏，挥动着银色的船桨乘风而来。她玉体

微斜，躺在雕金的篷帐之下，美得宛如画中的维纳斯，像画儿一样的美少年站在她的两侧，服侍左右。她的婢女出尘脱俗，穿得如同涅瑞伊得斯和格蕾丝一般，静伫两旁，还有的站在船舵周围，有的立在桅绳之旁。琳琅满目的香料飘散着奇异的香味在河岸弥漫。

安东尼很快迷恋上了这场盛会，也爱上了这位埃及女王，为自己在意大利权力的衰败埋下了祸根。在西德努河畔遇到克娄巴特拉之前，他曾装扮成狄俄尼索斯进入艾菲索斯，在那里，"像巴克查娜尔斯的女人列队欢迎他，像萨蒂尔又像潘的男子为他开路"。之后他移师亚历山大，并且很快适应了这样的角色。

与此同时，安东尼在罗马的竞争对手——奥古斯都完成了决定性的关键转折：在斐利比解决了恺撒的刺客之后，这位储君先经历了意大利的叛乱，之后又与凭借强大舰队控制意大利附近海域的塞克斯都·庞培展开数次决战。庞培的舰队于公元前36年被摧毁，罗马大竞技场的中心路障现在已经变成了胜利纪念碑。在竞技场的较低赛道周围建起了大理石座椅，四周又建起了更新、更持久的路障以供战车比赛使用。工程于公元前33年完工，西部政权总统帅玛尔库斯·阿格里帕又增设了新的以"七只海豚"为形的计圈器，每过一圈，一只海豚便会向下轻点鼻尖。海豚很明显是为了纪念与塞克斯都的海战胜利。即将继位的奥古斯都应当注意到了，在这个关注罗马早期历史的重要时代，竞技活动是最根正苗红的罗马文化的体现媒介。

公元前30年代，贵族组织的演出不仅在亚历山大达到空前规模，在罗马亦是如此。在这十年间，举办胜利庆典的次数超过了罗马历史上的任一时期，互相较劲的国家元首都在向各自的统帅保证，只要在势力范围内获得胜利，就能获得丰厚的奖赏。公元前 31 年，奥古斯都在亚克兴海战获胜，一年之后占领亚历山大，即将继位的他开启了一项监管盛会的新行动，将各类盛会、演出由贵族竞争的工具改造成巩固自己政权的桥头堡。最终，奥古斯都于公元前 28 年走出了恺撒的阴影，成了真正的大帝。

　　奥古斯都的伟大功绩在于他结束了内战，并在罗马公民之间恢复了和平。在接下来的 44 年间，他殚精竭虑地建立起独树一帜的君主政权，这不仅改变了罗马的政治形态，也改变了整个地中海世界。奥古斯都政权的一大特色在于庆典活动的规范化。由于他已经宣布罗马大竞技场为自己私人所有，于是下令将军斯塔提琉斯·陶鲁斯在罗马建了第一座石造圆形剧场。地点选在远离政治核心地区的战神广场西侧。这座拥有石砌大门和木制立柱的剧场在很短的时间内便迅速建成，以便公元前 29 年在他回到罗马之后的盛大庆典活动中使用。

　　然而，奥古斯都仍然无法在一夜之间扭转长久以来的习惯。公元前 29 年，在奥古斯都于巴尔干地区、亚克兴、埃及取得三连胜之后举行的竞技会上，就有一位名叫昆塔斯·维特里乌斯的参议员不顾身份参加角斗士角逐。奥古斯都也需要向罗马人民展示他们前所未见的奇珍异兽和表演，这次登场的是一头犀牛和一头河马。奥古斯都还举办了特洛伊竞技，让最高王室的子嗣展示过人的骑术。不管怎么说，三次庆典总比四次庆典要少，这次没有举办海上战斗，也没有让大象互相厮杀。规模开始有了小幅度的下滑。公元前 22 年，奥古斯都调整了角斗士竞技的举办方式，将庆典活动交由执行官小组负责，并要求由两名执行官承办一场角斗士演出。同年，他开始赞助一种称为"哑剧舞"的舞蹈，并对它乐此不疲。个人也可以开办竞技会，不过他需要获得参议院的授权，而且角斗士的参与人数不能超过 120 组。

有时很难找到愿意负责此事的人，因为这意味着要为奢华的竞技会买单。为了减轻人们的顾虑，奥古斯都偶尔会参与进来提供更多的赞助资金。很明显，他可能已经成立了"角斗士基金"用来支付这些演出所需的费用。如果你不能因此成为世界的主宰，倾家荡产也就变得毫无意义了。渐渐地，恢复共和国后期那些已经取消的限制措施开始变得十分必要：让人们（包括女性）撤出竞技场，撤离舞台，回到观众座席之中。在圆形剧场和竞技场上，那面隔离座椅和门柱的高墙，现在隔离的是名门望族和平民百姓，就像内战前在那"逝去的美好时代"所做的那样。公元前 26 年，参议院通过立法延长了 67 号旧法例的有效期限，规定所有场所的第一排座椅只能留给参议员使用。数年后，新法例将规定程度进一步加强，规定斯塔提琉斯圆形剧场的前 14 排只可供骑士阶级使用，并且为了禁止男女混座情形出现，还规定女性只能在画廊后面就座。虽然异性仍然可以在竞技场和角斗士赛场上坐在一起，但需要传达的信息已经非常明显了：公共活动不应该触犯奥古斯都执政时期通过的规范公共道德的法律条文。如果人们想参与角斗士竞技，他们不会受到限制，但必须自己独立承担费用，并且有教练陪同。投身于此不受鼓励，最好只是私人行为。然而，有的时候，即使是奥古斯都以及后来的君主提比略（他似乎真的不喜欢竞技活动）也不得不做出让步，在公元 11 年以及 15 年允许骑士参加决斗。但这是少数现象。

奥古斯都在罗马城内的重新布局对外部世界娱乐事业的发展产生了深远的影响。亚克兴海战甫一结束，奥古斯都就开始组建省级理事会，管理以他和以罗马为名义举办各类活动的乱象。罗马官员们曾经因为举办这些活动而深受人民爱戴，以后再也不可能了。庆典将变为王室传播观念与价值的载体。在这些年间举办竞技活动的庆典仪式中，神学协会、世界各地的冠军选手及其派生机构都发挥了重要的作用。公元前 2 年，在奥古斯都死前不久，他曾前往那不勒斯观看当地以他的名义举办的竞技活动，这是东西方传统日渐融合的一大体现。当时，那不勒斯仍是一座希腊城市，竞技活动还都是"裸体"进行的。

第五部分　皇家竞技

19. 观赛

据说小普林尼认为战车比赛枯燥乏味。现在将其称为"小"普林尼，是为了将他和他的叔叔老普林尼区分开来，他的叔叔在公元79年维苏威火山爆发时，为了拯救黎民百姓而英勇赴死。老普林尼创作有巨著《自然史》，是一部记载了超过一万件史实的文录巨献。从书中我们得知，曾经有一位"红色派系"的狂热者，由于对竞技结果不满，而躺在冠军战车手火葬的柴堆上。

我们对小普林尼生平和习惯的了解来自他为后代编纂的书信内容，这些信件同样让我们对老普林尼有所了解，在《自然史》一书中，他记载了许多个人信息。提及这两个人，是因为这样有助于我们理解体育迷前往竞技场或圆形剧场时希望看到的场景是怎样的。在解释自己为什么不愿意前往竞技场时，小普林尼写道：

> 这段时间我一直在奋笔疾书潜心研读。你问我："在城市里你是怎么做到的？"虽然战车比赛正在进行之中，但我却对这样的娱乐项目完全不感兴趣。它陈腐、无趣，完全不值得看第二次。所以我才纳闷为什么那么多的人如此幼稚地渴望看到马儿在场上奔跑，看到骑师周而复始地驾车而过。如果吸引他们的是飞奔的骏马，或是技术高超的驭手，那另当别论；但现在，他们却在为"一面旗帜"欢呼，"这面旗帜"让他们神魂颠倒；在比赛途中，旗帜和选手融为一体，旗帜之间互相较劲，派系及支持者的情况亦会随之改变。但顷刻之间，他们又会将驭手和骏马抛在脑后，虽然之前曾在远处凝视，并为之欢呼。

通过这些文字，普林尼真正想表达的也许是观众的激情——他们对参赛队伍的狂热是吸引他们前来观赛的原因。正是这样不断重复的活动让他们成了座上常客。虽然知道之后将发生什么，观众仍然充满期待，因为他们知道，细小的变化会让"反败为胜"成为可能。普林尼写道，他对战马的速度或者驭手的技巧感兴趣，但他就是不明白为什么人们会对某支队伍的成败如此热衷。实际上人们对这三样事物都是感兴趣的，支持者们的想法在很多文件中都有清晰的体现，据载，他们为了赢得比赛甚至会暗中诅咒对手的团队。有一块重要的陶片上记载了这样的咒语，内容如下：

> 无上神圣的卡拉克特雷斯神，请绑缚他们的手脚、肌腱，双

眼、双膝，请挫败他们勇气，让他们无法跳跃、无法扬鞭。请让
博非利和哈普西克雷特与冠军和奖杯无缘，请让尤金斯蓝色阵营
的副驾驶同此厄运。从这一刻起，从今天起，希望他们无法进
食，无法安睡，让他们从入口开始就被恶鬼缠身，被厉鬼纠缠，
让赫淮斯托斯之火将其吞灭……在这个他们即将竞技的赛场上，
希望他们不要挤上前来，希望他们不要到处碰撞，希望他们无法
提速，希望他们不将我方淘汰，希望他们不要后来居上，希望他
们竞技时整日无法灵活转弯。希望他们四分五裂，希望他们不支
倒地，希望他们片甲不留。

　　咒语中提到的战术，某种程度上大致总结了骑师在克服"冤魂恶
鬼"的侵扰之后，要在赛道上完成的急速转弯时所需的各项动作：他
需要驶入内侧赛道，需要飞奔（也就是"提速"）、反超、完成完美转
弯。他最好从一开始就小心谨慎，因为承担不起任何失误。骑师本身
已经广为人知，他们的团队亦是如此。盖伦说，支持者们会闻马儿的
饲料来判断它们是否健康，再预测比赛的结果。
　　这枚陶片凸显了竞技带来的情绪，这一点让普林尼极为反感，
在他看来，粗野地暴露自己的情绪与绅士的身份极为不符。但正是
这股热情吸引着其他人前去观看比赛，并为这种完全对立的魅力
所折服。古代人的思想常常是"一分为二"的，获得荣誉就意味
着有可能失去荣誉；有人英勇就意味着有人是懦夫。因此，有人
强势，有人就会被吸引。无论是伟大的选手、优秀的骑师还是英
勇的角斗士，他们都知道如何在争取胜利的紧张气氛中控制和疏
导自己的情绪。普林尼去世数百年后，希波的奥古斯丁在描述自
己成为基督教主教之前的生活状态时，提到了友人阿利比乌斯的一

则故事。阿利比乌斯曾认为自己可以参加角斗士竞技但不会被场上的情绪所感染，但他发现，即便可以闭上双眼，却无法塞住耳朵，很快他就和其他观众一起欢呼雀跃起来。对于阿利比乌斯来说，圆形剧场证明他在自控能力测试中的失败。其他人或许根本不会尝试进行这样的测试：他们前去赛场的目的就是为了放任自己的情绪。

感受其他人的热情，享受历史重现于眼前，是正统庆典体验中的重要目的，无论是在剧场、圆形剧场、竞技场，还是在马戏馆。也有人是想了解自己，比如阿利比乌斯，又比如那些想要和其他选手一决高下的人。拥有"能人所不能"的"自制力"的确让人印象深刻，就像有人能一边享受比赛一边不露声色。在攻击竞技比赛的时候，普林尼和奥古斯丁试图证明自己与其他人不一样，但其实，遭到集中抨击的正是他们这类人。

20. 观众体验

罗马世界纷繁复杂的竞技活动使得人们难以体会各项活动观众之间的共同点，也无法理解为什么一个人能够看似平静地游走在戏院、圆形剧场和竞技场之间。在公开场合，抨击角斗士比赛的人，或者说职业批评家，总是对竞技场上发生的一切口诛笔伐，却又会因为台上发生的一些事情而陷入深深的纠结之中。他们可能也会像盖伦那样，对职业竞技选手或者他们的教练嗤之以鼻。但喜欢竞技活动的人并不会只热衷于一种项目。提到罗马帝国的竞技世界，我们最好将不同项目之间的区别暂且放开，而关注一下相同之处：对技术技巧的迷恋以及对明星选手的喜爱；对于重现古老竞技活动的热情，超越之前选手的渴望，以及参赛者展示出的激情带来的感染力。众所周知，罗马的体育爱好者对胜利极度渴望，有时甚至到了不计代价的地步，从而会做出非常不雅的举动。

在两位普林尼生活的时期以及小普林尼死后（公元112年）的一百五十年间——盖伦、斐罗斯特拉图和琉善生活的时代——古代竞技中的热闹场景越来越频繁地出现在人们的眼前。通过与文学、艺术以及建筑的融合，我们可以接触并感觉到作为一名观众、一个竞技者甚至主办方是何种感受。这种融合声势在公元3世纪初达到高潮，当时亦是罗马帝国的全盛时期。但问题已经开始出现。新兴势力正在罗马边境崛起，传统的应对方法已经不再奏效。在国外的失利造成了罗马政局的不稳定，整个帝国正在经历一个动乱时期，残酷程度堪比奥古斯都获胜之前的乱局。风平浪静之后，支撑娱乐帝国数世纪之久的资金已经付诸流水，只有大城市还能举办重要的竞技，但风格已不复往昔。

1世纪和2世纪，罗马大竞技场上那种战车赛只出现在罗马以及罗马帝国西部最古老的那些省之中。有证据表明，在公元1世纪的非洲、西班牙和高卢等地区曾出现过竞技场，但3世纪之前，在莱茵河和多瑙河沿岸的前线地带并未兴建竞技场。2002年，英国的科尔切斯特出土了一座石造竞技场，场内表现竞技盛会的马赛克图案表明战车竞技曾经十分流行，并且当地的竞技场不止我们所了解的这一座。此外，也说明木造建筑可能曾在某些临时基地出现过，因为它们几乎可以建在任何地方。现在人们了解的大部分石造竞技场都出现在西班牙，当地亦以盛产良驹为名，而葡萄牙曾将其最优秀的战车选手狄奥克莱割爱给罗马。2世纪末，在非洲以及西班牙南部仅有四座竞技场。到了3世纪，有四座新竞技场正在建造之中。3世纪初，在帝国东部出现一定数量的竞技建筑之前，希隆、托勒密以及其情人比利斯特彻的竞技模式仍然在以希腊语为母语的地区占据主导地位。到了 4 世纪，竞技建筑已遍布整个帝国，数量达到 90 座。

公元 1 世纪期间，西欧各地开始建造圆形剧场。在意大利，尤其是奥古斯都执政期间，人们对石造圆形剧场的渴望更加强烈，因为它代表着一座城市切实的重要性。仅仅出于这一原因，就有更多的圆形剧场亟待建造。圆形剧场开始在各省的军队营地附近，或者想要在罗马体系内提升自我价值的城市中出现。我们大致可以确认，在罗马帝国领土之内圆形剧场约有 275 座。到了 3 世纪，约有 140 多座建筑供角斗士竞技使用，虽然从严格意义上说，它们并不是圆形剧场。我们还得知剧场的数量约为 440 座。现在，随着新发现不断涌现，很难给出确切的数字，不过即便有新发现，我们仍然相信，当时角斗士的竞技场几乎和罗马世界的剧场一样普遍。

在曾是罗马帝国港口的波尔图市发现过一座圆形剧场，所处位置在克劳迪厄斯大帝某处行宫附近，这向我们透露出王室贵族和角斗士娱乐之间存在某种潜在联系，而这将极大程度地改变我们的现有认识。这座 2009 年才重见天日的建筑说明，克劳迪厄斯曾建造过一座豪华剧场以供自己及亲信幕僚享乐。这让我们对他的养子，也是继承人的尼禄的行为有了新认识，他可以利用这座私人竞技馆并像战车手那样接受训练。如果众所周知的保守君主克劳狄乌斯都有可能这样消磨时光，那尼禄的所作所为也就不像反尼禄人士所描述的那样让人诧异了。此外，克劳狄乌斯喜欢看到角斗士在场上你死我活，但尼禄主办的诸多演出却一点都不血腥。

21. 期待

观众和表演者之间存在着联系，这种联系影响着王室包厢里的人，所以我们很难判断谁才是真正的竞技主导。与小普林尼同时代的伟大讽刺作家朱文纳尔曾经抱怨道，曾经想要征服世界的罗马人如今只挂念着面包和竞技。面包是指人们可以从皇帝管理的粮食救济处获得食物。而他所说的"竞技"明显是指罗马城中人们全年可以参加的各项盛会了。另一名叫弗朗托的男人曾致信马克·奥勒里乌斯皇帝（这是一位支持角斗士竞技的帝王），提醒他在竞技活动中人民才是真正的主导：

> 我提请您注意，尊敬的陛下，当您在人民面前发表演说之前，请您了解人民的心声，虽然不用时时刻刻如此，但请偶尔为之。当您这样做的时候，请记住，这无非就像您顺应了人民的央求，让竞技场上与猛兽英勇搏斗的人获得了荣誉和自由，即使他们曾伤人性命或是作奸犯科，但您顺应了人民的意愿，将其释放。从此民主将遍及四方。

两百年前，通过竞技场而展开的主要的政治斗争在罗马宣告结束；但在西塞罗的时代以及之前，通过庆典来谋求政治目的已经牢牢地将政治势力与竞技演出联系在一起。每一个君主都愿意为人民提供多种喜闻乐见的活动，并且要学会应对活动不受欢迎而产生的后果。群众的反应经常在"欢喜"和"暴动"之间切换。这与某些人在竞技场外的生活经历有关，贫困和不公让这些人聚集在一起，他们渴望体会到"金钱"和"权力"的味道。这可能还与一些人对"生活乐趣"

的理解有关。

　　理想的情况是，竞技迷们能够效仿公元 2 世纪北非人马吉瑞尤斯举办的竞技会上观众的言行。这场盛会让马吉瑞尤斯感到骄傲。首先，他花钱铺设了马赛克地面，得以展示自己赞助的职业猎人与美洲豹之间的决斗。其次，出现了给获奖人和欢呼的群众颁发奖金的"先驱人物"，他说："在您的示范下，未来竞技活动的赞助方学会了应该如何举办一场演出，过去的赞助商也应该知道，这样的演出何时发生，又该在何地举办。您的演出为地方官设立了榜样，您自掏腰包为大家带来了这场演出。""先驱"颁发奖金时还说："大人，为了犒赏与猎豹搏击的猎人，请授予他们 500 第纳里。"群众再一次欢呼了起来："这才是有钱之人该做的，这才是有权之人该有的样子，就是这样，现在好了，有了他们从演出中得的酬劳，他们自由了。"此时此刻，其实民众才是货真价实的"大人"，他们的诉求是统治阶级开支考量的标准。但有些大人物很少为竞技活动买单，即使这是公职人员的职责所在。

　　为了举办竞技会，举办者必须确保对活动进行适当的宣传，不仅要让本地人知道，也应通知邻近地区的居民，因为在通常情况下，城市的圆形剧场规模都大得离谱。这种风格的活动在庞贝古城墙上书写的文字中得到了清楚的展示，比如：

　　　　尼禄恺撒之永恒牧师，奥古斯都之子——狄希姆斯·鲁克雷提尤斯·萨特瑞尤斯·瓦楞斯将派出 20 对角斗士，其子狄希姆斯·鲁克雷提尤斯·瓦楞斯将派出 10 对角斗士，前往庞贝参加 4 月 8 日至 12 日的决斗。埃米利乌斯·塞勒月光下亲笔。

这段文字的一大意义在于，它让我们看到了一种"双重广告"的模式，埃米利乌斯·塞勒完全自费在墙上书写标语，目的是让人们知道眼前这些字迹工整的"广告"究竟出自何人之手。因为并不是每个人都这样小心翼翼、彬彬有礼。稍逊文采的文字还有："狩猎将于 8 月27 日举行，菲利克斯将与黑熊搏斗。"举办者最大的担忧是，事情的进展不像之前广而告之的那样：小普林尼就曾致信某位友人询问黑豹为何未能登场；古代最伟大的小说家阿普列乌斯也曾编写过一段情节，说是雄心勃勃的赞助方在比赛之前老早就把野熊预备好了，结果天气太热，野兽都热死了。

22. 人群的声音

罗马观众喝彩的方式多种多样，有的源自宗教仪式，有的来自支持者团体的日常经验。最常见的喝彩词是这样一种组合：先是动词"努力"，跟着是加油的对象，有时在结尾还会加上一些像"永远"这样表述时间的词语。其他常见的欢呼词语中有些一直延续到了当代社会，它们大都与祈求怜悯有关，体现人们想要表达自己悲悯的心情，例如 *Kyrie eleison*，它在希腊语中的意思是"老天垂怜"或者是"请开恩"。简单表达希望有人死在场上时，常用的口号一般是"*Iugula*!"（拉丁语），成千上万的观众有可能还会用一种原始的竖起拇指的手势在脖子附近来回晃动，意思是快点在圆形剧场上了结某人的性命吧！还有一些助威是想把某个人和神的地位等同起来，比如："奥运健儿，无人能及，你是救世之主，你是力量之源！"又比如："×× 安宁，天下太平！"等等。

至少在罗马，观众会观察竞技活动赞助方的行为，并相应地做出反应。有位王室公主对血腥的角斗士竞技太过痴迷而给人留下了不好的印象；还有某位皇帝强迫一位受欢迎的角斗士连续参加三个回合的决斗，导致他在第三轮中不幸身亡而让人感到反感。据说曾经有位国王喜欢看到渔网角斗士死时的表情，他还花钱让人和角斗士进行"背对背"的决斗——这既变态又冷血。好的方面是，皇帝们似乎需要听取群众的意见决定举行哪些角斗士比赛，并确保比赛顺利进行。

由于群众通常十分吵闹，所以举办比赛的人不会亲自对人们发表演说。他们会雇佣一位"传令官"取而代之。在罗马，当皇帝突然有事宣布的时候，传令官就是皇帝的大众传声筒。他还可以告诉人们应该说些什么。那位曾于电影《角斗士》登场的邪恶皇帝柯莫杜斯走上过竞技场，希望能像公元前192年赫拉克勒斯做的那样，在场上干掉无数对手和猛兽。当时，有一个叫卡西尤斯·迪欧的人也在场，坐在观众席中。后来他曾写道："我们要根据指令喊出口号。"因为柯莫杜斯正在与猛兽搏斗无法发出指令，所以必须由传令官带领助威："你是天神，天下无敌，幸运至极；你是勇者，勇往直前，你将是永远不败的英雄！"在柯莫杜斯死后，迪欧的记录还进一步描述了为柯莫杜斯助威的余波："人们冲着罗马议员大喊'加油！加油！你们得救了！你们赢了'。这些议员曾深深恐惧着柯莫杜斯，人们想要给他们鼓劲，不由得就使用了过去非常熟悉的在竞技场上呐喊助威的口号，只是稍作改动，结果显得十分滑稽。"迪欧记录的有节奏的助威方式显示出，当时已经有人带领大家一起有节奏地助威。

另一种需要喝彩的情况与"审判"有关，但我们不清楚群众是何时开始这样喊出自己的诉求的。公元20年，某位富有的女性被指控犯有欺诈和叛国罪。她是庞培的旁系子孙，案件直接交由人民审判，"在因举办竞技会而中断审判的日子里，她在名门贵妇的陪同下进入剧场，声泪俱下地回忆起先祖庞培，成功营造出强烈的氛围和鲜活的形象，群众开始对她产生怜悯之情"，并开始对指控女人的前夫大肆咒骂。同一年较早时候，广场上的人民也曾因另一桩叛国罪审判而群情激奋。他们的口号是从哪里学来的呢？也许是在其他审判的过程中学到的吧。在这一情形下，人民呼喊口号的方式有很多种，从直截了当地喊出"弑君者！""人民公敌！"，到言辞更加激烈的"让狮子吃了某某！"或者"让某某葬身鱼腹！""把某某送到死刑地点！""把某某钉死在十字架上！"——还有更复杂的方式比如"让犯下某罪的某某人吊挂在钩子上！""让犯下某罪的某某人和狮子一决高下！"有时这些口号还可以组合在一起使用。公元前193年3月，一位名叫狄第乌斯·尤利安努斯的男人出现在参议院大楼前。他曾让帝国卫兵尊称自己为皇帝，此时群众"就像事先安排好的那样，痛斥他是帝国的乱臣贼子"。

在竞技时，帝王的传令官自然不可能掌控一切。比如，在柯莫杜斯暂停与野兽的决斗，从角斗场一旁为其端着美酒的女子那里接过一杯酒之后，群众就是自发地呼喊出了"万寿无疆"——这是酒会上常见的祝酒词。有时候，我们还会看到一些"程式化"的助威口号也可以是"非程式化"的。在尤利安努斯之后，罗马百姓为了反对塞普蒂米乌斯·塞维鲁（他夺取了尤利安努斯的王位，统治时期为公元193年至211年）曾举行过示威集会。迪欧写道：

> 人们观赏六场战车竞赛，但没有像平常一样为选手鼓掌。比赛结束之后，正当战车手准备开始下一轮的竞技，始终保持着沉默的人们突然开始鼓掌欢呼，并以百姓安康之名祈求好运的降临。随后他们开始呼喊"罗马的陛下和王后""我们还需要忍受

多久？""战争还要持续多久？"他们还喊着其他类似的口号，
最后喊道："够了！"然后又把注意力转移到了赛马竞赛上。

此处开头的口号与记录中其他为国王或团体祈福的口号并无二致。罗
马的皇帝和皇后似乎已经对此司空见惯。其余两个口号，第一个是面
对恶劣的环境常有的反应，第二个口号控诉的显然也是类似的事情。
迪欧说，这些口号是自发性的，但令人难以置信的是，一万五千人在
没有人带领的情况下口号竟然如此整齐划一。在自己记载的历史中，
迪欧亦无法解释群众类似的行为。有证据显示，有人带领观众在剧场
中的欢呼，观众也会在活动开始前练习口号。据了解，亚历山大式的
助威风格让尼禄印象深刻，所以他将其引入罗马，并从骑士阶级选出
了口号带领人，教授他如何带领人民加油助威。

23. 竞技之梦

观众的反应不仅体现在呼喊的口号中，纪念品或是有关"梦"的
记录也可以帮助我们了解观众看到了什么，或者他们期待看到什么。
达尔迪斯的阿尔米多鲁斯——一位 2 世纪的作家——留下了不少有关
"梦"的记录，用于分析梦是否能够预见未来。在这本关于"梦"的
书籍中，我们见识到了各式各样的人，其中许多是竞技者，有些是梦
想成为竞技者的人。通过了解他们的梦，可以窥探竞技者及其支持群
体潜意识的状态。比如，有位年轻人曾梦见城中的首席地方官将他驱
逐出竞技馆，在阿尔米多鲁斯看来，这预示着年轻人的父亲会将他逐
出家门，因为父亲与家庭就像地方官和竞技馆的关系一样。一位潘克
拉辛选手梦见在某场竞技中，他正在照顾自己诞下的婴儿。在赛场上

挣扎之际他决定放弃比赛，因为他发现自己正在扮演一个女性的角色。

在接下来的梦中，我们可以清楚地看到"命令""男子气概"这些长久以来体现竞技文化的标志。一位竞技者梦到自己在清理污浊的河水，所以他决定在竞技馆清洁肠胃——他确实这样做了，也赢得了胜利。另一个人在梦里自宫，裹住头部，然后得了冠军——这个梦预示着他在比赛前若能禁欲，就能获胜。还有一名潘克拉辛竞技者想要在奥林匹亚参加摔跤和潘克拉辛两项运动，梦见自己的双手变成了黄金。他未能赢得比赛，变成黄金的双手很明显暗指的是其双手不够灵活。这些文字不仅反映出菲洛斯特拉托斯对训练方法的各种担忧，也体现了人们对竞技选手的好奇——他们的训练水平如何，他们的特殊技能是什么等等。

还有一些梦体现的是竞技活动。一个男人带儿子参加奥林匹亚竞技之后，梦见儿子已被判处极刑，当天准备开始祭祀的时候，男孩死里逃生。尽管男孩本是夺冠热门，但他却失之交臂。阿尔米多鲁这样写道：

> 他没能走到最后，没能完成夺冠的最终目标；他也没有得到任何公开的荣誉。毫无疑问，只有那些将身心全部交托给普罗大众的人才有资格获得崇高的荣誉，也就是说，人们应该努力成为奥林匹克的冠军。

又如：

> 一位男子带着儿子参加奥林匹克摔跤竞技，他梦见孩子在裁判面前丧命，之后葬在竞技馆中。他的儿子自然而然成了奥林匹

亚冠军，因为这是对待逝者的传统，和真正的奥林匹亚冠军一样刻入铭文，接受人们的祝福。

如果做的梦和具体的项目有关，那阿尔米多鲁斯的分析就派上用场了，因为这些梦通常都预示着某种困难。因此，如果有人梦到自己是一名拳击手，这可糟透了：这种梦代表的是"破坏"和"屈辱"，因为"面目扭曲，血流如注"，而血被认为和金钱相关。但对那些靠血为生的人却是一件好事，比如医生、祭祀者和厨师。梦里的摔跤预示着争吵，而与朋友或者亲戚进行摔跤通常意味着争吵很快就会发生。"获胜"通常是好兆头，但有意思的是，如果双方是因为土地问题而争吵，那么躺在地上的人倒有可能获得胜利。阿尔米多鲁斯说有人梦到自己收到对手来信之后，用所谓"二指绕一指"的方式成功将对手摔倒在地。如果观众对于摔跤足够了解，也许会知道阿尔米多鲁斯此处想要表达的意思是什么。梦到潘克拉辛和梦到其他搏击项目有着相同的寓意，只不过说明争吵会更加猛烈。梦到五项全能通常代表从一处前往另一处的旅行，而梦到个人项目似乎代表着一些棘手的事情，比如标枪项目代表械斗和争吵，"因为那嗖嗖作响的声音和标枪的速度，让人联想到一些激烈的词汇"。只有在短跑项目中获胜才预示着绝对的好运，除非你生病了，那你有可能一命呜呼；梦到"中距离跑"和"长跑"预示着相同的结果——只不过时效会更长一些。

阿尔米多鲁斯谈论成为角斗士的梦境时说，这些梦代表着做梦者会陷入某种争斗之中，而且它们通常预示着法律纠纷，因为武器象征送往法庭的文件。他接着说道，"防御一方所持武器代表的是被告，而进攻方的武器代表的是原告"。阿尔米多鲁斯还说，通过仔细观察，他发现有关诉讼的梦通常预示男性的婚姻状况，他的配偶有可能和他使用的武器有关或者与他的对手有联系。

阿尔米多鲁斯还指出，如果一个男人梦到自己是一名色雷斯角斗士，那么他的妻子将是富有、灵巧、好胜心强的人，因为色雷斯人身穿盔甲，手持弯剑，而且会主动出击。如果一个人梦到自己和持盾角斗士比赛，那么他的妻子会十分富有而美丽，会因此瞧不上自己的丈夫。如果一个人梦到和雷阿里乌斯（*reiarius*）决斗，那他的妻子将贫困潦倒——因为雷阿里乌斯穿的盔甲十分单薄——而且水性杨花：像雷阿里乌斯一样，她会引诱遇到的男人。

有趣的是，阿尔米多鲁斯并没有提到战车比赛，很有可能是因为大多数人没有在罗马生活过也没观看过这样的比赛。最后，他对其他类型角斗士的论述进行了总结，并指出自己的论述是"以个人经验为基础的，因为他已经观察过在每一个案例中，这些梦境是如何成为现实的"。

24. 竞技图像

阿尔米多鲁斯对于竞技者和角斗士竞赛的研究与当时的艺术文化并驾齐驱，而艺术的表现形式是多种多样的：有的出现在石刻浮雕上，有的出现在竞技会纪念碑的马赛克图案上，有时也会在墓碑或纪念品上看到，比如描绘了某场具体竞技活动的陶杯之类。

展现拳击手的马赛克图案通常会画成一个头部流血，或者一个经不住疼痛而屈服的形象；有关摔跤的绘画作品则可以展现更加复杂的动作。至于潘克拉辛选手，在较早的时代他们通常被描绘得既像是在拳击又像是在摔跤。比如在某幅作品中，参赛者做好了拳击的准备，却没戴手套。在帝国西部，这些马赛克作品一般出现在浴场，让那些去不起私人声色场所的人在这里锻炼身体、放松心情。展现战车竞技的绘画经常表现战车相撞的情形，有时也会描绘赛场上的协助人员。在罗马一幅著名浮雕上，我们看到竞技负责人正在示意比赛即将开始，战车从中央护栏附近奔腾而出，还能看到负责向战队中的马匹头部洒水的少年，以及策马于战车之前向驭手喊出指令的人。最后我们还可以看到胜出的骑师正在从传令官那里领取奖金，而他身旁站着一个吹小号的人。还有一些马赛克作品会记录马匹和骑师的名字，也许是因为同样的队伍之间经常进行比赛吧。

　　至于角斗士竞技，表现形式比其余四项运动稍微丰富一些。在古代竞技艺术作品中，品质最为登峰造极的作品是发现于北非古城列伯提斯·马格那浴场的马赛克拼图。作品的完成时间大约为 1 世纪到 2 世纪之间，描绘的是一名坐着的持网和三叉戟的角斗士，他正注视着竞技场尽头被自己杀死的对手。他的表情看起来又骄傲、又懊恼又疲惫。还有一幅马赛克作品描述的是角斗士蒙塔奴斯，发现地点是柯莫杜斯的私人别墅，但较之前者，艺术水准相去甚远。在北非现存的作品中，最为重要的、能帮助我们了解观众在圆形剧场的全面观感的马赛克作品出土于兹利坦镇（大概在列伯提斯）附近，也是在一座别墅之中。地板的中心部位由 17 块方形砖块组成，上面描绘着几何图案，也可能是鱼。四面墙壁上描绘着竞技会的日常情形。两面墙展现的是进行中的角斗士竞技，另外两面墙上描绘的似乎是与狩猎相关的活动，不过其中一面已被破坏，只能辨认出一对鸵鸟和一个貌似猎人的形象。在可辨认的"狩猎"墙面上，我们看到了战车上赤身裸体的男子，他们被绑在柱子上，忍受猎豹的摧残。还有一名男子在捕捉羚羊，而一名小丑正在分散一头野猪的注意力。还看到猎犬正在捕食，一头公牛和熊被拴在了一起，它们正在互相厮杀。此外还能看到侍从将一个一丝不挂、浑身颤抖的可怜人扔给一头狮子——某些马赛克已脱落的拼图似乎也在展示类似的场景。在这些画面中，那些不幸需要接受被野兽啃食悲惨命运的人都呈现出一种惊恐而耻辱的状态，他们生命终结的过程让人心惊胆战。在这种殉道记录中，我们还得知，一位即将被猎豹处死的基督徒极其渴望自己瞬间毙命。

展现角斗士的场景则截然不同。在某幅图像中，五对角斗士在决斗，还有乐队为其演奏，包括一名小号手和一个管风琴手。同样，根据古代传统，决胜时刻必须得到清楚的展示。在第一组选手比赛的尾声，竞技官正在制止获胜的角斗士继续攻击已不支倒地的对手。接下来的一对选手中，一个色雷斯角斗士一条腿已经负伤，举手示意愿意认输。第三对选手都戴着刻有鱼形图案的头盔，两人仍在殊死搏斗。第四组比赛以一名头戴刻有鱼形图案头盔的角斗士的失败而告终，他已弃甲曳兵，向裁判做出了投降的手势。第五组的比赛还在进行之中。在另一幅角斗士作品中，我们再一次看到了乐队，这幅马赛克拼图似乎是在记录某场历时两天的盛会，表现了五组装备稍显简单的参赛者，其中一名已经完成了比赛，战胜了另一名参赛者。

这些马赛克作品的叙述风格在角斗士艺术中并不稀奇，它着力想要表现当时的真实情景。这种风格可以追溯到公元前2世纪，老普林尼提道，这种通过图像展示竞技活动的方式是他所处的时代多年之前，由泰伦提乌斯最先发明的。泰伦提乌斯曾提供了30对角斗士供广场使用三天，以纪念收养自己的祖父，并在迪安娜大街摆放了纪念绘画。绘画——其艺术风格亦在马赛克作品中有所体现——也影响了某些浮雕的创作风格，这些浮雕作品向我们展示了公元前1世纪角斗士的着装情况（长矛已出现）。

在庞贝古城几座公元前1世纪的墓穴中，我们很清楚地借由一些浮雕看到了一个人是如何从观众的角度看待竞技活动的。第一座墓穴属于前镇长翁布里奇乌斯·斯考鲁斯，装饰与前文提及的马赛克十分类似，以是浮雕的形式样展示了主人生前赞助过的一系列竞技活动，分别介绍了狩猎和角斗士竞技。身穿盔甲互相搏斗的角斗士在这些浮雕中表现得格外具体，每个人都有自己的名字。第二座墓穴中的装饰是由三块作品做成的带状雕刻。最上面那块描述开场游行，中间那块描绘一系列角斗士决斗场面（人数最多），下面那块展示狩猎活动。第三座墓穴的主人是奇耶蒂的斯托拉克斯，他墓中有一块浮雕记录了斯托拉克斯主持竞技会的情况，还有一块较低的浮雕描绘了一系列决斗场面。两块浮雕说明，坐在座椅上的人和竞技场内的人是截然不同的。

　　诸如斯考鲁斯和斯托拉克斯等人的雕像是从主人的角度纪念曾经举办过的那些竞技活动。而庞贝的其他遗迹却以截然不同的方式讲述着竞技会与参与者的故事。在一些涂鸦作品中，我们看到有些酒馆可能是某种搏击运动的支持者大本营。还有一些记录了比赛的结果——有时候，比赛成绩会被填在赛前画好的广告中；有时候，它们体现了竞赛的影响力。它们呈现的风格比斯托拉克斯的浮雕作品中的画面还要残酷，其中最为翔实的一幅作品记录了 16 场比赛的结果，一共有 6 人丧生，其中一人是比赛之后毙命的。

　　死亡名录的凌乱体现了事故发生的随机性，因为死亡是在决斗过程中发生的，而不是角斗士受命决战致死的结果。类似的情形似乎在斯托拉克斯的浮雕上也有所体现，比如有块浮雕展示了一名侍从正在接住因严重受伤而不支倒地的角斗士。还有一些涂鸦，描绘的是角斗士的丑闻，比如奥菲修斯，他"在德鲁苏斯和 M. 尤尼乌斯·西拉努斯任职期间的（公元 15 年）10 月 24 日逃之夭夭"；或者是一些看起

来让人兴致盎然的比赛，例如两名老兵之间的角逐，其中一人完成了
34 场竞技，另一人完成了 55 场；又或者是参加过十六场竞技的老将
被初出茅庐的选手击败的故事。图像也会表现著名的选手。在尼禄执
政期间，曾经有一位名叫佩特雷特斯的角斗士非常出名。有些发掘出
的银杯记录了他和角斗士赫尔墨罗斯之间的决斗，这些决斗还出现在
尼禄时期的某部文学作品中。另外有两座几经辗转又重见天日的银杯
上描绘着佩特雷特斯正在决斗，他的对手是一位名叫普登斯的选手。
庞贝的壁画则记录着普登斯和佩特雷特斯之间某场决斗，上面还提醒
人们，如果谁损坏了壁画，维纳斯女神将会因此震怒。

　　在庞贝等地，还出现了大量的证据表明人们渴望借助精美的陶器
或是活动的玩偶把心目中的英雄带回家。根据个人的经济情况和兴趣
点的不同，这些物品的品质也会天差地别，从可充当壁炉前饰的奢华
铜器，到庞贝特殊的"风铃"——角斗士与凶猛野兽时使用的护阴器，
又或是将把手做成骑师形状的刀具。有时候，预算有限的人可以通过
陶罐或者类似物品来达成自己的心愿。很明显，这种纪念品工业面向
各个阶级的体育迷，我们可以感受到人们前去观看比赛或是赛后回家
时内心的激动和喜悦。

25. 女子竞技

　　由于生活地点的不同，有些体育爱好者可能已经看到过女性积极
参与竞技的情景。女性和男性一样，都属于公元 19 年元老院的管理
范围。元老院禁止的只是骑士阶级和参议院成员登台演出或在角斗场
竞技，这表明，如果愿意，女子是有机会参加这些活动的。而且女性
选择之多可谓不胜枚举，从类似脱衣舞娘或者其他相当于当代性工作

者的卑微行业，到类似于现代"流行偶像"的职业等等。同时，人们超越历史的渴望也让来自贵族家庭的女孩有了更多的表演机会。在文学作品中关于这些职业的论述表明，女性在不损身份的情况下可以参与到盛会之中，此外，父母的支持对想在竞技盛会上表演的女孩来说也十分重要。

对女性参与运动的推动力似乎来自斯巴达地区。公元前146年之后，斯巴达式教育传统重现中的一大特色是，为女孩设立了竞技培训的延伸课程。公元前20年左右，罗马诗人普罗佩提乌斯写道：

> 斯巴达，摔跤场上的诸多规则都让我感到钦佩，但我想赞许的是，女孩们也能享受到竞技的快乐，她们可以在男子摔跤手中间裸露地进行训练而无须感到羞耻。巧妙的投球避开了对手的阻拦，带钩的木棍撞击着飞转的铁箍，尘土满面的女子站在赛道的尽头，忍受着残酷的潘克拉辛带来的伤病：现在她可以愉快地系好拳击手套，现在她可以在赛场尽情地投掷铁饼。

普罗佩提乌斯所描述的女子竞技对于吕库古的改革起到了重要的作用，公元二世纪即将到来之时，在一段据说由普鲁塔克创作的文字中，我们看到：

> [普鲁塔克]让年轻女子参与赛跑、摔跤、掷铁饼、掷标枪等项目的锻炼，这样她们的生育机能将得到提高，体格也会更加强壮，发育状况会更好，日后怀孕生产也会更加容易……裸露的年轻女子并不用感到羞耻，因为她们光明正大，而非放荡无无礼。

普鲁塔克的理解与较早的观点并非一脉相承，在较早的观点中，有关公元前 5 世纪斯巴达女性的讨论暗指当时的女性教育体系造成了某种雄性崇拜，而且这与当时帝国时代医学理论息息相关。

古老斯巴达竞争激烈的娱乐世界对生活在城邦之外的年轻女子也产生了深远的影响。人们对斯巴达美德存在着普遍崇拜，而且越往前追溯斯巴达的古典史实，这种崇拜就越显强烈。阿忒纳乌斯创作于公元 3 世纪初的《餐桌上的健谈者》一书中，一位健谈者说道："人们赞赏斯巴达人将裸体女子展示给陌生人的传统；在奇奥斯岛上，走进竞技馆，沿着赛道行进，观看年轻男子和女子进行摔跤是一件让人愉快的事。"有意思的是，此处提及的年轻男女之间的摔跤比赛说明，女子可以接受这一训练直至青春期晚期，这符合普鲁塔克解释斯巴达体系如何优化女孩生育机能的相关论述。

改良后的斯巴达体系以及其他地方的类似体系，培养了一批年轻女子，她们是合格的竞技者，可以参加许多竞技活动——这在古典时代是不可想象的，当时的女性竞技者只是一些参加竞走的青春期早期的少女。如今，女性可以参加的新盛会应运而生。比如，在斯巴达，铭文的记录显示某位女性曾在利维亚夺得竞走比赛的冠军，这场盛会是为了纪念奥古斯都的夫人而举办的——在与这位未来君主邂逅之前，她曾在三巨头执政时期逃亡斯巴达寻求庇护。来自特尔斐的铭文向我们进一步展示了这些竞技活动的规模：这份铭文是为了纪念赫耳墨西阿那克斯的三个女儿，赫耳墨西阿那克斯本人在公元 1 世纪前半叶曾在伯罗奔尼撒的多项盛事中屡次夺冠。三个女孩则曾先后在埃皮达鲁斯的皮提亚、尼米亚、伊斯特米亚竞技会，以及西库翁的小型盛会上摘得桂冠，这表明女子竞走活动已经在广阔的范围内流行了起来。

另有信息显示，这些盛会还包含其他项目。尼禄似乎曾将斯巴达女子摔跤手带到罗马，也许是为了参加公元60年前后的卡比托利欧竞技会。我们对她们当时的情况所知甚微，但参议员帕尔弗里乌斯·苏腊说服某女性选手与其进行摔跤比赛之后爆发了一桩丑闻，这件事留在了历史上。比赛的结果无从得知，尼禄也不甚在意这桩丑闻。但维斯帕先[1]却大为反感，并将帕尔弗里乌斯逐出了参议院。图密善（维斯帕先的小儿子，公元81年至96年在位）重开卡比托利欧竞技会的时候，女性是不能参与的。在东方情况亦如此，女性竞技者似乎在参与竞技方面受到了一定的限制。在181年有关安迪亚克某项目的重要记录中我们发现，斯巴达式的女性项目往往只有贵族背景的女子才能参加，见文如下：

> 出身良好的年轻人从四面八方前来参加神圣的奥林匹亚盛会，他们背负誓言，互相拼搏。他们并不能获得一分一毫，但态度圣洁，举止得体；他们出身富贵，家里的奴隶服侍在旁，根据自身竞技情况的不同，有很多少女也乘兴而来……有的少女化思想为行动，前来履行圣洁的誓言；她们奋力争先，参加女子摔跤、赛跑，举办演讲，背诵各种希腊颂歌。这些女子与对手进行角逐，无论是摔跤比拼，或是赛跑，又或是吟诵比赛，场上弥漫着竞技的硝烟。

---

[1]   编注：维斯帕先（Vespasianus）于公元69年成为罗马皇帝。尼禄执政时他曾担任阿非利加行省总督、将军等职。

　　塞普蒂米乌斯·塞维鲁似乎对这些传统十分推崇并把女子竞技引入罗马。正因如此，塞维鲁对某位罗马观众的行为尤感失望：这个人把女性选手视为奇珍异兽，并在场上对选手言语轻薄。塞维鲁对此十分不悦。他全面禁止了女性角斗士的出现，也是考虑到这些演出会搅乱罗马人民的品味，因为他们并不会理解女性竞技者究竟在做些什么。罗马观众在参与竞技的女性和女性角斗士面前表现出来的困惑说明斯巴达系统在意大利并没有广泛流传开来。

　　我们对恺撒遇刺之后登场的女性角斗士的历史所知甚少。根据佩特洛尼乌斯在《萨蒂里孔》中的评论，以及出土于奥斯提亚的铭文可以看出，女性角斗士的对决对观众来说是一场特殊的飨宴。至于她们是如何决斗的，我们可以在某场哈利卡纳素斯竞技活动的纪念碑上看到：两位女角斗士名叫亚马逊和安琦丽雅，两人最后以平局收场。除了是现存唯一表现了女性角斗士场面的物体之外，纪念碑的重要意义还在于它表明女性竞技是完全按照男性竞技的规则进行的。只有接受某种职业训练之后，女性角斗士才有可能上场比拼。

　　从各项活动的竞技者到角斗士，从埃及的蒙面响板舞到安迪亚克的裸体水上芭蕾，女性开始在罗马盛会上扮演起重要的角色。不过她们的职业生涯似乎十分短暂：女性竞技者通常会在婚后放弃竞争激烈的演出活动。舞台演出方面的人员亦是如此，一般都是年轻女子才能胜任此职。但这些仍是"职业"，尽管有些职业是压榨剥削的，人们对女性表演的强烈兴趣——某年轻男子曾因为看响板舞者入迷而从窗户上掉了下去——是新兴公共盛会的有力体现，因为社会的标准亦随之而改变。

26. 角斗士

在帝国时代，角斗士、战车驭手、竞技者是什么样子的呢？进入
这些行业的方法不止一种——要成为竞技者，在极少数的情况下要求
身为男儿，或者是出身高贵的女性——但要取得成功，必要的条件却
只有一个，那就是要能忍受繁重痛苦的后天努力，因为所有活动的竞
技者都天资不俗。除了在"斯泰德"中参加竞走项目的人，其他选手
都必须具备的特质，就是要愿意挑战生理的极限。角斗士毫无疑问是
最危险的行业，尽管奥古斯都执政时期曾努力降低比赛的风险，但希
腊世界的搏击项目仍然十分暴力血腥。

竞技者仍然需要从小就做出职业选择，少年组的界限现在设定
为 17 岁，因为在大部分盛会中，青年组的年龄区间是 18 岁至 19 岁。
少年选手不允许参加角斗士竞技和战车比赛。虽然大部分角斗士都很
努力，但这并不仅仅关乎个人所属的阶级，更重要的是成熟的协调能
力和强壮的体魄，这是在场上存活下来的必要条件。

角斗士生涯

在进一步探究这些职业之前，我们必须了解角斗士成员中的"奴
隶"与"自由人"的比例问题。我知道的角斗士墓碑数量为 259 座。
目前大部分墓碑——115 座——是由遗孀竖立的。接下来最多的是 84
座不清楚由来的纪念碑（由于碑体破损或者文字中没有透露建造者的
身份，所以无从获得直接信息），而由别的角斗士，如单人或集体竖
立的墓碑数量为 42 座。还有 18 座为其他人所立，包括由家族成员
竖立的墓碑，比如有两座的立碑人是父母、一座是姐妹、两座是女儿
等。还有一座普通墓穴，里面葬着一名铁匠。由于奴隶不许娶妻——

重获自由后可以——那么这些墓碑应该是为了纪念某些自由人而建的。他们想让人们知道自己生前曾经在角斗场上拼搏。这一点十分重要——在许多并非来自墓穴的文本中也出现了这些表达角斗士意识形态的文字，这一点稍后再叙——因为它明确地表明，这些角斗士以及他们的家庭成员并不以其职业为耻。这并不意味着每一个人都会认同这种观念，比如小普林尼就不会认同，普林尼同时期、更优秀的学者塔西佗也说，他不会把尼禄时代当过角斗士的贵族家庭名单罗列出来，因为他不想让这些家族颜面无光。但墓碑是能够说明问题的，就像酒馆标榜自己是角斗士爱好者经常聚会的地点，就像人们愿意把纪念品带回家，与角斗士之间的联系并不一定是件让人丢脸的事情。

　　如上所见，来自墓碑的证据有助于我们了解角斗士生活的社会环境以及角斗士竞技的意识形态，但它并没有告诉我们所有信息。最重要的是，它没能告诉我们大部分角斗士生来是自由人。而墓碑很有可能是为了夸大生前的荣华。为了了解奴隶与自由角斗士的比例，我们必须转而研究其他资料，比如庞贝现存的竞技安排以及角斗士团体成员的其他名录。这些资料的数量并不多——5 份来自庞贝城外，两份来自庞贝城墙上的雕刻——但它表明在庞贝之外，有 21 名自由人和 30 名奴隶；在城中，有 9 名自由人和 27 名奴隶。因此，看起来奴隶和自由人之间的比例在 2:1 至 3:2 之间。这一数据也许会随着时间和地点的不同而发生变化，比如 3 份来自地中海东部的文本显示 11 名为自由人而 10 名为奴隶，但以偏概全、以点概面的方法不太让人信服。

　　最后，墓碑的地点出现了戏剧性的偏差。某些墓群与个人竞技有关：自由的角斗士似乎可以和自己的雇主进行协商——这些人是竞技活动的主办者，也是当地的行政官员，通常都是男性——要求他们为自己料理后事。在其他地方，角斗士的墓葬群出现在具体的墓葬区域内具体的位置之上，墓碑经常和普通人的墓碑混杂在一处。由此可见，"职业角斗士"的形态不止一种，而是千差万别，有的人被教练买下来之后年纪轻轻猝死，也有人的前途相对风光，凭借角斗士的身份挣了很多钱，成了家庭的支柱。

但是，"典型的角斗士"通常是奴隶出身，主人会把他们转交给教练进行武术培训；或者教练直接将其买下，以便进行操练。公元2世纪末，马克·奥勒里乌斯提议的财会管理方案是奴隶及其他人在竞技场内谋生的依托，这也清楚地表明，奴隶是可以获得奖金的。这些奖金或许要和教练共同分配，或者奴隶会根据与教练或其他雇主之间的某项协议，用其为自己赎身。由于马克曾建议将奴隶角斗士的收费上限调至15000赛司透司，而自由角斗士的出场费为12000赛司透司，所以奴隶角斗士的赎身费用大概在这个范围之内。一名角斗士身价仅仅大约为1000赛斯透司，赎身费如此高昂，主人可以挣得盆满钵满。这些显示角斗士付出与回报的数据在土耳其阿弗罗狄西亚市的潘克拉辛冠军奖金金额中得到了证实，金额就在6000—20000赛司透司之间。当时，罗马百夫长的年薪在36000赛司透司（较初级的官员）至144000赛司透司（高级官员）之间，而供养四口之家所需的最低收入为1000赛司透司。这些数据表明，一个成功的角斗士即使一年只竞赛两三次，他的经济状况也要优于大多数社会高层人士的经济收入。不是每一个人都会成功，但在公元1世纪和2世纪角斗士确实有可能获得巨大的财富。

马克在同一法案中提议的定价系统凭借的似乎是某种角斗士排名体系，其中包含了七个等级，从"初赛新人"（*tiro*）、"幸存者"（*veteranus*），到五个带有编号的"训练组"（*palus*）。在土耳其某些地区的铭文中，我们则看到了不止五个等级，或者不止八个等级，但这些应该都是地区性的个别做法。无从得知该体系是何时诞生的，但大致看来应该在公元前 50 年之前。在庞贝，无人提及"训练组"，但角斗士的训练场（*ludus*）却出现过许多次——有的训练场是由尤里乌斯·恺撒所建立，有的是尼禄所建。1 世纪西班牙的某些史料对此亦有提及，说明该体系不仅存在于意大利。它缘何改变呢？我们无法确认，但马克·奥勒里乌斯坚持认为当教练把角斗士卖给竞技主办方的时候，其定价必须与之排名对等，这标志着一种新体系的引入，这样一来，潜在的客户也能对自己的交易形成一个清晰的认识。

训练与排名

年轻的角斗士并不会立刻出现在竞技场。在"初赛新人"之前还有一个阶段，即初学者（novicius），适用于还不能公开露面的选手。不清楚训练要持续多久，很有可能因人而异，至少在 2 世纪，通常的做法是相对缓慢地培养年轻角斗士，这样头几次失败才不至于摧毁他们的自信心，令培育前功尽弃。我们了解到，最年轻并且尚未成功的角斗士在第二次决斗中便丧生时年仅 18 岁。大部分在决斗中丧生的选手只有 20 多岁。

现如今，心理承受能力是决定一个人表现的一大因素。老普林尼说，在两千名角斗士中只有两位角斗士能在危急关头面不改色，所向无敌。有意思的是，我们发现年轻角斗士的训练和摔跤手的训练十分相似，因为它们都强调动作的重复性，并要学会如何判断武器的有效范围。这种训练的特殊性质在接下来这段将角斗士训练和年轻演说家的培训进行比较的文字中得到了体现："角斗士的动作是一种平行的形态：如果第一拳是为了激发对手的反击意识，他们会发起第二拳、第三拳和第四拳；如果危机再次出现，那么适当的做法是用两次躲闪来应对两次攻击，而这一过程将一直持续下去。"有些标准动作似乎是某些角斗士必须学会的，而这些动作在某种程度上由他们所穿盔甲的特性决定——在阿尔米多鲁斯有关角斗士梦境的论述中我们可以清楚地看到，有的人需要学会进攻，有的人需要掌握防守技巧，经常要靠刺伤对手的肩部来取得胜利。

但是娴熟的技巧并不能保证选手可以保命或者获得成功，我们经常看到受了小伤，甚至毫发无损的角斗士向对手低头认输，这说明参赛者的心理素质和技巧一样重要。为了实现这一点，初次登场的选手将和经历相似的选手进行对决。有一位在亚历山大接受训练的马克斯·安东尼·伊克楚斯，在 117 年竞技会的第二日首次出战时——这场竞技会是为了纪念不久前逝世的图拉真大帝而举办——竞技的对手是一位名叫阿拉瑟斯的年轻选手，他之前曾在罗马接受训练。七天之后，伊克楚斯的对手是位名叫菲布里亚的自由选手，曾参加过九场角逐。你可能会好奇在这些回合中菲布里亚战绩如何，他远不是伊克楚斯的对手，最终缴械投降。伊克楚斯在这届延续数周的竞技会上至少还需要再战一场——这些内容都铭刻在他的墓碑上，向人们展示着这里长眠着一位拥有辉煌历史的人物。在"训练组"体系出现之后，选手们可以在不同的排名选手之间进行比试，以谋求职业上的提升。这也许就可以解释，在阿弗罗狄西亚，为什么像赫尔马斯这样"训练组"四级的选手可以击败"训练组"三级的波迪内姆斯，而"训练组"二级的选手尤尼欧输给了"训练组"一级的选手帕尔达鲁斯了。

死亡

至少在奥古斯都死后的最初二百年里，发生于罗马之外的决战致死的情况鲜有发生，而且人们经常尽力减少参赛者从事危险活动的竞技压力，以此降低竞技主办者的成本。诚然，观众希望看到有人当场丧命的期待仍然需要满足（首先必须确保这位选手并不受欢迎），根据马克的规定，帝国朝廷会将判处死刑的人送往竞技场，让初次参赛的选手的伤亡减少三分之一。然而，角斗士在竞技过程中会受伤是毫无疑问的。庞贝的一份文献中详细记载了某位在竞技中负伤的选手最后如何因伤殉职。

因此，角斗士的医疗救助也是一个让人关切的问题。在土耳其的西部城市帕加马，159 年至 161 年间照看角斗士的医生除了盖伦别无他人，在他的记录中，我们清楚地看到了选手们的救治和饮食情况。就饮食而言，盖伦观察了菲洛斯特拉托斯理想训练法中提到的"肝糖超补法"，这种方法十分看重豌豆汤和大麦主食，目的显然是在很短的时间内让体力得到最大的增长。在论及伤势时，盖伦则自然将注意力集中在了严重的刀伤及其最佳疗法上，尤其是在韧带受伤时应当如何处理的问题上。据他观察，其他医生在治疗中并未将韧带受损和肌肉受损区分对待，因此有可能很多选手告别竞技场是因为伤势没有得到良好的治疗。最后，盖伦提道，在合理的消毒步骤方面他和之前的医生观念相左，他使用的是用葡萄酒浸泡过的干净亚麻绷带。他发现自己的所有病人都存活了下来，而不像之前的医生那样，救治的病人积重难返。

盖伦从医约两年后，当地举办了 5 场角斗士竞技，其他城市的情况亦大致相同，因为一年举办一至两场类似比赛已经成了普遍的做法。这样就解释了为什么在成功角斗士典型的职业生涯中，他们需要参加 10—15 场决斗，并持续五六年的时间。获得 8 次胜利的人可以进入"训练组"一级，而参加 20 场竞技的人则是凤毛麟角——这对于选手来说次数太多了。也曾经有人获得了"训练组"三级的排名，而只参加过两次决斗。但更多的角斗士不会参加那么多比赛，为竞技献身那么多年，原因就像盖伦在医疗记录中解释的那样。尽管如此，我们还是看到许多奴隶在抱怨自己参加的竞技太少了。因为对于这些人来说，不能参加决斗就意味着无法获得自由。那些使用钝器进行角逐的角斗士情况亦是如此，卡休斯·迪欧说，在2世纪中叶，这些人累积的场次数量很大。这就像"训练组"体系本身一样，每个地区可能有每个地区的做法。将所有信息综合在一起也许可以帮助我们理解记录在一位角斗士墓碑上的高级别竞技，该角斗士效力的对象是一个生活在黑海地区名叫瑟昆都斯的人。据墓碑记载，在12名角斗士中，有人参加了75场竞技，有人参加了65场，有人参加了50场，还有两个人在30多岁和40多岁的时候仍在参加竞技。这些统计不一定准确，因为其中7个数据都是以"五"结尾，这在罗马世界中是"四舍五入"的一种标志，但这确实是在向世人宣告角斗士们曾经战果累累。

　　这种比赛是技术和忍耐力的角逐，比赛的结束有时是因为一方已无力支撑，缴械投降；有时是双方达成协议同时放弃比赛；有时是观众宣布比赛以平局收尾。结束时则需要交由裁判来确定：据说裁判通常会站在胜者和败者之间，有时会抓住获胜者的手臂防止他继续对对手的生命造成威胁。在这样的比赛中选手丧失理智完全是本能的反应，将对手撂倒后便认为对手会就此屈服也是十分危险的，"左撇子冠军"的故事就是其中一例：在克拉迪尤斯·塔鲁斯为一个绰号"左撇子冠军"的角斗士设立的墓碑上写着，杀死他的不是"言而无信的（对手）皮纳斯"而是"人心的邪恶"，暗示"左撇子"本来已经差不多赢得比赛，皮纳斯也做出投降的姿势了，却在此时被皮纳斯杀死。

土耳其北部城市阿迷索斯的迪欧多鲁斯的故事也是一样，他在"解决迪米特瑞尤斯时犹豫不决"，给自己带来了杀身之祸。在尤美勒斯的叙述中，我们还看到，"英勇的角斗士美罗普斯，你曾在短兵相接的决斗中杀人无数，现在你的荣光已化为尘土"。还有一位参赛者抱怨道："在人生的轨迹上我输给了对手，他曾在舞台上扮演阿喀琉斯，现在他也在竞技馆上决斗。"还有一位角斗士想告诉所有看到墓志铭的人，他用尽生命的力气解决掉了"眼中钉"。解决了某位"暴虐异常"的对手之后，他自己的生命也走到了尽头。还有一个名叫内菲鲁斯的角斗士，由妻子普利米拉埋葬，墓碑上写着，"他和'海鱼斗士'卡里墨普斯同归于尽"。在一些文本中，我们看到有些角斗士号称自己从未杀过任何人，有些人号称自己杀人如麻，还有一些人是"中间派"。文字中透露出的是某种角斗士的行为准则——一个人不但应当展现出技巧和勇气，还要展现出对对手的尊重。然而在决战当下，理想是很难实现的，对观众来说也是天方夜谭，因此，这种准则被角斗士们视为他们所要面临的最大挑战。

通过分析 68 名葬于艾菲索斯的角斗士的骨骼，法医报告为我们提供了大量的信息，帮助我们了解这些文本的真正含义。艾菲索斯角斗士的平均身高约为 5.6 英尺[1]，除了两具骨骼之外，其余的骨骼都属于 20 至 30 岁之间的成年男子，其中 16 具都有重伤愈合后的痕迹。有趣的是，由于项目的特殊属性，有五处伤痕几乎完全一致。伤痕的形态表明，这些角斗士大部分时间都在互相攻击对方的头部。科学家研究遗骨之后发现，这与比赛开始前选手"面对面"的准备姿势有关，也有可能要归咎于他们在训练或是决斗中使用了木质

---

[1]　编注：约 1.65 米。

的武器。在这些伤痕中，有十处是致命伤，四处是选手已身负重伤但仍受到致命攻击而留下的痕迹，三处伤痕来自钝器（已确认为盾牌），还有三处是武器所伤。尽管工作一开始集中于研究头部伤痕，但这些形式的伤痕向我们证实，头部以外的身体其他部位负伤更加普遍。

角斗士的墓志铭还告诉我们，死在队友手里通常不是因为技巧的欠缺。在拉丁语铭文中我们经常看到他们说自己是被陷害的（*deceptus*），*deceptus* 这个词本身就足够说明死亡是决斗的结果。在希腊东部，丧命的角斗士就像是"背叛"和"命运"的牺牲品。有人的墓志铭说自己"在省里是常胜将军，拥有 20 场决斗的不败纪录"，从未因为技术上的失误而落马，却死在了最后的年轻对手手中。这里最关键的一点是，角斗士认为生死责任在自己，而不在观众身上。他们死后的形象并不相同，有时是各地不同的纪念形式造成的，但一般说来，角斗士们希望看到陪伴自己的是武器和桂冠，也希望展现出自己的专业性。在随身物品的展示中，角斗士的纪念活动和其他表演者或者军人的纪念活动差不多。因为他们都通过自己的行动赢得了死后的尊重。也因为角斗士并不会让支持者为自己的生死负责，而愿意在危机时刻独自面对。公元 238 年，在罗马禁卫军努力捍卫失踪君主的利益，试图平息参议院的叛乱时，正是角斗士从皇家护栏中一跃而出，和人们一起将禁卫军护送回营地，成功地完成了对该地的包围行动。

角斗士之路

面对死亡和自我分裂的危险，自由男子以及女子为何要选择成为角斗士？他们又是如何行动的呢？他们有何准备工作？在一部主张"三思而后行"的著作中，爱比克泰德谈到了想要成为奥林匹亚冠军的人需要付出的努力。他说，这个人需要服从严格的纪律，注重自己的饮食，少吃甜食，并且在寒冷的天气中接受训练，小心凉水和酒精的摄入量。但结果如何呢？竞技者有时会受伤，手腕可能脱臼，脚踝可能扭伤，要风餐露宿，还要忍受无情的皮鞭——付出这些，最后还是有可能一败涂地。如果一个人依然要追逐这样的梦想，那是他的个人选择，但如果只想玩票，大可以像小孩子过家家一样，"偶尔当个竞技者，偶尔当个角斗士，偶尔也可以当个喇叭手，总之，他可以做任何自己喜爱的事情"。

在爱比克泰德看来，那些选择成为角斗士的人可能真的想做一名角斗士，而且当时某种角斗士亚文化已然形成，我们现在可以看到的玩具和涂鸦只不过是九牛一毛。至少在贵族阶级之中，亚文化与对狩猎的喜爱是分不开的。塞普蒂米乌斯·塞维鲁大帝曾在演说中指责参议院反对纪念柯莫杜斯的游行，他说，参议院的某些成员自己就曾竞标购买柯莫杜斯的角斗士装备。这些人的目的并不是把它们挂在墙上，而是要在自己进行角斗士训练的时候使用。在同一演说中，塞维鲁还指出，某参议院成员曾经在奥斯提亚和一名扮成猎豹的女人进行过"决斗"。这种表述较之3世纪法学家乌尔比安的论述要客气多了，在谈及地位高贵的人可以在公开场合展示其狩猎技巧时，他说：

> 那些受聘前来与猛兽决斗的人亦是如此［此处与之比较的对象是那些重案在身的人］。但我们应该认同"野兽"一词突出的是动物的"残暴"而非动物的"物种"。就狮子来说，如果是头已被驯服的狮子，或是别的已被驯化的猛兽，情况将是如何呢？是不是无论决战与否，受辱的都是那些出卖服务的人呢？好像如果他不是以此谋生，那他则不应感到羞耻。好像与猛兽搏斗的人

并不可耻，而为了钱与猛兽搏斗的人才可耻。根据古人的说法，如果这些人是为了展示自己的勇气，而不是为了金钱，不是为了竞技场上的虚荣，那他们行为并无失格之处。在我看来，这些人也逃不过良心的谴责，而那些受雇捕获野兽，或是在竞技场外与野兽搏斗为民除害的人，才无须良心不安。

"驯服的狮子"指的是什么呢？基本说来，它指的是那些可以让人在家训练狩猎技巧的动物。这种动物是乌尔比安划分人群的关键依据，它把喜爱扮演猎人的群体和那些以猎人自居实则希望获奖的人区分开来。乌尔比安创作的时代是在柯莫杜斯死后，当时整个帝国正处在罗马最昏庸的君主之一——塞维鲁之子卡拉卡拉长达六年的暴政时期。柯莫杜斯在罗马斗兽场进行狩猎曾是公元 192 年展示活动中的一项。我们还了解到，卡拉卡拉也想在私人场合展示自己的英勇无敌，以体现自己和柯莫杜斯的不同之处。从小范围看，高卢地区南部的一些文本中记录着一些出身高贵的年轻男子曾公开表演过捕杀（或用诱饵引诱）黑熊的活动。

乌尔比安关于"驯服的狮子"的论述以及对塞维鲁的不满，有助于我们理解出身名门的年轻男子如何走进圆形剧场。根据古代学者的说法，有两大原因。第一种是年轻贵族想要讨好君主，表现出他们趣味相投；另一种完全是因为"疯狂"。塔西佗曾说，尼禄花下重金引诱骑士阶级的成员前往角斗场参加竞技，反对罗马人沉迷于"面包和马戏"的朱文纳尔也对前往角斗场的年轻男子作过以下描述："每次晚宴，每个沐浴场所和游乐场地，每座剧院都充满了茹提利乌斯的故事。因为他神勇强壮，盔甲之下包裹着健硕的体魄；在人民的支持下，他开始心甘情愿地对教练言听计从。"

茹提利乌斯的关键特征是年轻力壮、体态匀称，他渴望在圆形剧场一展拳脚。塔西佗记录道，公元 69 年，在韦斯帕西安之前的短命君主维特里乌斯宣布罗马骑士不得参与竞技时，骑士们辩驳说全意大利贵族家庭的年轻男子都应该报名参赛，并且有权以此获取财富。在解释柯莫杜斯为何最后出现在竞技场上的时候，迪欧解释道他曾私下狩猎并驾驶过战车，之后又偷偷和角斗士一起进行了训练。公元 67 年，尼禄想通过参加奥林匹亚战车赛让世界眼前一亮，在此之前他就偷偷驾驶过战车。尼禄甚至重新安排了赛程，好让自己有机会一年之内于四场泛希腊盛会上均获得冠军。他还想摘得奥林匹亚的桂冠，不过在驾驶十马战车时不慎坠落在地。总的说来，骑士阶级对维特里乌斯的态度很能说明问题——富有的人敢于报名参加决斗是因为有人做榜样，这些人也能够负担训练的费用，而训练对于预判自己有无能力获胜至关重要。

尼禄和柯莫杜斯的私人训练变成了公开表演，这折射出人们，包括女性的心理变化。就像乌尔比安提及的"狩猎"，人们这样做的是因为喜欢这些活动，他们认为自己擅长这些运动，也因为他们享受成功之后来自其他人的仰慕和崇拜。这进而说明，训练有素的学员已然出现在大众视野，人们对他们的素质信心十足；也说明了训练场的开放性，所有有心尝试者都可以上前一试身手。提供训练的技师(doctores)之前很有可能就是角斗士，也有些角斗士最后成了竞技官员，被人称为"rudes"，意思是"棍子"，因为他们在赛场上身后总是背着一根棍子。根据铭文显示，技师等和角斗士之间的工作关系是非常紧密的，而且任何一个称职的角斗士或者教练都不可能允许一个毫无职业经验的人来监控训练的过程。愿意花钱雇请盖伦的人更无法接受只会"纸上谈兵"的教练。

27. 战车英豪

成为一名战车手在某种程度上要比成为角斗士复杂一些，只有参加过罗马式竞技的人才能名利双收。想成为战车手的人，既可以是奴隶也可以是自由人，通常需要在快 20 岁的时候进入前文提到的四大队伍隶属的马厩。在那里，他将接受数年的训练，以学习如何驾驶双马战车——在某文献中记录了一位西班牙少年悲惨的故事，由于一次偶发事故丢掉性命，他永远不可能完成双马战车的训练了——直至他有能力驾驭四马战车为止。马匹本身为各个队伍所有，如果有人已经成了四马战车的"种子选手"，那他将被编入战车小组以便将来出场竞技。也可以从一个队伍跳至另一个队伍，或是从一个战马组调换至另一个战马组，这在选手的职业生涯中可以发生很多次。选手之所以能够这样自由调换得益于四个阶级奢华的马厩都在卡比托奈山的附近区域，占据着罗马的核心地段。

纪念盖尤斯·阿普雷尤斯·迪欧克勒斯辉煌竞技生涯的长篇铭文为我们提供了绝佳的材料，公元 2 世纪中期，这位选手曾在罗马的竞技场上所向披靡。他驾驶战车的时间长达 24 年，参加的比赛多达 4257 场，至少取得过 1462 场胜利。从这份材料中我们得知，迪欧克勒斯是出生在现葡萄牙境内的自由人，18 岁的时候曾作为战车手为"白队"效力，并在 20 岁的时候获得了第一次胜利。在"白队"首次夺冠之后四年，我们发现他代表的队伍变成了"绿队"，再往后三年他又开始为"红队"效力。迪欧克勒斯显然知道作为自由职业者是有利可图的，所以他在不同的队伍之间切换以进入顶级的竞技。

开场游行之后举行的正是这样的竞技；迪欧克勒斯表明自己曾经 60 次赢得该项比赛，还有一名选手声称自己第 24 次参加竞赛时获得了胜利。这类竞技是所有年轻战车选手的必经之路。迪欧克勒斯还指出，在自己的战绩中，1064 场竞技是由四大阵营各派一支队伍参加的比赛。在每大阵营派出两支队伍进行角逐的比赛中，他获得了 347 次胜利。在每大阵营派出三组队伍（极限）互相较量的时候，他只赢得了 51 场比赛。这些数据表明，在大型比赛之中，由于强者云集，即便是对技巧最优秀的战车选手来说，获胜的概率也在降低。此外，与有 12 组队伍参与的竞赛相比，人们或许更希望迪欧克勒斯在游行后的竞技中多获胜几次，这说明规模最大的比赛并不是当时的重头戏。

　　与普林尼的观点不同，人们希望看到的是强者与强者之间的角逐，是技巧与技巧之间的较量，而在这些规模居中的竞赛中，一个人只要赢得相对较少的胜利就可以成为众人瞩目的战车选手。迪欧克勒斯明确指出，经常与他竞技的人包括为绿队效力的彭提尤斯·伊帕弗罗迪尤斯，以及为蓝队效力的彭姆培尤斯·穆斯克罗苏斯。迪欧克洛斯获得的金额最大的竞技奖金也是在四队竞赛中获得的，这从侧面反映出四队竞赛是最为重要的竞技。而在八组队伍参与的竞技中，能获得最大奖励的人是在训练场上的某个人——可能是某位受到皇室青睐的内定观众。最后，迪欧克勒斯还罗列了六马战车和七马战车中的奖金分发的情况。

　　迪欧克勒斯还对竞技中的情形做了详尽的描述。例如，他说，在比赛中一路领先的次数为 815 次，失利次数仅为 67 次（如果我们对这段模糊不清的拉丁文解读无误的话），反超获胜的次数仅为 36 次。他还有别的夺冠经历，比如，由于对手互相撞车而获胜的情况出现了 42 次。在这样的比赛中胜利者必须抢占先机，如果选手到达护栏尽头的白线，可以自由抢占跑道的时候战车选手仍处于落后位置，那他夺冠的希望几乎为零。

　　迪欧克勒斯的这份资料告诉我们，参赛人数及参赛者的情况会发生变化，参赛马匹的数量也可以灵活变动。他认为自己是赢得七马战车赛的第一人，还指出自己也曾参加过二马战车和六马战车的比拼。而变数不止这些。其中最明显的当属"*diverisium*"，这指的是战车手为同盟团队而战的情况。各个团队相对独立，但"蓝队"和"白队"总是结成同盟，而"绿队"的同盟战队是"红队"。迪欧克勒斯还提道，在一些比赛中，他需要率领自家阵营的新团队参加比赛，或者要适应对某匹战马不甚熟悉的情况。这些竞技的出现指出了一个让竞技迷普遍关注的问题：战车手和马匹在夺冠过程中究竟承担着何种责任？

　　罗马战车竞技的纪念文档记载了不属于战车选手的战马的情况，也记录了战车选手与受欢迎的团队或多支团队分享胜利果实的情景。同样的，在这些文字记录中，我们也看到了人们总是希望获得最佳战马，有一个名叫欧佛尼尤斯·提哥里奴斯的人就由于可提供一等一的战马而引起了尼禄的注意。总的来说，我们知道意大利的希拉皮努姆（Hirpinum）地区，以及西班牙、西西里岛和北非都是帝国早期主要的战马来源地，帝国晚期战马主要来自安纳托利亚的中部卡帕多西亚。战马的训练无疑是高强度的，在某场竞技中，某队的战马在比赛开始时将驭手甩出车外，却坚持完成了比赛。更让人震惊的是，它竟然在到达终点线的时候停了下来。这个故事听起来非常像在描写奥林匹亚竞技中的神马奥拉，但故事的来源是老普林尼，他有可能见证了这一时刻。

　　参与罗马战车竞技的总人数相对较少。在公元 4 世纪，每年有 66 天用来举办战车赛。更早的时候每天可能举办 24 场比赛。这样算下来，迪欧克勒斯每年需要参加 177 次比赛才能达到他宣称的参赛次数，那么他每天至少就要比赛 3 次。另一位战车驭手斯科普斯，死时年仅 27 岁，他曾 2048 次夺得冠军。假设他和迪欧克勒斯一样从 18 岁开始参加比赛，那他平均每个竞技日要获得 3—4 次冠军。还有一位驭手名叫克雷斯森斯，在其 9 年的职业生涯中共参加了 686 次比赛，经历的竞赛日约为 594 天。那么理论上说，每个竞技日各大阵营需要派出 72 名驭手参加比赛，但由于比赛的重复性，加之有些比赛所需战车不足 12 辆，说明实际上的参赛人数要比这个数字少一些。这是符合战车选手利益的，因为这样选手可以有更多的"上场时间"。对团队领导来说也是一件好事，因为他需要照看的骑师变少了。

在罗马参加竞技比赛的选手似乎来自帝国的各个角落，有的人甚至在成长过程中从来没有见到过竞技场。迪欧克勒斯远在葡萄牙的家乡就没有竞技场。同样，来自 1 世纪巴尔干地区的斯科普斯也没有见过竞技场，其他著名驭手还有因西塔土斯和萨鲁斯。我们对因西塔土斯没有深入的了解，斯科普斯似乎是在某重要官员的帮助下挣得了第一桶金，此人名叫提比略·弗拉维尤斯·阿巴斯坎图斯，是韦斯帕西安的自由奴隶，为君主提供司法方面的建议。萨鲁斯是卢修斯·阿维流斯·普兰塔（我们对此人知之甚少）的自由奴隶。还有一位著名选手叫作 P. 艾流斯·固塔·卡普尼安奴斯，他应该是迪欧克勒斯之后出现的选手。据我们所知，他生来就是自由人，曾为四大阵营效力，职业生涯中共赢得过 1227 场比赛。

在这些行业流动的金额数目是让人震惊的，远超过其他竞技选手的收入。迪欧克勒斯的收入为 35,863,120 赛斯透司（也就是说半年收入近百万），这让普林尼及塔西图斯这样的普通参议员望尘莫及。公元头一百年，斯科普斯和萨鲁斯等人的吸金能力可谓妇孺皆知，即使是曾经对此心生怨言的人，例如同代诗人马修尔，也曾作诗两首悼念斯科普斯的过早离世。从字里行间透露的信息来看，斯科普斯应该是在竞赛事故中丧生的。

28. 竞技者

当时罗马战车驭手一个突出的特点是，他们似乎不是从奥林匹亚或帝国东部地区现役战车手中招募而来的。不过，随着该竞技的传播，东部地区后来成了优秀竞技者诞生的摇篮。在东部，最隆重的赛事仍然是那些起源于奥林匹亚传统的体育竞技，如今其数量更是得到了大幅增长。准备成为角斗士者和选择成为潘克拉辛选手者之间存在着明显的界线，原因是双方阶级地位不同。潘克拉辛选手或者摔跤手完全可以在角斗士竞技中一试身手，但这些传统项目总的来说更加青睐新鲜血液。他们的身上背负着历史，以及伴随而来的荣誉——得益于苏拉和安东尼所制定的传统——良好的福利也许可以弥补潘克拉辛选手与角斗士之间的收入差距，因为后者的单日收入很有可能要高于前者。潘克拉辛选手可以延长参加竞技的时间，也可以在竞技管理部门找到待遇优渥的工作挣取外快。如果选手非常出色，他还可以获得养老补偿。

盖伦和腓勒司多斯曾用文字记录过这一时期的竞技运动。主导竞技世界的私人培训体系与角斗士学校存在着很大的差异。和罗马战车部门的情况也极不相同：到公元3世纪，这些部门的战车手已经取代骑士阶级的成员开始从事行政工作了。这一变化不仅仅体现了卡拉卡拉之后社会变革的一大特点以及人们的兴趣所在，还反映出战车手所累积的巨大财富，以及他们由此开始谋求管理层职务的趋势。在希腊传统竞技世界中，也就是盖伦和腓勒司多斯曾提过的，担任教练的都是经验丰富的选手，他们长年和负责培训的项目打交道。腓勒司多斯甚至含蓄地表明自己可以全面控制其培训的私人竞技者的生活。但是爱比克泰德在其诸多评语中都透露着一个信息，即他不认为角斗士的培训和竞技者的培训有任何不同。角斗士教练以及阵营领导在团队环境中的工作方式似乎是私人教练所不具备的，到了公元 2 世纪，情况也许也发生了变化，有证据显示，特殊竞技场的发展是由于私人教练在某些项目的训练水准非常出色。所以这些地方的管理方式都开始认同这样一个观念：前竞技选手为主导，团体训练为基础。

竞技协会

竞技者从潘克拉辛向管理者的过渡，以及他们所面临的纷繁复杂的竞争机遇，都清楚地记录在现存的许多铭文之中，也让我们了解到这些职业的具体情况。类似的铭文有着悠久的历史，可以追溯至达墨农和西奥吉恩时期，但最典型的竞技纪念物还是纪念石碑，这种石碑上面往往或清楚或含蓄地记录着比赛的巅峰时刻，就像品达颂诗或是波斯迪普斯的诗歌中所表现的那样。在这一时期更加广为流传的长篇铭文是一些公民法例，人们会在法例中罗列选手所有的获胜记录，体现了著名运动员与当地的渊源，这使我们有机会重新梳理竞技发展的过程，有时也得以看到选手竞技生涯中的一些具体事件。由于选手必须在一些项目中获胜才有资格成为享有特权的竞技组织的成员，所以这种纪念形式的流行很有可能与这些组织的发展有直接关联，但我们仍然对此不甚了解，因为我们只能从这些铭文中去了解选手的历史。

显而易见的是，在奥古斯都时期出现了许多以"协会"自居的团体，或者用他们的话说叫西诺兹（synods，来自希腊语 synodoi，意为"旅行的伴侣"），这些团体后来合并成为能在罗马设立总部的完善的组织，负责吸纳成员享受最早由安东尼所授予的那些特权。克劳迪厄斯执政时期（公元41—54年）是决定性的，这一波澜壮阔的时期以克劳迪厄斯的侄子卡利古拉遇刺为开端，以克劳迪厄斯的妻子（她是克劳迪厄斯的侄女、卡利古拉的姐妹，尼禄是她与前夫所生之子）让其服下毒蘑菇而告终。克劳迪厄斯总是最先从竞技者和演员提交的卷宗中了解到想让埃及各镇认可自己的特权都是些什么人，这些卷宗通常是长篇累牍的文本资料，本没有人会真正关心上面写了些什么。就演员来说，克劳迪厄斯明确表示他愿意承认奥古斯都赋予的特权；就竞技者而言，我们尚未找到类似的材料。不过，在谋求以书面形式认可自身诉求的系列协商中，曾出现过两封竞技者的信件。虽然这些资料已经遗失，但韦斯帕西安曾经提到过这一点。

　　我们所掌握的资料主要关于来自埃及赫尔莫波利斯市的拳击手赫米努斯。这些资料的"形式"特征更多地是体现在誊写员书写的文本之中，其中，申请特权的人员名字一栏暂为空缺。赫米努斯获胜之后，支付了400塞司透司的启动费用。凭这一项获胜记录，他每月可以从赫尔莫波利斯领取760赛司透司的养老补助。如果他还获得了其他类似级别的冠军，还能够获得等值的养老金。据我们从赫尔莫波利斯留下的其他资料来看，这些养老金可以传给子孙后代。在某位竞技者的遗嘱中，他将自己在士麦那夺冠后获得的养老金留给了儿子。公元3世纪60年代，一位地方官员收到一封法院来信，信上说官员所庇护的少年已获准可以像其祖先一样不用执行地方服务。法院的官员似乎对该男子的请求十分认同，他说："有着像阿斯克来皮亚德这样的祖先，又有着像尼禄这样的父亲，竞技明星的后代还有什么不能唾手可得的呢？"我们很快就会谈到阿斯克来皮亚德这个人物，他是2世纪非常著名的潘克拉辛选手。

在符合标准的竞技中获得单次冠军的人将获得终生养老补助，不过在此之前他必须先付一笔钱，以启动发放补助，这笔费用相当于罗马百夫长年收入的三分之一，也大体相当于罗马参议员最低年收入的一半。对于冠军选手的财产来说这是件锦上添花的事，这也是他们前往竞技场参加竞技的首要原因。赫米努斯提供的材料体现出"协会"的进一步发展，也说明了协会与王室当局之间密切的联系，并体现在协会的名字上：赫拉克勒斯、阿古尼奥斯（赫尔墨斯的神学名）及统治者恺撒·卢修斯·塞普提米乌斯·塞维鲁·佩蒂纳克斯·奥古斯都的信徒之哈德良－安东尼－赛普提米竞技旅行协会。

哈德良（在位期间为公元 117 年至 138 年）在协会发展史中的重要作用在于，他恩准了协会在罗马的核心区域建造永久性总部的请求，不过工程是在继位君主安东尼纳斯·皮乌斯执政期间（公元 138 年至 161 年在位）才建造完成的。所以他们的名字都在协会的名称中。而协会的名字中加入塞维鲁（公元 194 年）则显示出塞维鲁本人强烈的自我表现意识。公元 192 或 193 年新年夜佩蒂纳克斯谋杀柯莫杜斯之后取而代之登上宝座，而他自己在同年 3 月死于禁卫军之手，被尤利安努斯所取代。群众对他的粗暴态度引起了卡西乌斯·迪欧的注意。在罢黜尤利安努斯的过程中，塞维鲁为了纪念佩蒂纳克斯，便把他的名字加入了协会名，之后他又吸收了马可·奥勒留的名字。

批准赫米努斯加入协会的委员会由四名主席主导，其中首席是马克·奥勒良·德莫斯特拉图斯·达马斯，他是有史以来最伟大的竞技者之一。作为一名潘克拉辛选手，他在少年组的正式比赛中 20 次夺得桂冠，并 48 次获得男子组的冠军，也成为罗马世界中最富有的人之一。他从这些冠军头衔中每年获得的养老保险超过 60 万赛司透司，而且还在许多"有奖竞技"中赢得了奖赏——和大部分的竞技选手一样，他细心地区分着那些可以获得养老金的比赛和不能获得养老金的比赛。此外，他还通过主持各种各样的竞技组织获得酬劳。达马斯的影响力非常大，他甚至可以和君主一起暗箱操作，安排自己的三个儿子担任神圣竞技协会四名主席中的三席。其中两人也是竞技者。

达马斯的收入也许不像战车手迪欧克勒斯那样惊人，但他仍然富甲一方。和很多竞技者一样，除了自己的出生地萨迪斯，他还接受了许多其他城市的公民身份，这些城市也会按比例向他支付费用，理论上，费用要根据每一场正式比赛中获胜结果如何宣读来决定。我们在另一份纸莎草纸文本中看到了宣读结果的过程：

> 最伟大的城市（安条克？）的地方官员（及理事会）……向 *Oxyrhynchites* 市的地方官员、理事会及其亲爱的友人致以诚挚的问候。
>
> ……阿奇勒尤斯之子欧雷流斯·斯特法努斯［在我市举办的竞技会中］，他的胜利和不朽表现，代表的是［我们的神明奥勒利安·奥古斯都］，和［最伟大的城主］罗马的大将军瓦巴拉图斯·阿忒努德鲁斯。第二届四年一度的安东尼……菲利达飞音乐戏剧竞技骑术盛会是最杰出的活动，卡普托利亚，在艰苦卓绝的努力之后获得了达西安战车赛的冠军，消息已经传遍了你的家乡。因此，亲爱的朋友，我宣布，请遵照宣布的顺序，授予选手冠军得主应得的所有奖赏。
>
> 我们为您的健康祈福，亲爱的朋友。
>
> 第二年，统帅·恺撒·鲁奇乌斯·多米提乌斯·奥勒里安乌斯·皮尤斯·菲利克斯·奥古斯都；第五年，最伟大的君主、领袖、统帅、罗马大将军尤里乌斯·奥勒良·赛普提米尤斯·瓦巴拉图

斯·阿忒努德鲁斯，于 [1 月 15 日]……宣读于剧场……[地址]，
[致]……地方官员，理事会。

这份资料中另一个更引人注意的问题是，当时奥勒良正准备对
埃及发起进攻，以结束叙利亚城市帕尔米拉大望族成员瓦巴拉图斯
的统治（公元 269 年，帕尔米拉军队曾以其名义占领了埃及）。但竞
技会必须继续，不用理会今天是谁的天下。我们还发现了奥林匹亚
官员的一封来信，报告了一位名叫梯博瑞尤斯·克劳迪尤斯·鲁弗斯
的男子同时于另一竞技范畴的核心部门的管理岗位就职，并解释了
为什么这个人不是冠军，却获得了奥林匹克桂冠。伊利斯人民法例
就这一问题有如下记载：

　　根据马克·维提勒努斯·拉额图斯提供的资料，梯博瑞尤
斯·克劳迪尤斯·鲁弗斯是一名潘克拉辛选手，前来奥林匹亚盛
会之时，指定期间已过，但体其情有可原，并鉴于其在公开和非
公开场合的良好表现，现一致通过批准其请求。他在勤勉的教练
的审视下依照竞技的传统规则进行了比赛，他对摘得桂冠已经几
乎不抱任何希望了。但当他出现在竞技场的时候，他的演出无懈
可击，无愧于奥林匹亚宙斯的称号，他的技巧和训练，以及观众
对他的追捧，都让人觉得将奥运花环套在他的头上并无不妥。他
步步为营，与最著名的选手竞技时亦不轮空。他的美德和勇气无
人能及，在最后一局与轮空的对手决斗时，为了夺冠的他奋死拼
搏，一直坚持到日落西山直至星辉撒在了他的身上，他为了获胜
的希望而战斗到精疲力竭，神圣的奥林匹亚盛会来自八方的宾客
以及本地的公民无一不为之动容。之后，人们决定立法纪念他，

因为他让盛会变得崇高而伟大，并允许他在奥林匹亚树立雕像，纪念他在其他盛会所获得的胜利，详细记录他破釜沉舟的竞赛，以作万民万世之表率。

这项纪念鲁弗斯的法令所体现的理想随着帝国时代的衰落而发生了变化——平局出现的次数越来越多，还有资料显示由于意见有分歧有时选手需要共享奖项——至少，在根据一个竞技家族的说法，情况确实如此。这里指的是马克·奥勒良·阿斯克来皮亚德，他的父亲曾于公元194年担任过神圣竞技协会的主席，我们之前提到过，他的后代在3世纪中期继承了他的养老补助。阿斯克来皮亚德曾以个人的名义撰写了一篇文章，抨击当时的竞技环境，说道：

我曾是一名潘克拉辛选手，是无可战胜、绝不动摇、未逢敌手的竞技冠军。在参加过的比赛中，我从未失手。我不怕威胁，也没有人胆敢威胁我。我从不平局收手，也不会在比赛开始后半途而废，更不会因为恐惧而临阵脱逃。我一往无前，不会因为王室的介入而忝列冠军之席，我所获得的桂冠都来自每一场真枪实弹的比拼，就连预选赛我亦认真对待。

阿斯克来皮亚德似乎一直是一个让人畏惧的人物，他的对手经常都选择退出比赛，避免与之交锋，他说自己应该提前隐退，"因为危险和嫉妒在我身边越积越多"。在他的声明中，有些事情让我们感到不安，那就是可能有人内定比赛的结果——我们完全有理由相信他不是信口开河。舞弊在某种程度上一直是地方性的现象。大约在293年至305年之间，戴克里先大帝规定："公民责任的豁免权只会授予无论严寒酷暑都在奋斗的竞技者，而且他们必须证明自己通过正当途径获得了三届神圣庆典的冠军，其中一次夺冠经历必须是在罗马或是在古代希腊地区，比赛过程中不得贿赂或收买自己的竞争对手。"

自欺欺人

就像戴克里先字里行间透露的，赛场作弊的方式有很多种。有时候可以通过贿赂官员来实现，这也许就是阿斯克来皮亚德所提到的"由于王室介入"而取得的胜利。官员们必须保证比赛顺利进行，但有可能会遇到一些突发的情况，这使得掩盖贪腐行为变得相对容易。他们有时会假装自己视力不佳，或者表现得自己深受其苦。阿斯克来皮亚德曾描述过一次令人发指的竞技结果，比赛中一位赛跑者通过终点时被告知胜负不明，要求重赛，最终痛失金牌。

另一种常见的作弊方式是限制对手的发挥。帕萨尼亚斯在奥林匹亚曾见到过许多纪念碑，他将其称为"zanes"，也就是那些以誓言宙斯形态出现的一些雕塑。这些雕塑为舞弊者所建，用来补偿自己的罪责，这些耻辱永远地钉在了那里。碑文的底部通常有一首短诗，强调奥林匹亚的荣誉是通过力量和速度获得的，与金钱无关。这样的做法早在公元前384年就已出现，当时一位名叫尤波利斯的拳击选手贿赂了三名竞技者，其中一人曾是冠军，要求他们放弃比赛。在帕萨尼亚斯的记录中，还有很多类似的例子，此外他还记录了许多交由竞技者家乡进行审判的实例。在某一突出的事例中，一位选手告发了另一名选手：潘克拉辛选手阿波罗尼尤斯在受训时迟到了，他声称遇上了逆风。实际上他是在艾欧尼亚玩一种有奖竞技挣钱。另一名来自亚历山大的选手赫拉克利德斯将阿波罗尼尤斯的行踪告诉了教练，之后赫拉克利德斯被授予冠军头衔，这让其他选手大吃一惊。在授冠仪式上，阿波罗尼尤斯戴上手套教训了赫拉克利德斯。

在距离帕萨尼亚斯生活年代较近的 128 年，一对埃及拳击手公然在比赛之前就决定了由谁获得冠军。在另一个故事中，某摔跤手的父亲贿赂了另一名摔跤手的父亲，确保自己的儿子能够获胜。然而，让人哭笑不得的是，某年青年男子愿意为了 12000 赛司透司放弃冠军，但获胜的人拒绝当场支付酬劳，两人拼死决斗，丝毫没有要认输的意思。项目结束后第二天，他们在竞技馆发生了口角，舞弊者随后在法官的面前将事实和盘托出。

29. 好戏开场

为我们描述了之前那桩丑闻的帕萨尼亚斯接着问道，如果类似事件在希腊传统竞技中都有可能出现，那在整个土耳其（他的原话指的是艾欧尼亚和亚细亚）丑闻情况又将是如何呢？毫无疑问，答案他早已十分清楚，各地的情况大同小异。他指出，一部分的原因应归咎在教练身上，他们活像是吸血的高利贷主。但他又说，这似乎也不是全部原因，还有一个重要的因素在于体制本身的不健全。也就是说，级别最高的人一早就知道谁应该获得冠军，如果最热人选在比赛中失利，那他有可能被诬告成"故意放水"。另一方面，像阿斯克来皮亚德这样在多次盛会上摘得桂冠的人，对手在第一轮看到他非凡的实力之后纷纷望风而逃，他的职业性质也可能是这一现象出现的原因。阿斯克来皮亚德提到当他在 25 岁左右宣布退出竞技圈时许多人心生妒忌，也许也和这一因素有关。但在一些地方性的盛会上，这样做的目的是提高地方上层阶级在周围人眼中的地位，有些人可能会提前商量出"平局"的结果。

许多地方盛会上的冠军铭文都自豪地说"平局"是"体面的收场",所以我们有理由相信,人们是渴望看到这样的结果的。现存一份来自土耳其西南城市 Balboura 的资料上,就记载了出现类似结果的情况:

> 奥里利厄斯·托安提安努斯,托安提安努斯之子、梅勒阿格之子、卡斯特之子首次主持盛会之时,大会也在第十一次为卡斯特之子,奥里利厄斯·卡兰迪瓮的孙儿梅勒阿格的才华而沸腾;托阿斯之子,托阿斯之子,梅诺斐鲁斯之子,索亚斯之子以及奥里利厄斯昆塔斯,瑟克图斯之子,昆塔斯之子,已体面地结束了比赛,他们并列少年组摔跤比赛的冠军。

宣布多人同时获得冠军的情况在少年组出现的次数要比在成年男子组多,尤其在这个例子中,参赛者的背景成了强调的重点,这说明参赛者主要来自城市中的统治阶级。我们可以看出,这些活动的一大目的就是让这些孩子在彼此竞争的时候可以享受获得冠军的优先权。其中一位参赛者就是来自这样一个罗马家庭,其家族于公元前 2 世纪末迁入这一地区。对手的叔父是城中权势最大的公民之一,位列皇家州级教区的首席牧师,这份职务也是一个人进入罗马统治阶级的"敲门砖"。

波尔波拉地区有着森严的等级划分。这个城市中划分的组群高达七个之多:从"一等公民"到"议会人员",从"食皇粮者"再到"农民阶级"和"奴隶阶级",级别最低的三到四个组群的成员是不能直接参与竞技活动的。这样的竞技活动的社会根源可以追溯到数百年前，它们体现的是阶级价值和统治权威，因此，彰显的也是统治阶级的核心特质——那种不可或缺的英雄气概。在波尔波拉的核心地带到处都是当地冠军的雕像。在特美苏斯市的遗址上则留有许多石刻文字，它们有着悠久的历史，直观地展示着当地的阳刚崇拜，像教学样本一样讲述社会责任和社会规则究竟是什么。尽管今天这些地区偏远难行，但在2、3世纪，当地的居民可不是乡巴佬。当地盛会的负责人——托阿亚尼安努斯，就吹嘘自己的家族中有人是罗马领事，还有许多在政府担任要职的成员，甚至有人是皇家州级教区的首席牧师。

德谟斯提尼是哈德良统治时期奥诺安达市盛会的创始人，也在宫廷中任职。他的邻居第欧根尼是公元前3世纪最伟大的哲学家伊壁鸠鲁的忠实拥趸，他将伊壁鸠鲁的名言刻在了家乡商业中心的围墙上。不过说来也许乏味——伊壁鸠鲁主张的是放下红尘烦恼——甚至有些让人痛心的是，这些被刻下的文字并非都出自伊壁鸠鲁之口。

据我们所知，大部分竞技都不是一成不变的，那些有知名竞技者参与的竞技更是如此。然而，"管理层"和竞技者之间的冲突却从未停止，当腰缠万贯的竞技者（一般是潘克拉辛选手或摔跤手）变成管理人员之后，竞技会往往会变成地方性的"面子工程"。有迹象显示，在3世纪中叶，即使是东部各省，竞技会的人气也正在下滑。当德谟斯提尼开启于2世纪30年代的竞技会在260年气数将尽的时候，君主的使臣恰巧在城中举办了一场狩猎大会。这重要吗？在那一百年间，举办新竞技的城市都愿意选择角斗士作为其中的"重头大戏"，这重要吗？我想答案是肯定的。

虽然希腊竞技代表的是皇家风范这一观点已被罗马城邦所接受，但这些竞技总是让人回想起希腊历史中的某些时刻。由于罗马帝国自3世纪中期危机以来就风波不断，而罗马竞技变得更受欢迎是不是因为它能够体现一个人难以割舍的家国观念呢？希腊可以，也确实曾经用帝国体系展现出的文化共通性来对抗野蛮人的威胁，而且自从定都罗马之后，政府在各州的影响力也在不断加强。君主把马戏引入东方之前，角斗士就已经在当地出现了。传统竞技不会在 4 世纪的过程中销声匿迹，但重心已经开始偏离了——资金也开始流失。货币政策的不良调整造成了猖獗的通货膨胀，破坏了之前的注资系统，使资金链的存续出现了问题。竞技协会会继续存在下去，总部仍然在罗马，但好日子却一去不复返了，因为戴克里先宣布从今以后只有获得三次冠军的人员才有资格成为协会的成员。

行政管理

在罗马帝国运作竞技活动的人最担心的是人员问题、赛程安排以及花费情况，此外还有竞技活动本身的严肃性和纪律性。通常一个地区的规则在另一个地区不见得奏效，罗马的情况与各省相比又完全不同。在 3 世纪末之前，帝国内的行政管理一直都是处理角斗士竞技和普通项目，之后它们的地位被马戏战车赛所取代。

在罗马，角斗士竞技混乱的管理于公元 69 年弗拉维王朝时期宣告结束。在此之前，罗马没有固定的角斗士学院，尽管提比略曾让某位奴隶负责角斗士的着装问题。恺撒继位之时年仅 25 岁，他可能通过利用、接管或是直接创建了某种"角斗士学校"，让受雇参加自己所举办盛会的角斗士接受学习，打造自己在罗马世界的影响力。这也大大损耗了前任君主提比略累积的财富。提比略很少举办娱乐活动，与百姓的关系比较疏离，并由此酿成了公元 27 年的一出惨剧：在罗马近郊费德内建造的一座木质圆形剧场发生了倒塌事件，造成数千人死亡，这些人是前来观看角斗士竞技的，因为在罗马没有机会看到这样的演出。

提比略是最后一位未能满足人民愿望，却花费时间发展首都周边基础设施的君主。至于尼禄，他派往庞贝的角斗士似乎是以坎帕尼亚为基地的，而且有证据显示，他的角斗士中可能有人接受了与动物搏击相关特殊训练。当尼禄决定建造一座比斯塔提里乌斯·托鲁斯圆形剧场更奢华的剧场的时候，他回归了旧式的木建风格。克劳迪厄斯和尼禄似乎组建了可与恺撒团队媲美的剧团，并且在卡普亚附近继续表演。而韦斯帕西安，在决定建造巨大全新圆形剧场之时，带来了一项巨大的变革——他将剧场称为"新圆形剧场"——将竞技场的带到罗马城内，就在尼禄恢宏金殿广场上的人造湖边。

新圆形剧场，也就是现在的"罗马斗兽场"，是为了庆祝公元 70 年韦斯帕西安之子提图斯占领耶路撒冷而建造的。一期工程始于公元 71 年或 72 年，一直延续至韦斯帕西安王朝的结束，也就是公元 80 年，交由提图斯举行了开幕典礼。建造的规模史无前例，据考证，可容纳多达 87000 人。罗马斗兽场象征的不仅仅是一个新王朝对人民的诚意，也体现出罗马对整个世界的掌控。罗马人的梦想在角斗场上得到了展现。开幕典礼是帝国机构的一项大工程，持续时间超过百日，进行了动物表演、模拟陆战，并至少举行了一场海战，还有角斗士竞技、兽斗、狩猎，公布了罗马人"最讨厌的名录"（列有在司法过程中搜集资料攻击别人的人），并且重现了一些神话场景甚至死刑场面。

有人说提图斯甚至曾经"水漫"角斗场，但这可能存在谬误。传言始作俑者为卡修斯·迪欧，他的创作时期距离开幕式已经过去了一百多年。可能亲临开幕式的苏埃托尼乌斯却对此事只字未提。马修尔创作的诗歌中提过类似事件，但很有可能指台伯河附近地方性的海战活动。最近关于罗马角斗场地下结构的研究也没有发现当地建有明显的排水系统助其排污。最后，通过比较其他圆形剧场的排水系统，可以说，如果有人想在角斗场"玩水"，那他必须使用储水箱才能完成。

罗马角斗场的开幕象征着盛会密集时代的来临及其组织性的加强。多米提安让罗马的角斗士项目迈上了一个新台阶。他在罗马角斗场附近设立了四座新"学院"，其中两座分别供猎手培训之用和培训角斗士（遗址保留至今）。对于其他两座我们知之甚少。不过有证据表明，剩下两座可能是为必须参加模拟战争的人而设立的机构，这些人包括战争俘虏或是那些判处与动物决斗的囚犯。其中一座还内设有"旁观席"，这样观众们可以像在艾菲索斯等地一样观看角斗士进行训练。

1 世纪末期的铭文还让我们在某种程度上了解到这些竞技背后的组织结构的情况。以王室赞助的一项娱乐项目为例，它由某位王室长官控制，此人必须在财政部门拥有相当丰富的经验。辅佐他的人包括随从、不可或缺的器具室人员，以及负责角斗士和猎手服装的工作人员。在罗马之外的地区，长官还会听取各地长官的工作汇报，这些人包括象园的管理人、食肉动物和食草动物园区负责人，以及直接控制各式角斗士学校的负责人。

实际演出似乎一直都由负责"最高级别舞台后勤"的官员整体掌控，这些官员通常是拥有众多下属的舞台监督。在罗马近郊，由负责人管理教练的各项活动，他们也会受雇管理皇家所属的角斗士或者独立的签约者，目的都是满足奉命举办竞技活动的地方官员的需求。还有证据显示在地方各省出现了动物园，由于有关狩猎的证据分布广泛，所以地方动物园的出现也许不是子虚乌有。我们并未完全掌握限制演出活动的请求应当如何处理，但根据惯例，这似乎需要罗马参议院的介入，所以我们发现，有人主张提高角斗士人数的上限，这样角斗士任何时候都可以进行表演。也许出于这一原因，马克·奥勒里乌斯决定对前任君主关于角斗士买卖的某项特殊征税方案进行论述。该文件和其他来自地方的资料显示出君主在竞技世界中深入的影响力，也在很大程度上体现了竞技活动在辅助君民沟通方面发挥的巨大作用。

自奥古斯都时期以来一直存在的一大显性忧虑是，举办竞技活动会让朝廷国库空虚，也会加剧某种竞争迷思，而这种竞技迷思在玛吉鲁斯狩猎之后为子孙留下的欢呼模式中体现得非常明显。这有可能改变整个帝国各个城镇的政治格局，因为各地的领导者被迫投入更多资金来与附近强邻抗衡。让邻居坐在晚餐桌边，像佩特罗尼乌斯《萨蒂里孔》中那位富有的自由奴隶那样碎嘴八卦，应该是所有人最不愿意看到的场景。有一位自由奴隶艾奇瓮就这样说道：

> 如果能够举办一些精彩异常的竞技活动，那他会把诺巴努斯的风头一抢而空，要知道，抢走他的群众基础可是件大好事。想想看，那个人到底为我们谋过什么福利？他招来的角斗士都是些老弱病残，你给他一拳他都会不支倒地。我可见过更厉害的斗兽人。你会想这些骑马的人是不是脑子出问题了，你会想这些人是不是全是呆若木鸡，懒的懒，瘸的瘸，替补的队员也不过是一路货色，唯一让人眼前一亮的是一个色雷斯人，他是动真格地在那里决斗。其他的人最后都挨了一顿鞭子，他们从观众口中得到了这些消息，而自己只不过是一群懦夫。

那些想要就任高职的理想的候选人必须安排一些竞技活动，让角斗士殊死一搏，让女人一显身手，让当地的囚犯血溅当场。尽管上面引用的文字摘自小说，但其中的对话似乎模拟的是真实的情况。正是在这一思想的影响下，尤里乌斯·沃卢西安卢斯·萨比奴斯吹嘘自己举办了四日角斗士竞技，而且每天都有一场使用利器决斗的比赛；艾额流斯·昆塔斯·菲洛帕普斯·瓦鲁斯也在吹捧持续了四天的竞技比赛，声称有五队同样使用利器的"至死方休"的角逐；亚细亚省某高级牧师也举办了长达13天的竞技会，其中39对角斗士参加了"至死方休"的决斗。此外，这个人还以"杀死了利比亚的动物"为荣；斐利比竞技会的主办方也在强调自己派出了一头公狮一头母狮参加盛会，而科林斯的竞技会上有一头公牛、一头猎豹、两头狮子悉数登场。虽然这些演出与罗马皇家盛会上的动物屠杀相比简直是九牛一毛，但这些活动亦花费不菲；境外动物需要获得皇家许可，野兽必须用于处死极刑囚犯，而且在提出申请的盛会上使用的时间只能以日计算。

　　另一方面，一些人公开而明确地指责昂贵演出的攀比将会让他们万劫不复，这样的呼声感动了马克·奥勒里乌斯大帝，他同意终止对角斗士交易征收 25%—33% 的税收：

　　　　有一个人本以为自己即将身无分文，于是向皇帝上书请求援助，却被选作了牧师。当时，那个人在友人智囊团前欢呼道："我还有什么好上诉的呢？神圣无上的君主已经彻底解决了我的燃眉之急。我现在希望成为一名牧师，我愿意举办盛会，即使之前我曾对此深恶痛绝。"

　　　　这不仅解决了这名男子的问题，也解决了其他人的困境，夫复何求！只是现在这些诉求换了一种新的形式，那些没有当选牧师的人，甚至那些资格不符的人要提出不满了！

在讨论控制整个帝国开销新机制的过程中，马克设定了将在大城市登场的角斗士的薪资标准，也为小城镇的价格调整提供了依据。他似乎很赞同某位参议员的建议，而该参议员对国王演讲的解读很大程度上来自下面这段文字：

> 有关角斗士价格的问题我稍早之前已经提到过，根据圣谕，这些定价适用于角斗士全额价格过高的城市。但是如果某些城市政府能力有限，那它们不应承担适用于富裕地区的价格，以免背负超过自身极限的负担，但最高价格、平均价格以及最低价格应当根据政府和百姓的财政情况而定，如果这些城市归各省所辖，则价格将由各省官员决定，其他地方则交由教练、道路管理者、禁卫军长官等各个城市中最有权势的人负责决定。因此，通过审查过去十年间的财政情况，并考察该城市曾举办项目的内容，有权制定三个价格的人可定出价目表，此人亦可自行斟酌利弊，运用一切的方式制定出公正的价格，并留备日后使用。

在同一文献中，君主还建议大幅度削减支付给角斗士的费用，并使用了较长的篇幅说明支付给王室官员的费用应兼顾那些被判参加集体决斗的人以及在盛会中要被猛兽吃掉的犯人。这样一来，竞技场上的活动开始成为王室与地方政府之间合作关系的典范，因为地方政府的成员正在履行王室官员的指令，帮助他们处决被其（他们是唯一有权做出此种判决的人）判处死刑的囚犯，也帮助他们把罗马的价值观念发扬光大，而君主控制着出席者的花费问题。在这一方面的另一大举措是，马克正在尽力限制角斗场上危险武器的使用，正如卡修斯·迪欧所记录的那样：

> 马克不喜欢看到血腥的场面，所以他在罗马观看角斗士对决时，角斗士就像运动员，完全没有性命之虞。马克从不让他们使用利器，所有人都在使用带有铆扣的箔片这样的钝器比拼。不过，虽然马克极力反对血腥竞技，他也曾顺应流行的趋势，订购了一头雄狮带至场内。它已接受培训知道如何吃人。但无论观众多么坚持不懈地请求，马克既不看野兽，也不放教练上场。相反，他无缘无故地把人释放了，还让观众为此喝彩欢呼。

马克在自己的回忆录中也提道：

> 就像圆形剧场或其他类似地方的活动总是让你不悦，周而复始的画面、毫无新意的重复让盛会越来越变异，你会感觉到生命是一个整体，万事万物，无论贵贱，均应一视同仁，一脉相传。哪天才能实现呢？

马克的统治时期可以看作圆形剧场血腥历史中的小插曲，但马克对血腥的这种反感并没有让他放弃死刑，他也不可能放弃死刑。从奥古斯都时期开始，国家一直有心降低成本，但最有效的方式是降低角斗士竞技中的死亡率，以及将群众对血腥无比的盛会的兴趣转移到公开处决和狩猎活动中来。在公元 3 世纪 30 年代及 50 年代，有证据显示，在竞技法的诞生地贝罗亚市，角斗士竞技中的死亡率有所上升。在当地，以"死亡"为代价的竞技广泛存在。允许这一现象发生的帝国政府并不是马克·奥勒里乌斯帝国政府权力的核心，而是深受军事失误冲击的小朝廷。观众总是希望看到新奇危险的事物，政府正是在满足他们的愿望。

竞技

角斗士竞技在各省举办的时候，统筹安排通常不成问题。艺人受雇前来参加一次性项目时，一般在结束之前不需要赶场奔波。但这一规定也有例外，如果动物是从帝国供应商那里借来的，情况就不同了。协会的成员，或是与协会相关的人员亦不适用于这一规定。此时，帝国政府又必须在不同团体利益之间寻求平衡——运动员既要及时参加主要的竞技活动，又必须在必要的时候参加一些小型有奖竞技以挣取外快。如果竞技活动的安排太过紧密，阿波罗尼奥斯在奥林匹亚所闹出的丑闻就有可能发生，在旺季的时候，协会成员通常会被建议集体出行，这样所有人都能够及时到达。集体出行的趋势也让他们具备了罢工的权利，所以雅典市才派出了大使追随普蒂米乌斯·塞维鲁一路直达安提阿抱怨某些协会成员"公开罢工藐视竞技"。数年之前，某帝国官员曾致信阿弗罗狄西亚人民帮助他们将新的有奖竞技安排进日程，这样协会的成员就能在协会大举向罗马进发欧竞技之前前来参赛，而在罗马，他们将参加多米田所创立的卡比托利竞技会。各个城市一直渴望开创新的竞技活动，君主们也乐见其成，想借此将自己的盛会提升为"顶级"盛宴，这说明赛事日程是出于持续的变化之中的，即使是哈德良134年颁发的综合措施充其量也不过是临时应急的手段。

虽然只是昙花一现，但哈德良为了解决帝国东部娱乐世界诸多问题而采取的措施，很好地向我们展现了罗马帝国的运作模式。我们了解到哈德良在这方面所作出的努力，主要是来自国王在整个帝国传阅的三封信件的内容，信件的收件人是"狄俄尼索斯旅行戏剧艺人协会"中在土耳其西部亚历山大·特罗亚的国际冠军的获得者们。

第一封信是一份短篇声明，谈论的是按计划举办盛会的必要性。另外两封篇幅较长，主要目的是通过解决一系列大大小小的问题来保证竞技艺人和戏剧艺人的特权。这些问题包括竞技赞助与建筑工程中资金的分配问题、奖金的分发方式、演员与竞技协会领导之间的关系、竞技者的体检方案、鞭刑部位（只限腿部），以及科林斯举办竞技会资金短缺的问题，还有叙利亚阿帕梅亚市某男子拒绝支付所欠奖金的问题等等。哈德良另一更加大胆的举措是，他同意竞技者在宣布获胜时提出养老补助的申请，宣布地点可由选手自主选择。这与之前特洛伊的做法完全不同，在特洛伊，只有选手完成了进入城市的凯旋仪式之后，才能开始领取养老金。在这一规定下，选手必须从竞技场上告退以提交养老金申请；但根据哈德良的规定，选手完全可以继续在竞技场上去完成一场又一场的比赛，而这一规定此后似乎一直发挥的功效。所以哈德良才会做出如此评语："对去世的竞技者和音乐家免征丧葬税是十分人性的做法，这些人终其一生都在疲劳奔波。"

他的第二封信为奥林匹亚竞技会期间的赛程安排做出了调整。他还协助举办了许多项目，以纪念前不久在前往尼罗河途中离奇死亡的爱人——安提诺乌斯。就像这位出生在西班牙却钟情希腊文化的君主所解读的那样，"希腊联盟"体现的是罗马王室致力保存传统文化时希腊文化所发挥的核心作用，因此他想要确保这些倾情打造的竞技会不和其他活动发生冲突，这丝毫不会让人感到讶异。在一封着重强调国王手腕和口味的信件中，他写道，来自帝国各地的大使都前来那不勒斯与其相会，奥古斯都式的竞技活动正在那里上演。似乎在对这些

大使发表演讲的时候，他宣布：

我会用奥林匹亚竞技会作为开场，因为它是最古老的竞赛，也是最著名的希腊竞技。伊斯特米亚竞技会将在奥林匹亚竞技会之后举行，随之举办的是纪念哈德良的竞技比赛，这样，这些竞技活动就能在爱留西尼盛会结束后的第二日进行。在雅典人看来，这一天是新麦马克特里昂月的第一天。纪念哈德良的竞赛将持续四十天。纪念哈德良的比赛结束之后在他林敦举行的竞技将于 1 月开始；按照现在的情形，那不勒斯将在卡比托利欧竞技会之后举办；*Actian* 竞技将于 10 月 1 日的前 9 天（9 月 23 日）开始，并持续 40 天。根据船只的航运情况，佩特雷竞赛以及之后的希瑞亚和尼米亚竞技会将在 11 月 1 日至 1 月 1 日之间举行。

泛雅典庆祭节将在尼米亚竞技会之后举办，这样这两项活动就都能在同一天结束，因为它们遵从的雅典式的计时方法。士麦那的人民将在泛雅典庆祭节之后举办他们的比赛，给在泛雅典庆祭节全副武装的参赛者留出 15 天的航行时间。士麦那竞技结束之后两天，帕加马人将立刻举办当地的竞技会，赛期为 40 天。以弗所人将在帕加马竞技结束之后四天举办盛会，将于比赛开始后第 40 天结束。

之后，参赛者们将前往皮提亚竞技会，然后参加在其之后举办的伊斯特米亚竞技会，随后参加亚加亚人和阿卡迪亚人在曼丁尼亚联合举办的竞技会，[最后参加的是奥林匹亚竞技会。]

泛雅典庆祭节将于今年举办。士麦那人将在 1 月 4 日的前一天开始哈德良竞技会，一共欢庆 40 天。士麦那竞技结束之后两日，以弗所人将召开他们的奥林匹亚竞技会，奥林匹亚赛程时间为 52 天，之后举办的是巴尔比拉竞技会，此后举办的是泛希腊运动会；泛希腊运动会之后又是奥林匹亚竞技会。

在此这位君主的普世风格一览无余，因为在雅典举办竞技会时他所使用的是雅典日历，而在 Actian 竞技（指的初一，即罗马月中的第一天）和士麦那为自己而举办的竞技中使用的是罗马的计算方式。整个赛程安排将悠久历史中的各项活动与现实联系到了一起，也让地中海东部和意大利连成了一片，凭借的是一种不断加强的认识——帝国系统的价值观念是随着时间而不断发展变化的。

这份文件不仅体现了罗马世界文化的统一性，也体现了当基础设施亟须改进却优先大力投资娱乐项目时所面临的困难，还强调出对竞技事业的巨资投入是一种社会的选择，就像一任又一任的君主所做选择的那样。哈德良在第一封信的第一部分中说：

　　　　所有竞技会皆应照常举行，遵照法律、法例、遗嘱之规定，各市不得将竞技资金移作他用；参赛者应得奖金或冠军之差旅补助不得移于工程建设使用。无论何时，若某市捉襟见肘，需要拨款（非奢华庆典之用途，而为灾荒时期购粮之资），可上书陈情，如无准许，任何人不得将竞技资金用作此类用途。

在别的地方其他君主注意到一些城市实际上在为竞技会建造新建筑方面花费了太多金钱，或者说它们浪费的资金本可以得到更好的利用。哈德良致信阿弗罗狄西亚时曾一度指出，如若可以避免，阿弗罗狄西亚不应挪用角斗士竞技资金建造新水渠，但似乎也认同这样的抉择实属不易。在另一事件中，马克·奥勒里乌斯在批准某些项目的升级请求之后指出各城市无须跟风而动。这些辩论是至关重要的，因为它体现了人们做出选择时的深思熟虑，也说明地方在采取合理行动时需要中央的协助，以应对财政问题和潜在压力之间的冲突。竞技主办人之后决定建造公共雕塑纪念这些活动的时候，无论其形式是展现选手个人的图片或是石碑，还是建筑内描绘竞技项目的浮雕，人们都会认同投资在这些举措上的资金远比用于其他用途更有意义。和现代投资决策一样，例如大学体育项目和图书馆工程之间的取舍，体现的是公共利益高于一切。古代社会早期亦是如此，这也将招致诸多非议。虽然那些反对建造此类雕塑的声音已经离我们远去，但肯定还有很多的人做出了这样的决定。如果人们不会偶尔感到承办一流盛会已经超出了个人极限，那哈德良第一封信中的大部分内容，以及马克·奥勒里乌斯对角斗士竞技采取的措施，就没有存在的必要了。

基于虚构信息来记录历史是困难的，但我们有理由相信，竞技世界中所有积极的决策所体现的是当时主流的社会观点。我们是幸运的，因为现存有关竞技管理的材料至少让我们可以略微窥见当时激辩的情形。它也提醒我们，如果解决的方案是直截了当或是显而易见的，那人们不会一次又一次地在同一个话题上犹豫不决。人们通过观看比赛获得了莫大的乐趣，他们想要前去观赛并为支持的角斗士加油，为世界顶级的战车选手喝彩，或者只是为了给朋友的儿女助威鼓劲。君主参加竞技时的谦谦有礼是至关重要的，他要确保观众能够看到期待中的角斗士走入赛场，还要安排人员在必要的时候为项目增添巧思。同样重要的是，在帝国的各个城市，当地的富豪商贾在角斗士和野兽身上也花费了不少的资金。人们从竞技中得到的快乐，在于其不确定性和其中的暴力元素，在于选手的技巧，也在于他们在艰难的状况下奋勇夺冠的决心，这种快乐已经超越了赛场的局限，渗透到了古代社会的每一个角落之中。

　　也许正如尤维纳和普林尼所指出的那样，这是对重大事件无知的逃避——如果君主是一个弑母狂徒，人们为什么还要关心帕特雷特斯是否能够赢得比赛呢？然而，或许你应该关心帕特雷特斯的比赛结果，因为对于君主反社会的倾向我们束手无策。像哈德良或者马克·奥勒里乌斯这样的人，他们既不反社会，也不蠢笨——虽然哈德良的负面评价稍微多些——但他们明白做出牺牲是必要的，尤其是因为竞技活动能够帮助人们摆脱日常生活以及烦恼琐事，重燃他们的激情。竞技活动是罗马世界中"和平"与"成功"最佳的体现。

后记　尘封已久的时代

公元 532 年 1 月 18 日，西奥朵拉走进议会厅时国王正在举行朝会。她乃一国之母。在宫殿之外，在附近巨大的广场中，骚乱了数日的群众正在要求另立新君。她知道聚集在外的都是些什么人。在早年的岁月间，她曾当过演员供人消遣；她的母亲也曾是一名演员，她的姐姐也干过这一行。她的母亲是绿营的看熊人，继父则在蓝营从事着相同的工作。人生是没有回头路的，"我是不是熬不到人们不再叫我'情妇'的那一天了？"她说道，"如果要自我拯救，主啊，这一点问题都没有。我有黄金万两，我可乘船远航。但想清楚，你果真救了自己了吗？死亡也许是比苟且偏安更好的一种选择。在我看来，还是古话说得好——大树底下好乘凉。"查士丁尼当机立断，派驻军队进入广场，不久三万暴民均被处决。

西奥朵拉的职业和 1 月 18 日的事件都代表着公元 6 世纪娱乐事业的发展情况。西奥朵拉是接连出现的第二位成为皇后的女演员，这是因为像查士丁尼和他的叔叔犹斯丁这些不属于传统贵族圈的人掌握了复杂政治机器的操控权。同样重要的是，532 年的系列事件发生地点是在君士坦丁堡，而非罗马，数年之后（549 年）遵照千年传统进行的最后一次战车比赛即将在此举行，以庆祝哥特君主暂时在战争中击退了查士丁尼的仇敌，使得意大利的经济不致摧毁。这位哥特君主名叫托提拉，他的前任君主是哥特大将军狄奥多里克，托拉提奉查士丁尼先祖之命，把意大利划入了势力范围。其受命之时，帝国王权似乎已然日薄西山，467 年日耳曼将领奥多亚塞已被其军队拥护为王，而被取代的君主的名字极具讽刺意味，叫作罗穆卢斯·奥古斯都。

6 世纪与 3 世纪的差别最明显，是古代娱乐事业的巅峰时期，这是因为罗马帝国现在是以君士坦丁堡为中心，还在于西部各省已被一批日耳曼王国所瓜分。就竞技体育而言，6 世纪也是与众不同的，因为 3 世纪末，蛮夷入侵、军事暴动、国内动乱、货币政策失调种种危机杂乱丛生，而在这一过程中用于支撑早前各个机构的资金消散殆尽，而新的机构已经取而代之。尽管竞技协会仍然存在，但大部分的竞技盛会都于该世纪后 25 年间偃旗息鼓，此后只有极其重要的地方才能举办此类活动，主要以竞技场上的娱乐节目的形式出现。角斗士竞技在查士丁尼时期已难觅踪迹，但狩猎活动有时会穿杂在战车竞赛中间进行。

4 世纪初，经济环境和政治格局都出现了新的变化，最突出的体现是在罗马之外，许多帝国中心应运而生。同时还诞生了一种新的宗教——基督教，自 312 年起，基督教得到了君士坦丁大帝的大力支持。君士坦丁并没有强迫自己的子民立刻成为基督徒，他只是向人们提供这样一种选择，而且在之后的数百年间，这一做法一直未有改变。基督徒的领袖通常对竞技活动嗤之以鼻，因为它们是令人不齿的异教象征，于是，在基督徒的身份在从"被消遣的人"（要被野兽吃掉的人）向"消遣别人的人"的转换过程中，他们开始慢慢控制了现存的竞技机构，而如何掌控这一局面着实需要一番深思熟虑。

一个关键的问题在于：在新的世界秩序中，谁应该做出更多的改变？是竞技活动应当遵从基督教的教义，还是基督徒应当学会适应竞技活动？

似乎每每宗教和竞技之间的产生矛盾时，竞技总是获胜。奥林匹亚竞技会本身便是其中一例。公元前 776 年是该竞技会诞生的推测年份，而理论上这一竞技会终于 393 年——而这通常被描述成罗马皇帝狄奥多西一世虔诚行径的体现。我们从 11 世纪作家约翰·塞德努斯口中得知古代奥林匹亚的终止年份为 393 年。而在讽刺作家琉善的一部作品中我们得知，竞技会持续的时间始于"希伯来评审时期直到小狄奥多西时期"。小狄奥多西就是狄奥多西一世的孙儿狄奥多西二世，408 年至 450 年之间为君士坦丁堡的统治者。在探究竞技会起始年份的过程中，我们需要到当地去寻找证据，而据掌握的信息来判断，"5世纪"应该是较为正确的答案：最后一份冠军名单可以追溯到 4 世纪，而在 5 世纪的某段时间，菲狄亚斯动手建造了一座教堂。但看起来，这些地方出现的基督教建筑是古老神庙的一种补充，而不是要取而代之：奥林匹亚的巴西利卡建在万神庙的附近，而宙斯神庙被原封不动地保留，并在周围修建了防御墙。由此我们可以明确看出，宗教实际上在为竞技活动做出调整，399 年，我们看到君主们宣布：

依照律法，我们已经取缔了某些亵渎神明的仪式，但我们不应该把公民节日的欢聚和普通的娱乐全数否定。现立法如下，依照古代传统，人们应当获得享乐，但不应举行祭祀或任何腐朽的迷信活动，当大众需要节日庆典时，人们有权共襄盛举。

在一些可以追溯至 424 年的文献中提到，那些被迫捐资支持君士坦丁堡娱乐项目的地方议会人员可获得财政补助，以充实市活动之资。

阁下文书中已提及，由于前所未有的破坏，特尔斐元老会之资源正在频繁消耗之中。因此，现将这些机构转交伊利里亚各州各府管理，让天下万民知道，没有人应当被迫为这座不朽的城市举办日常竞演，但如果个人资源和家庭情况允许，每个人都应该承担起作为市民之奉献职责。

我们无从得知，该议事会中非基督徒的比率是多少，若以埃及的情况来推测，到了 5 世纪，埃及人口中似乎约有 80% 的人是基督徒，那么其中大部分的人都不是异教徒，而且这些竞技活动很有可能就是从皮提亚竞技会脱胎而来。

说到底，与其说是宗教，不如说是金钱和口味的变化改变了竞技活动的面貌。很有可能那些曾经仅为竞技者举办过盛会的城市此时也力不从心了。竞技者自身也发现，如果他们能和竞技部门合作，他们将取得更好的成绩，因为这些部门已经开始掌控主要城市的演出市场，而且其势力范围已经开始向农村蔓延。埃及城市俄克喜林库斯出土的著名文献向我们展示了当时的情况，这些纸莎草详细记录了当地对战车部门的拨款情况。这是一份竞技会某天的赛程安排：

冠军游行

第一回合竞技

绳索歌舞演员游行

第二回合竞技

绳索舞歌唱演员

第三回合竞技

狗追逐瞪羚

第四回合竞技

哑剧

第五回合竞技

竞技者

第六回合竞技

我们无从知晓，也无缘见证，绳索舞歌唱演员带来的究竟是怎样一种演出（我们想象那可能和今天的跳绳有点类似），但我们可以看到即将在马戏场上上演的娱乐项目是何等的丰富。这也许就是为什么西奥朵拉身为女演员的母亲能够加入绿营，而她的外公能当看熊人的原因吧。

马戏团的兴起也许就意味着圆形剧场的衰亡。我们无法掌握角斗士竞技衰败的清晰脉络。尽管阿里波斯参加的竞技会出现在 4 世纪晚期，但没有新的证据证明这些竞技当时仍然受到人们的喜爱，而且它们确实在查士丁尼时代彻底从人们眼前消失了。6 世纪 30 年代曾通过一份法令，编撰者在其中添入了一份严格审核过的君士坦丁文本，其标题为"有关全面禁止角斗士竞技之规定"。但对查士丁尼法例的起草者来说，不幸的是这和角斗士竞技的终结并无关系：它是君士坦丁的一份声明，其中指出让死刑犯决斗致死的做法应当禁止，认为这样的残酷刑罚不应继续通行。我们也在狄奥多西二世时期编纂的某项法律条文中看到了这些规定的完整内容。

摧毁角斗士竞技或者古代竞技的并不是宗教；它们的消亡是由口味的转变，或者是由于资金流向的改变而造成的。战车竞技似乎变得更为重要了，战车部门的构成使之能够扩大成为分布整个帝国的组织，在资源有限的世界中，无人能与之抗衡。这一过程的导火索在于公元4世纪初期，尼科米底亚和君士坦丁堡发展成了帝国的中心城市。我们对尼科米底亚除了知道它兴起于戴克里先时期之外，其余一无所知。至于君士坦丁堡，我们知道这座城市中确实曾经拥有圆形剧场，但在君士坦丁之前当地没有马戏场。圆形剧场是由塞普蒂米乌斯·塞维鲁所建造的，但马戏场是作为君士坦丁王宫的附属建筑而出现的。公元4世纪20年代，立法部门规定了许多与竞技拨款相关的内容，而马戏部门大致也诞生于这一时期。虽然大量的证据都显示帝国东部主要城市娱乐组织的"机构化"出现在较晚的时期，但这一变化无疑是效仿了君士坦丁堡做法的结果。

进入4世纪，另一项重大变化与艺人有关，他们从之前的独立合约人，成了政府雇员。与此同时，那些靠业绩吃饭的帝国官员们，也和地方领导阶级的成员一起开始赤裸裸地争取最优秀艺人的加盟。"后君士坦丁"时期的官员们会自费举办竞技盛会，这与之前相比是一个突出的变化，此前地方插手此事时，会考虑到许多经济因素，例如粮食收成、建筑工期、组织内部矛盾等等。如今，成为竞技主办方的官员人数翻了一番，君主们也花费了很多心思研发拨款方案为其提供协助。4世纪40年代，君士坦丁的儿子——君士坦提乌斯二世规定，如果竞技赞助人空缺，政府将承担所需花销，但之后需要如数奉还。

较之奥古斯都所推行的"政府应当支持罗马竞技"之原则，以及设立"拨款专员"推动角斗士竞技的做法，这一举措可谓一脉相承，只是现在政府支持只适用于马戏场上的各项活动了。380年，有规定明确表示，禁止任何人强扣舞台上的女性从业人员以供个人消遣。385年，有钱人不允许教授奴隶戏剧表演才能以供个人娱乐，381年，有人被怀疑从马戏场偷盗战马而被处一磅黄金的罚款。

到了426年，已设立了库房官员管理君士坦丁堡的盛会和战马事宜，465年，主要省级盛会的主办权交由帝国官员接管。507年，我们了解到某位成功的战车驭手被君主委派至安提阿，负责管理绿营的一间惨淡经营的马厩。遗憾的是，我们无从得知在何种背景下，国王说过"寡人深知，驾驶战车参与马戏竞技之勇士，一切罪责皆可豁免"。但这似乎体现的一场惊动朝廷的地方事件。

虽然在赛场上的行为可以免遭责罚，但战车手在场外作奸犯科却法网难逃。至少公元4世纪70年代有人曾因与罗马高层的诸多丑闻而锒铛入狱；390年，有人引发了帖撒罗妮加的暴乱，有一位高权重的官员卜令对其实施酷刑，理由是此人非法贿赂帝国卫队的成员。之后马戏场上爆发了动乱，官员本身也不幸遇难，愤怒的君主决心复仇派出军队屠杀当地居民，一时举国哗然。然而在安提阿，富有传奇色彩的战车手波菲利在马戏场夺冠之后，于507年7月9日鼓动绿营暴力对抗当地的犹太人群体，但他似乎躲过了责罚（很有可能是因为他谎称自己是国王的代表），并且此后在君士坦丁堡更加名声大噪。这一事例只是众多证据中的一项，证明当时各派机构在帝国的分布是十分广泛的。

如果公共娱乐项目越来越得到中央政府的财政支持，更多帝国官员参与在其运转过程中也有可能出现许多严峻的问题，那我们应该如何看待这个基督教日渐膨胀帝国中娱乐系统的运作情况呢？

很明显，宗教教义对娱乐事业的影响微乎其微。对竞技活动的限制目前仅限于禁止将竞赛日期设置在周日以及四个主要宗教节日期间（圣诞节，主显节，复活节以及圣灵降临节），而一年当中的其他时间都可自由支配，这可以说是有效地限制了宗教对竞技活动的影响。此外，尽管在 399 年等规定中，公开祭祀活动已遭禁止，但不断有人提出之前与公共祭祀有关的竞技活动应当继续进行。

基督教针对剧场中"罪恶"活动的处罚措施最早记录在瓦伦提尼安一世 367 年颁布的某项法令中，而 380 年，瓦伦提尼安之子及其继承人格拉提安宣布，如果某女性愿意为其基督教信仰奉献一生，则不得强迫女性合约人在剧场履行义务。这些显然都是极端个例，但值得注意的是，这些事例的基本共识是基督徒是可以成为演员的。在 7 世纪，人们甚至可以将基督教职能和马戏部门结合起来。

帝国晚期的法律条文还反映出了另一个问题：政府想要控制开销的举措并不成功。尽管瓦伦提尼安颁布了命令，帝国官员不得将地方官员招募的艺人迁至别处，狄奥多西二世规定政府官员不应该喧宾夺主，在地方行政人员主办的竞技会上赖着一整天都不肯退场，并且规定，非议员者不得提供黄金作为奖品。还有证据显示有些人愿意为表现最佳的选手加大手笔。376 年格拉提安在非洲领地颁布的某项法令中说：

> 我们并不反对重新举办竞技盛会，我们也鼓励快乐的人们去追求幸福。此外，如果一方领导愿意通过举办盛会来笼络人心，我们乐见其成，快乐将是完整的，因为一切费用均由个人承担。

　　既然人们似乎无法获得政府补助，那"个人捐资"似乎并未受到限制。君士坦丁堡的女演员收入有多丰厚可在西奥多修斯 393 年的某项规定中看出来：规定指出女演员可以佩戴珠宝，但不得穿着带有图案的丝绸或是镶金的编织品，不得穿着紫色服饰，但她们可以穿着格子花纹或是五彩的丝绸，并且在脖颈、手臂、腰部以外的部位佩戴黄金饰品。5 世纪早期宗教政治的领军人物——约翰·克里索斯托曾指责自己教堂的人和舞台上的演员一样在服装上大手大脚，表明这一现象并不只局限在首都之内。安提阿某位一线哑剧女演员就富甲一方，她花费巨资皈依了基督教，约翰也是在那里挣到了第一桶金。

　　尽管某些神职人员疾言厉色地反对戏剧活动，但很明显有一些人却并不那么极端。我们必须引述一些宿敌之间的对话——约翰·克里索斯托说塞威里亚努主教和安太阿楚斯主教就曾参加哑剧演出，而格雷格力·纳吉安真说他的仇敌也在舞台上扮演过角色。更重要的是，有证据显示一位名叫诺努斯的主教曾排演了一部哑剧用来解释基督教的教义。还有一些演出似乎对宗教不是那么友善，于是 394 年狄奥多西一世写道："通过皮肉生意谋生的女性哑剧演员不得在公开场合穿着女性教徒的服装。"

　　传统剧场延存至了 6 世纪，同样可以肯定的是，战车竞技也传承了下来，也像阿弗罗狄西亚纪念杜尔希修的文字中提到的那样，娱乐行业的形态不断涌现。基督教堂的兴起给传统娱乐项目带来的影响其程度不及口味和资金流向改变造成的影响。此外，战车驭手波斐利的职业生涯提醒我们，一个虔诚的基督教徒也可以同时是一位娱乐界的头号明星。

　　剧场得以保留，多种娱乐形式得以延续，很大程度上得益于当时历任君主所发挥的作用———一些文献中提到君主不希望人民的快乐不断减少，这确实反映的是真实的情况。在罗马世界中，在提供"面包"和"娱乐"方面，君主仍然是各级地方官员的表率。即便是虔诚至极的君主也不会因为信仰而忽视自己传承文化的人物，而这一文化和竞技剧场密不可分。所以有人写道："我们支持剧场艺术，如若枉加限制，唯恐欢乐无多。"

一些文献中反映出的宗教与娱乐两者利益之间的冲突，体现的似乎并不是一种控制权的激烈争夺，而是一个复杂机制内两个不同侧面之间不可调和的矛盾。如果脱离这两个因素，罗马帝国晚期政府根本无法运转。直到 7 世纪，阿拉伯文化成为主导之后，古老的娱乐传统才从这个江河日下的帝国上彻底消失；即便在那时，君士坦丁堡仍然保留了竞技场。最后一次有记录的战车比赛的举办时间是在 11 世纪。

总之，在古代竞技历史中有几件事已经得到了证实。第一，角斗士竞技并没有损害罗马帝国的利益；第二，奥林匹亚竞技从来都不是业余者的游戏；第三，基督教教堂并没有造成古代竞技的消亡。更积极的一点是，竞技有助于地中海世界的融合，它在原本毫无瓜葛的人群之间创造了某种联系。竞技组织一方面是为了维持政治现状——它是由富人赞助，为富人牟利的活动——让统治阶级中成功的成员能够名利双收。然后，与此同时，这一行业也和竞技迷的诉求紧密相连，让那些在古代没有话语权的人有了发声的机会。

在希腊世界中，竞技迷的热情让有钱人能够在城邦政治之外扩大自身的影响力，在罗马世界里，这样的热情让贫困的竞技者有了发家致富的机会。在古代，伟大的竞技者最大的梦想就是希望能够名垂千古，希望自己的功绩为万世铭记，希望自己能与神明比肩。两千五百年之后的今天，我仍然想看到米罗在场上摔跤，仍然好奇迪欧克勒斯驾车时是怎样的情景。兴趣也许会转移——几乎没有人愿意看到动物撕咬人体的画面——但我们想看到选手在公平的竞技场上彼此对抗，一分高下，这种原始渴望仍然贯穿在希腊罗马人民与当代人的心间。

注
释

Abbreviations

ABSA   *Annual of the British School at Athens*

AE   *L'Année épigraphique*

AJA   *American Journal of Archaeology*

AJP   *American Journal of Philology*

AS   *Anatolian Studies*

BICS   *Bulletin of the Institute of Classical Studies*

CIL   *Corpus Inscriptionum Latinarum*

CJ   *Classical Journal*

CPh   *Classical Philology*

CQ   *Classical Quarterly*

CRAI   *Comptes Rendus de L'Académie des Inscriptions et Belles Lettres*

CW   *Classical World*

Ep. anf. 1   P. Sabbatini Tumolesī, *Epigrafia anfiteatrale dell'Occidente Romano* I

Ep. anf. 2   G.L.Gregori,*Epigrafia anfiteatrale dell'Occidente Romano* II

Ep. anf. 3   M. Buonocore, *Epigrafia anfiteatrale dell'Occidente Romano* III

Ep. anf. 4   M. Fora, *Epigrafia anfiteatrale dell'Occidente Romano* IV

Ep. anf. 5   C. Vismara and ML. Caldelli, *Epigrafia anfiteatrale dell'Occidente Romano* V

Ep. anf. 6   S. Orlandi, *Epigrafia anfiteatrale dell'Occidente Romano* VI

Ep. anf. 7   J. Gómez-Pantoja, *Epigrafia anfiteatrale dell'Occidente Romano* VII

FGrH   F. Jacoby (et al.), *Die Fragmente der griechischen Historiker*

GRBS   *Greek, Roman and Byzantine Studies*

HSCP   *Harvard Studies in Classical Philology*

IE   *Die Inschriften von Ephesos* Inschriften griechischer Städte aus Kleinasien vols 11, 12, 13, 17

IG   *Inscriptiones Graecae*

IGR   *Inscriptiones Graecae ad Res Romanas Pertinentes*

IJSH   *International Journal of Sports History*

ILS   H. Dessau, *Inscriptiones Latinae Selectae*

Iscr. ag.   L. Moretti, *Iscrizioni agonistiche greche*

JHS   *Journal of Hellenic Studies*

JRA   *Journal of Roman Archaeology*

JRS   *Journal of Roman Studies*

KUB   *Keilschrift- Urkunden aus Boghazköi*

LSJ   H.G. Liddell and R. Scott, *Greek-English Lexicon* (9th edn with revised supplement)

MAAR   *Memoirs of the American Academy in Rome*

ML   R. Meiggs and D.M. Lewis, *Greek Historical Inscriptions to the End of the Fifth Century BC* (rev. edn)

P. Agon.   P. Frisch, *Zehn agonistische Papyri* Papyrologia Coloniensa 13 (Cologne, 1986)

PBSR   *Papers of the British School at Rome*

PCPS   *Proceedings of the Cambridge Philological Society*

P. Rylands   Catalogue of the Greek Papyri in the John Rylands Library at Manchester

SCP   *Senatus Consultum Pisonianum*

SEG   *Supplementum Epigraphicum Graecum*

*SIG*³   W. Dittenberger, *Sylloge inscriptionum Graecarum* (Leipzig 1915-25)

SNG   *Sylloge Nummorum Graecorum*

ZPE   *Zeitschrift für Papyrologie und Epigraphik*

Then and Now

1   For the history of the Circus Maximus see Humphrey 1986: 56-131.

2   P. 203 below.

3   Alföldy 1995: 195-226 and p. 293 below.

4   Byron's *Childe Harold* Canto 4 stanza cxlv translating *Collectanea Bedae, PL* 94,543. See in general Canter 1930.I retain Byron's spelling of 'Coliseum' for Colosseum.

5   'Italy Strives to Save Crumbling Colosseum; New Subway Tunnels May Be Weakening Arena in Rome' *New York Times* 25 May 1954.

6   D. Miller 2008: 357-68, 404-15.

7   For the relationship between Mets fans and Shea Stadium see Kim- melman 2009: 22-3.

8   Terry 2000: 33-43 on the early history of the game; for the first international match see Worrall 2006.

9   The quotation is from http://www.wenlock-olympian-society.org.uk/, the official website of the games; see also Young 1996: 8-12.

10   Young 1996: 34-5.

11   Young 1996: 41-9.

12   D. Miller 2008: 29-31.

13   Young 1996: 81-105.

14   For the distinction, assumed here, between competitive sport and other games see the important discussion in Guttmann 2004: 2-6.

15   This list is essentially that of Guttmann 2004: 4-6, though I would subsume quantification within record-keeping, and feel that he significantly overemphasizes the importance of the sacred' in Graeco-Roman sport.

16   Potter 2010b: 322-3.

17   M.B. Carter 2006.

18   Phil. *Gym.* 35.

19   See p. 68 below.

Chapter one

1   Crucial recent works on the late Bronze Age and the physical background to the age of Homer include R.J. Lane Fox, *Travelling Heroes in the Epic Age of Homer* (New York, 2009), whose untangling of different layers of Greek myth is an important advance on the splendid achievementof M.L. West, *The East Face of Helicon: West Asiatic Elements in Greek Poetry and Myth* (Oxford, 1995). For the archaeology of the period J.N. Coldstream, *Geometric Greece: 900-700 BC* (London, 2003), and O. Dickinson, *The Aegean from Bronze Age to Iron Age: Continuity and Change between the Twelfth and Eighth Centuries BC* (London, 2006), are invaluable; as is O. Dickinson, *The Aegean Bronze Age* (Cambridge, 1994), as a guide to the Mycenaean period. For the relationship between Homer and Bronze Age evidence, J. Latacz, *Troy and Homer: Towards a Solution of an Old Mystery* (tr. K. Windle and R. Ireland) (Oxford, 2004), is important. For understanding *Iliad* 23, N. Richardson, *The Iliad, a Commentary* vol. 6 (Cambridge, 1993), is an essential guide.

2   For report of the discovery see http://www.helleniccomserve.com/ rarediscoveryfound.html.

3   For the *heroon* at Lefkandi see Popham, Calligas and Sackett 1993: 1-4, 19-22, and on the other tombs see also Dickinson 1994: 190-5; for Cyprus see Coldstream 2003: 349-52.

4   For Homeric society, the view taken in this chapter accords with that expressed with admirable clarity in van Wees 1999: 21 (though I would change his seventh-century date for Homer to the eighth century, with Lane Fox 2009: 360-4); see also the excellent discussion of E.S.

Sherratt 1990, while for a different view of the value of Homer, arguing that he represents the habits of a specific period (the eighth century), see Morris 1986. For Luwian connections see Watkins 1986: 58-9; it is perhaps of some value that the Mycenaean term for Luwian has now been identified, see Widmer 2007. For an earlier statement of the issue see R. Beekes 2004; for the Luwian population of the Troad see Bryce 2006: 120-1. For Aphrodite see *Iliad* 5.370-1 with discussion in West 1995: 361-2. On the date at which the alternative story of the birth of Aphrodite became current in the Greek world (also a story of eastern origin, though Syrian rather than Mesopotamian, as West shows is the case here with this section of the *Iliad*), see Lane Fox 2009: 339-49. On catalogue poetry see Latacz 2004: 246-7; for a different view of the stability of catalogue poetry see Sherratt 1990 = de Jong 1999 vol. 2: 86, basing his argument on the text of *Iliad* 2.558, but this is a special case (see also M.L. West's note on this line in his edition of the *Iliad*). On Danaans and Achaeans see Latacz 2004: 126, 132; Hawkins 1998 offers fresh evidence on the structure of western Turkey and relations with Hittite kings; see also Niemeier 1999 favouring Thebes as the centre of the Ahhijawa on p. 144. Hope Simpson 2003 adds an important perspective (while favouring Mycenae as the heart of the Ahhijawan realm); see also the summary of the debate in Bryce 2006: 100-6.

5　Deger-Jalkotzy 1999:122 for these names; Palaima 1999:377 for other examples.

6　For these relations between Mycenaeans and Hittites see Niemeier 1999: 151-3; Latacz 2004: 122-4; for the decipherment see Chadwick 1990: 62-80, who perhaps underplays his own role.

7　For tomb cult and its significance see Antonaccio 1995:254-62; Dickinson 1994: 231-2; Morris 1988; Lane Fox 2009: 33-4.

8　For good examples of discussions of the relationship between Greek and Near Eastern events see C. Renfrew 1988; Scanlon 2006. Kyle 2007: 51-3 puts the issue discussed here very well; see Decker 1982-3 for a strong statement of the opposite view. Note that S. Miller 2004:21-5 is substantially in agreement with the position taken in this chapter. For the problems posed by the Tanagra *larnakes* and their depiction of funeral rites see Immerwahr 1995. For the relationship with Homer see, for instance, West 1995: 398-9, who points to many elements in the funeral of Patroclus that have parallels in Hittite ritual, but their relevance is difficult to determine because they do not seem to have had any impact on Greek practice that was contemporary with the composition of the Hittite texts. This is not to say that, in a later age, practice that Greeks witnessed in the context of important individuals in Anatolia and Asia might not have influenced their own practice, but simply that a connection cannot be made in the course of the Bronze Age, which would be necessary if West's argument for direct influence were to be sustained.

Chapter two

1　*Odyssey* 8. 120-32; Odysseus subsequently implies that demonstrations with weapons might also be part of a contest - see *Od.* 8.215-29.

2　Renault 1958: 238.

3 The decision about gender was made immediately, see Evans 1901: 94-5; for the context of the reconstruction see Gere 2009: 80, 122-3 noting that Evans himself observed that his 'females' were flat-chested (more so than in the reconstruction); for the artists, see Gere 2009: 111-12, 128 (noting that the elder Gillieron, the Swiss artist whom Evans hired to restore the frescoes, had designed the commemorative stamps for the first Olympic games, and that the forgery that Evans interpreted as the 'Boy God' was supposed to represent a flatchested female bull-leaper). For correction of the gender issue see Bietak, Marinatos and Palivou 2007: 118. For the forgery of the 'Lady of Sports' see Gere 2009:129-32. On the behaviour of bulls see Younger 1976: 135. On later bull sport see Pliny *NH* 8.172 with the astute observations of Evans 1921: 258.

4 For Avaris see Bietak, Marinatos and Palivou 2007:45-66; for Knossos see M.C. Shaw 1995:104; M.C. Shaw 1996:167,189-90.I am indebted to Nellie Kippley for pointing this out to me and, more generally, for helping me to understand the dynamics of the sport.

5 For the exhausted bull see Kenna 1960: n. 202 with Younger 1976: 130. For Hagia Triada see Matz, Pini and Muller 1969: n. 37 with discussion in Bietak, Marinatos and Palivou 2007: 131. For the Hittite evidence see Niemeier 1969:147-8, and on the other Near Eastern evidence see Sipahi 2001. The date makes it plausible that the Cretan habit derived from the Hittite (note as well that the Hüseyindebe vase does not share the conventional depictions of Cretan art, which might suggest that they had not yet developed); for the nature of Cretan bulls see Sipahi 2001 drawing on Zeuner 1963: 229. Bull sacrifice was definitely a feature of Mycenaean society, and evidence for an extensive sacrificial feast involving several bulls exists at Pylos, see Stocker and Davis 2004, a wide-ranging study of sacrificial habit; but they note that one previous piece of evidence of a bull sacrifice at Knossos has been eliminated by the new restoration of a fresco (p. 190 n. 47). There is no textual evidence for bull sacrifice from Knossos (but so little evidence overall that this is not decisive), while there is ample evidence on tablets from the mainland, see Palaima 2004. Borgna 2004 offers a useful discussion of the differences between Minoan and Mycenaean styles of feasting (showing much more lavish aims amongst the Mycenaeans). One cannot say, especially given the Mycenaean adaptation of bull-leaping, that no bull ever ended up on the dinner table in the wake of one of these events, but the evidence suggests that entertainment, not sacrifice, was the primary aim, and that the bulls used in these routines would have required training.

6 Galan 1994: 93, 96.

7 For the Hagia Triada rhyton see now Koehl 2006: 164-5 and the new drawing on plate 29. Koehl is admirably cautious; the suggestion that this might reflect a team concept is borrowed from Scanlon 1999:38-9 (I am indebted to Professor Chris Ratté for calling this to my attention).

8 For the Near East see C. Carter 1988 (note the plural in one context, which is nonetheless otherwise opaque); Puhval 1988 esp. p. 28 on *KUB* XVII 35 III, 9-15. Other Near Eastern parallels are adduced in West 1995: 45-6. On Jacob see Genesis 32: 23-33 with West 1995:

482-3, for an intriguing perspective. On the Sumerian evidence see Sjöberg 1985: 9; Lament 1995.

9   For issues connected with these burials see Dickinson 1994: 123.

Chapter three

1   Mazarakis Ainian 1997: 375; Lemnos 2002: 223.

2   See also W.C. Scott 1997: 217-18 on the standard elements of presentation in Homer's narrative. For the status of voluntary noncontestants see Kyle 1987.

3   Homer, *Odyssey* 8. 110; those who win the contests include two of the three sons of Alcinous, who are listed.

4   See Hinckley 1986: 211-13 on Ajax and Odysseus; see W.C. Scott 1997: 219-27 on Achilles' role in maintaining the fragile unity of the Greek army through his management of the games, a point with which I concur as a reading of the *Iliad*, which is not the same thing as a reading of the language used as evidence for the practice of sport.

5   For the foot race see *Iliad* 23. 770-9 with Vergil, *Aeneid* 5. 323-30; on prayers see *Iliad* 23. 383-4; 388-9; 399-400; 769-70.

Chapter four

1   This part draws upon a vast body of earlier work. I have tried to represent major schools of thought in the text and notes, and have taken the following works as major points of departure. For victor lists see P. Christensen, *Olympic Victor Lists and Ancient Greek History* (Cambridge, 2007); for what we know about Olympic victors, L. Moretti, *Olympionikai, i vincitori negli antichi agoni olimpici. Atti della Accademia Nazionale dei Lincei. Memorie, Classe di scienze morali, storiche e filologichey* ser. 8, v. 8, fasc. 2 (Rome, 1957), with corrections in L. Moretti, Supplemento al catalogo degli Olympionikai, *Klio* 52 (1970): 295-303; L. Moretti, Nuovo supplemento al catalogo degli Olympionikai, *Miscellania greca e romana* 12 (1987): 67-91, is crucial. For epigraphic evidence on individual victors L. Moretti, *Iscrizioni agonistiche greche. Studi pubblicati dall'Istituto Italiano per la Storia Antica* fasc. 12 (Rome, 1953), is likewise a starting point, as is J. Ebert, *Griechische Epigramme auf Sieger an gymnischen und hippischen Agonen. Abhandlungen der sächsischen Akademie der Wissenschaften zu Leipzig* 63. 2 (Berlin, 1972). S. Minon, *Les inscriptions Éléennes dialectales (VIe-IIe siècle avant J.-C.)* (Geneva, 2007), is invaluable on early texts from Elis. For the events see E.N. Gardiner, *Athletics of the Ancient World* (Oxford, 1930)(rpr. 1955); H.A. Harris, *Sport in Greece and Rome* (London, 1972); M. Golden, *Sport and Society in Ancient Greece* (Cambridge,1998; S. Miller, *Ancient Greek Athletics* (New Haven, 2004); D.G. Kyle, *Sport and Spectacle in the Ancient World* (Oxford, 2007); N. Spivey, *The Ancient Olympics* (Oxford, 2004); the essays collected in S. Hornblower and C. Morgan (eds), *Pindar's Poetry, Patrons and Festivals from Archaic Greece to the Roman Empire* (Oxford, 2007), are generally of an extremely high standard. M. Golden, *Greek Sport and Social Status* (Austin, 2008), offers many excellent insights. The numerous

astute contributions on many aspects of Greek sport by N.B. Crowther, are usefully collected in N.B. Crowther, *Athletika: Studies in the Olympic Games and Greek Athletics. Nikephoros Bei- hefte* 1 (Hildesheim, 2004). M. Scott's valuable *Delphi and Olympia: The Spatial Politics of Panhellenism in the Archaic and Classical Periods* (Cambridge, 2010) appeared after this book was written and I have taken only limited advantage of this work. The crucial work on cults in the development of Greek states is that of F. de Polignac, *Cults, Territory and the Origins of the Greek City-State* (tr. J. Lloyd)(Chicago, 1995).

2   There is some reason to think that the rules limiting participation to 'officially certified' Greeks only were a late change, possibly dating to the early fifth century, as a battered sixth-century text provides for Libyan visitors, but this may simply mean Greeks settled on the coast of Africa rather than the indigenous Libyan tribesmen; see the important discussion in Minon 2007: 59 (on her text 8). On the issue of 'truth' in Pindar's poetry, which has broad implications for the view of sport as a whole, see the important discussion in Pratt 1993:115-30.

3   Thucydides 2.27. Pindar's political views are variously discussed; see Hornblower 2004: 78-86 for a summary of the issues.

4   Minon 2007 n. 13 refers to an earlier text (the extant text dates to the early fifth century) but Elean texts of early date do not include anything that looks like a victor list — early texts are laws and treaties.

5   For Herodotus and sport see, for instance, Herodotus 5.47; 5.71 (possibly an error); 6.92. For an important discussion of 'chronological thinking' in archaic Greece see P.-J. Shaw 2003: 19-25. For Thucydides and the Olympics see Thuc. 3.8.1; 5.49; for a sensible discussion see Christensen 2007: 473; for other discussion see Hornblower 2009: 124. It is not impossible that the stress on pancratiasts in both cases is a comment on the stress on the *stadion* winner in Hippias. Both passages could have been written after 416, and, although not observed by Hornblower, the Greek in Thuc. 5.49 is identical to the style of dating formulae seemingly derived from Hippias, while the omission of the event at 3.9 would make it seem that the reason Doreus was mentioned there is that he would play a part in the account of 411. Most obviously, Thucydidean disapproval of Hippias may be read into Thuc. 2.2.1 where he dates the outbreak of the war according to Spartan, Athenian and Argive systems.

6   The treaty in question is at Dubois 1989 n. 28; but the parallels given on his p. 37 are not actual parallels, and the phrase initiating a hundred-year treaty, which has a possible parallel on *ML* 17, a text that appears to be nearly contemporary with this one, is different. Arthur Verhoogt points out that if the reading of an aspirate at the end of this line is correct, then we must be looking at a word involving the number six. For the other text referred to here see *ML* 17. On the issue of dating, which depends either on the style of lettering or hypothetical reconstruction of events, see Dubois 1989: 32 (late sixth century), or Jeffrey 1990:271 accepting arguments in Dunbabin 1948: 417. For the four-year purification schedule see Curti and van Bremen 1999.

7   See p. 77 below for issues connected with this tradition. For a slightly different take on the role

of Chronos in the passage quoted, looking at the significance for Epinician poetry as a whole (a view that can,I think, accommodate the one offered in this context), see Pratt 1993: 118.

8   The seminal work remains Andrewes 1956: 7-31: for more, see p. 91 below.

9   For Gelon see *ML* 28. For Hieron see *ML* 29.

10 For the beginning of woes see Hdt. 5.97.3. The size of Xerxes, invasion is endlessly debated. For the scale implied here see the discussion in Potter 2006a.

11 For the politics of the period see Antonaccio 2007: 265-7.

12 See Roller 1981: 107.

13 For Themistocles'award see Hdt. 8. 123-4; for the serpent column see *ML* 27. On Themistocles at the Olympics see Plut. *Them.* 25.1; *Aelo VH* 9.5; the event is curiously similar to the account in which the orator Lysias gave similar advice in the case of Dionysius of Syracuse, see Diodorus 14.109, leading to suspicion that the incident is a fabrication. The behaviour corresponds with his earlier suggestion to expel states that had 'Medized' from the association that administered the Pythian games, see Plut. *Them.* 20.3. For a different view see Frost 1980: 206.

Chapter five

1   For age groups see Crowther 1988: 304-8 = Crowther 2004: 87-92; Crowther 1989: 100-2 = Crowther 2004: 93-6; for the unfortunate competitor see Art. *On.* 5.13; for the oath see Pausanias 5.24.9-10.

2   For the whereabouts of Hieron see Antonaccio 2007: 268; Nicholson 2005: 33 notes that Hieron was probably already competing in chariot races.

3   For this spelling of his name see Pouilloux 1954: 63.

4   The spelling of the name in literary sources is invariably Theagenes, and I have retained it as the spelling that Pausanias would have used.

5   *IG* 12.8 n. 278 1. 1 with Pouilloux 1954: 63.

Chapter six

1   The change in the way the victors are described, varying from the adjectival form of the city in the nominative to the genitive, is reflected in the translation here.

2   Sinn 2002: 55.

3   Paus. 5.9.4-6 says that this was instituted in 580 and that the number was raised first to 9 in 400, and then to 10 in 392; twelve were selected in 368 after a constitutional change in Elis. After 348 there were just 10. There is a genuine question about whether the title is original, stemming from the use of *diaitater* in Minon 2007 n. 5. It seems to me that the *diaitater* mentioned on this text should not be identified with the *Hellenodikai* whose role appears to have been that of senior administrators, whereas the *diaitateres* are match officials, on the analogy of officials mentioned in Xen. *Lac.* 8.4; for another view see Ebert 1997: 212-15 = Ebert and Siewert 1999: 398-400; Crowther 2003: 65-6 = Crowther 2004: 59; Minon 2007:

532-5; for the office at Epidauros see *SIG*[3] 1075. The earliest attested usage of the word is in Minon 2007 n. 18. For an excellent reconstruction of the events of a festival, and one to which the discussion that follows is heavily indebted, see S. Miller 2003.

4   See p. 81-2 below.

5   For calculations see Lupu 2005: 369-70. For the institution of the Olympic training period of thirty days see Crowther 1991a: 161 = Crowther 2004: 66; he notes that the training period may not have been instituted until after 471, given that Elis was refounded as a *polis* in 471; my suspicion is that it had to do with the date of the Isthmian games. Certainty, as Crowther rightly notes, is impossible.

6   For spectator capacity in the stadium at Isthmia see Romano 1993: 28 (the later stadium was much bigger).

7   For Theogenes in this year see *Ins, ag.* n. 21; for Dandis see Moretti 1957: 89; for Theognetus see Pindar *Pyth.* 8.35 with other sources in Moretti 1957: 90.

8   For repairs at Delphi see Bousquet 1989: n. 139 (with full bibliography). From Elis to Olympia as the crow flies is 22 miles, but the twists and turns of the ancient road extended that distance to around 36-40 miles, see Lee 2001: 28; Crowther 2003: 65 = Crowther 2004: 58.

9   For the politics of this period see Andrewes 1952.

10 For bibliography see n. 3 above. The Greek letters kappa and alpha are visible on the text before the word 'drachmas' in line 7.

11 For the Hadrianic text see Petzl and Schwertheim 2006; Jones 2007; Slater 2008; Potter 2010c. This text is discussed at greater length on p. 301-6 below. For the view that the language of the text from Olympia is concerned with those who broke their oath see Minon 2007: 42-3; for the view that this refers to people guilty of serious crimes, who were certainly banned, see Dem. *Or.* 27.4 with Ebert 1997:209-21 = Ebert and Siewert 1999:400-12. For fears about fixing the results see Ebert 1997: 229-32 = Ebert and Siewert 1999: 408-10. For sex see Minon 2007 n. 4.

Chapter seven

1   For Xenophon see Xen. *Mem.* 3.13.5-6 with Crowther 2001: 38-9 = Crowther 2004: 37. For Plato see Ael, *VH* 4.9 with Crowther 2001: 45 = Crowther 2004: 45.

2   For stadium size see Romano 1993: 22; for the mule-cart race see Paus. 5.9.2; with Nicholson 2005: 82 n. 1 on issues to do with the date of the abolition of the event. For competitors in the heavy events the numbers are obviously derived from the number of rounds–assuming four in the heavy events, which would allow a maximum of 16 competitors; it is quite possible that many more athletes showed up and were disqualified; on this aspect of the thirty-day training period see Crowther 1988: 164 = Crowther 2004: 68. Crowther 1993: 48-9 = Crowther 2004: 179 uses lower numbers; my discussion is based upon his discussion in his 1992:68-74 = Crowther 2004:215-21. For the battle of Mantinea see Thuc. 5.67 with Gomme, Andrewes and Dover 1970: 116.

3   For discussion of the varied elements of food supply ranging from sacrifice to consumption by

spectators see J.M. Renfrew 1988:174-81 esp. 178-80. For Alcibiades see Mann 2001: 102-17, though note the context offered by the career of the Athenian aristocrat Megacles earlier in the century, discussed in Mann 2001: 86-102.

4   Conditions: Aelian *VH* 14.18; Crowther 2001: 44 = Crowther 2004: 44; Sinn 2002: 75 (on water).

5   For the number of contestants in combat events see Pin. *Ol.* 8.68; Pin. *Pyth.* 8.81; for numbers at the starting gates see S. Miller 2004: 37-8; on the long bout see *SIG*^{3} 1073, 23-4; for a translation see p. 285 below. See also Crowther 1988: 308 = Crowther 2004: 91.

6   For the oath see Paus. 5.24.9-10. The placement of the boys'events here is by no means certain, see Lee 2001: 21-2, 52-3; S. Miller 2003:18-19; Kyle 2007: 119. The pentathlon was switched to the third day after 472 when the pancration was delayed by the length of the preceding competitions; see Lee 2001: 40-1.

Chapter eight

1   For 'Breeze' see Paus. 6.13.9. For other points see Bell 1989: 175-6; for the timing of the races see Lee 2001: 40; the *kalpe* might have come first.

2   For Athens see Paus. 5.9.2; mule jokes: see also Crowther 1994: 123 =Crowther 2004: 231: Pin. *Ol* 6. 25-30; 5.7.21-3; Simonides fr. 515 with discussion in Nicholson 2005: 82; Paus. 5.9.2 on dignity.

3   For the meaning of *dromos* see Crowther 1993: 33-7 = Crowther 2004: 241-4; see also Hdt. 6.11.1 for the Athenian army. For the text translated here see Ebert 1989: 89-107 = Ebert 1997: 336-56 at pp. 354-5. Reports of the discovery of the hippodrome in 2008 http://news. nationalgeographic.com/news/2008/07/080724-olympics hippodrome_2.html) have proved to be over-optimistic. Test excavations have failed to confirm the presence of actual structures, see *Archäologischer Anzeiger* (I am indebted to Dr Reinhard Senff for information on this point).

4   Pin. *Pyth.* 5.49-4 and Golden 2008: 73.

5   There are very good summaries of the issues in Golden 1998: 69-73; S. Miller 2004: 60-74; Lee 2001: 40-7; and Kyle 2007: 121-3. For the order of events see Art. *On.* 1.57; *Anth. Pal* 11.84; for the requirement that the victor win three events see *Schol. ad Arist.* 3.339; Hdt. 9.33; Paus. 3.11.6. For making it to the wrestling see Xen. *Hell* 7.4.29. For the discus see *SEG* 15 n. 501; Paus. 6.19.4. For Peleus see Phil. *Gym.* 3.

6   Paus. 6.13.3, with further discussion in Moretti 1957: 82-3.

7   Phil. *Gym.* 32-3; Spivey 2004: 114-5 on running fast in the *stadion* race. For Astylus see Paus. 6.13.3 with further discussion in Moretti 1957: 82-3. For different measurements see Broneer 1973: 64.

8   See Phil. *Gym.* 8 for the connection between the length of the race and the battle, though the assumption that the length of the race was directly connected with the final assault is a conjecture. For the physique of runners see Luc. *Cal.* 12; Spivey 2004: 112.

9 Moretti 1957:61-2 for the sources and the traditional date; for analysis of the artistic evidence showing that nudity became commonplace only in the mid-sixth century see McDonnell 1991; 1993.

10 Thuc. 1.6.5-6. The literary traditions about Orsippus are dealt with in Crowther 1982: 163-6 = Crowther 2004: 136-8.

11 See in general the valuable discussion in Osborne 1997, though in light of Theog. 1335-6 he might understate the sexual aspect of nudity in the sixth century–on which also Douglas 2007: 402-4; on the costume see esp. Bonfante 1989: 543; Hdt. 1.10.3; 7.208; Thuc. 1.6 with Bonfante 1989:546,551. For military explanations see Moutaridis 1985; for the hunting hypothesis which makes the athlete a sort of sacrifice see the engaging discussion in Sansone 1988. For a review of other views see Crowther 2004: 169–70. For looking like a contender, see Ar. *Pol.* 1254b.29-30 with discussion in Golden 2008: 54-5.

12 For the issue of byes and the determination of opponents see Robert 1949b: 107-10; Lee 2001: 63-4; Crowther 1992: 68-74 = Crowther 2004: 215-21; Crowther does not allow for the possibility of injury, but it seems to me to be critical. On the draw see SIG^3 1073 n. 54, 17-21 with p. 285 below; see also *Iscr. ag.*, n. 64.

13 For sunrise and sunset times see http://www.sunrisesunset.com/; SIG^3 1073 n. 54, 24 for the stars.

14 Poliakoff 1987: 23 for three falls. See in general Lee 2001: 62-4; *Iscr. ag.* n. 64 provides evidence to suggest that there were only three rounds in the boys' division.

15 Cheating: Poliakoff 1987: 23-4. See esp. *2009 NCAA Wrestling Rules and Interpretations*, 101-3 (http://www.docstoc.com/docs/1848264/ 2009-NCAA-Wrestling-Rules-and-Interpretations); *Rule Book and Guide to Wrestling* 2009 edn (Colorado Springs, Colo.): 48-51. For the wrestling manual see p. 145; on grappling around the waist see Poliakoff (1982): 42-3; *SEG* 42 n. 1185; Horsley and Mitchell 2000 n. 126-7.

16 Paus. 16.14.5.

17 Phil. *Gym.* 34.

18 Paus. 6.12.6 on a victor in boys' boxing who won without being hit; Eusebius under the year 240 for 'Cleoxenus of Alexandria won the boxing without injury' (see Christensen and Martirosova-Torlone 2006: 31-93); for boxers bleeding: Vatican Museum, Astarita 27; Vatican Museum 416.

19 I am indebted to Nellie Kippley for pointing this out, and to Stan Berent for referring me to Nonfatal Traumatic Brain Injuries from Sports and Recreation Activities–United States, 2001-2005, http://www.cdc.gov/mmwr/preview/mmwrhtml/mm5629a2.htm. See also the discussion in Berent and Albers 2009: 1224-1309.

20 For a low blow see Villa Giulia Museum, Mingazzini (1930) n. 477. Pausanias 8. 40.3-5 with discussion in Brophey 1978: 384-5. For the notion that blows to the head were regarded as more 'manly'see Gardiner 1910: 421.

21 For the introduction of pancration see *Iscr. ag.* n. 3; Ebert 1972 n. 2. On the nature of

Arrachion's injuries see Brophey 1978: 380-1.

22 For dreams of bodily harm see Art. On. 1.12 with discussion in Poliakoff 1987: 63. For unintentional homicide see Dem. 23. 53; *Ath. Pol* 57.3; Plato, *Leg.* 865a with Rhodes 1981: 644-5. On the murderous victor see *Iscr. ag.* n. 29; Ebert 1972 n. 44 with discussion in Brophey and Brophey 1985: 173-6; Poliakoff 1986: 401. For the unfortunate see *Insc. Eph.* n. 3445 with Poliakoff 1986: 400. For the training accident see Hipp. *Epid.* 5.14 with discussion in Poliakoff 1986: 401. Stan Berent points out to me that the likely injury was to the liver or spleen, or a broken rib that punctured the lung. These would result in both the fever and coughing of blood. For Camelus see *SEG* 22 n. 354 with discussion in Golden 2008: 72.

Chapter nine

1 For the public performance of Epinician poetry, see e.g. Pin. *Is.* 1.1-10; 8.62-8; Pin. *Nem.* 3.1-12; 65-5; Pin. *Ol.* 6. 87-92; Pin. *Pyth.* 5. 22; 103-4; 10.4-6; 55-9 with Carey 1989: 545-65 against suggestions that they were not performed; for anticipated revival in a different format see Pin. *Nem.* 4.14-16 and the discussion in K. Morgan 1993: 1-15. For the issue of choreography see Mullen 1982: 41-5 including a very good discussion of the absence of dance notation and scores. On the timing of odes see in general the excellent discussion in Carey 2007: 199-210. For samples of Greek music see http://www.oeaw.- ac.at/kal/agm/index. htm with recordings based on samples of ancient notation. I am indebted to Sara Forsdyke for bringing this to my attention. See Loomis 1998: 94-6 on statue prices; on the cost of maintaining an ancient trireme, the basic battleship of the period, see Loomis 1998: 39 (the price of battleships went up in the later fifth century, so the price of a bronze statue would equal two weeks' operating costs). Loomis 1998: 96 on lack of consistency in the evidence for payments and the disjuncture between what we are told performers were paid and what the literary tradition says the writers were paid.

2 For the role of Ibycus see Barron 1984; Hornblower 2004: 17-28, missing the important observations on Tyrtaeus fr. 12 West in Thomas 2007: 147 (a splendid article). For Cimon et al. see *Iscr. ag.* n. 4-5; Ebert 1972 n. 3 (an improved text of *Iscr. ag.* n. 5); Hdt. 6. 34-6; 103. See also Mann 2001: 82-5. See in general G. Anderson 2003: 70-1, 159-63 for Athens.

3 Pin. *Ol.*8.68; Pin. *Pyth.* 8.81 (shame). *Iscr. ag.* n. 1; 6. See also *SEG* 53 n. 819, a bronze vase dedicated by a victor on Delos in the sixth century. See Smith 2007: 136-7; see also Hermann 988: 123-4 on statues. Rausa 1994: 79-80 on hair styles. Smith 2007: 103-22 on pubic hair.

4 Hdt. 3.137.

5 Hdt. 6.105.2-3; 103 (Phlippides); 6.117.2 (Epizelus); 8.38; 84.2 (note also the miraculous appearance of sacred weapons before the temple of Apollo at Delphi at Hdt. 8.37.1-2).

6 For Euthymus see Paus. 6.6.4 with the important study by Currie 2002: 24-44. For the parentage of Theogenes see Paus. 6.11.2 with Pouilloux 1954: 66, 69. It is perhaps relevant to the case of Euthymus that the announcement of the Olympic truce at the city of Selinous, according to a text that dates to his lifetime, was connected with purification rituals linked with

local heroes. It is perhaps not stretching credulity to think that associations between the games and local cult could have stimulated the development of cult for living athletes. For the text in question see Lupu 2005 n. 27 with Curti and van Bremen 1999: 29-30. See in general the excellent treatment in Currie 2005. For the sources and issues concerning Glaucus see Moretti 1957: 73-4. For Cleomedes see Paus. 6.9.6-8; the story was widely repeated in Pausanias' time, but seems nonetheless to be much earlier; for other references see Fontenrose 1968: 74 n. 1. For Euthycles see Call. *Aet.* fr. 84-5 and discussion in Fontenrose 1968: 74; and Pfeiffer's note on fr. 85. For the statue of Oebates see Paus. 6.3.8; 7.17.6. For the date and other sources see Moretti 1957: 60. It is not clear that the story as repeated in the fifth century requires belief in the existence of the eighth-century runner. *Anth. Pal* 11.316; Paus. 6.14.5-8 on Milo.

7 Paus. 6.6.6; *IvO* 144.

8 Sokolowski 1962 n. 72 for the text of the Theogenes inscription. For Hermes see A.B. Drachmann, *Scholia Vetera in Pindari Carmina* 1 (Leipzig, 1903): 195-6, 199.

Chapter ten

1 Isocrates *Or.* 16.33.

2 For what follows here I am indebted to de Polignac 1995: 32-88.

3 For an excellent summary of the development of Assyrian power see now Bedford 2009: 30-65.

4 Homer *Il* 11.698-702.

5 For an account of the excavations see Mallwitz 1988 esp. 98-9. For a summary of the issues connected with the development of the games see Davies 2007. For Pelops see Antonaccio 1995: 175; Kyrieleis 2003: 41-60 esp. 48-9, 54-5; Kyrieleis 2002b: 213-20 esp. 216-17. For the oracle of Gaia see Paus. 5.14.9-10 with C. Morgan 1990: 42. For the development of the site in the seventh century see the admirably cautious treatment in M. Scott 2010: 148-53. The view taken of the early tripod dedications is somewhat different from that in Morgan 1990: 43-7, 89-92. I agree with Morgan that the tripods must be signs of competitive display by aristocrats, but I do not see how this need be a significant regular athletic festival. See P.-J. Shaw 2003: 60 on the first reference to the Olympics in Greek literature.

6 For Isthmia see Broneer 1973:4,65; Gebhard 2002:228-30. For Delphi see Rolley 2002: 278. For Nemea see S. Miller 1988b esp. 142-3; S. Miller 1990: 58-61, 108-110; S. Miller 1988b: 246 on Opheltas.

Chapter eleven

1 For the Spartan perspective N. Kennell, *The Gymnasium of Virtue: Education and Culture in Early Sparta* (Chapel Hill, 1995), is the crucial place to begin, as is the excellent collection of essays in S. Hodkinson and A. Powell (eds), *Sparta: New Perspectives* (London, 1999). For Athens, the starting point is D.G. Kyle, *Athletics in Ancient Athens. Mnemosyne* suppl. 95 (Leiden, 1987), while for gymnasia in general J. Delormel', *Gymnasion: étude sur les*

monuments consacrés a l'éducation en Grèce (des origines a l'Empire romain Bibliothèque des Écoles Françaises d'Athènes et de Rome 196 (Paris, 1960) remains crucial. There are numerous important perceptions in M. Golden, *Sport and Society in Ancient Greece* (Cambridge, 1998), and the same author's *Greek Sport and Social Status* (Austin, 2008). There remains as well much to be learned from E.N. Gardiner, *Greek Athletic Sports and Festivals* (London, 1910), even if one rejects his overall thesis about the decline of Greek sport into professionalism. The same can be said of H.A. Harris, *Greek Athletes and Athletics* (London, 1966). The administration of a gymnasium is now illuminated in fascinating detail in P. Gauthier and M.B. Hatzopoulos, *La loi gymnasiarchique de Béroia* ΜΕΛΕΤΗΜΑΤΑ 16 (Athens, 1993). For Aeschines'Against *Timarchos* N. Fisher, *Aeschines, Against Timarchos* (Oxford, 2001), is crucial (I have adjusted the Greek spelling in his eloquent translation to conform with the Latinized spellings of Greek names elsewhere in this book). The abbreviation *FGrH* refers to *Die Fragmente der griechischen Historiker,* the ongoing edition of the fragments (mostly quotations in later authors) of Greek historians whose work has not survived in the manuscript tradition. The commentaries provided by the first editor of this project, Felix Jacoby, are exceptional. L. Moretti, *Olympionikai, i vincitori negli antichi agoni olimpici. Atti della Accademia Nazionale dei Lincei. Memorie, Classe di scienze morali, storiche e filologichey* ser. 8, v. 8, fasc. 2 (Rome, 1957), and the accompanying updates (see chapter 4, note 1) remain crucial for chronological issues.

2　For the games at Tyre and in Egypt see Arr. *Anab.* 2.24.6; 3.1.4; 3.5.2; for the games near Susa and before the central Asian campaign see Arr. *Anab.* 3.6.1; 16.9; 25.1; for central Asia see Arr. *Anab.* 4.4.1; 5.3.6; 8.3. For Alexander's dislike of boxing and pancration see Plut. *Alex.* 4.11 with discussion of the context in Hodkinson 1999: 159.

3　Xen. *Anab.* 4.8./25-8 with Golden 1998: 1-2.

4　Paus. 6.9.6-7; Hdt. 6.27 with T. Morgan 1998: 19. That democratic institutions may have developed under the influence of Panhellenic sports, argued in S. Miller 2000, seems improbable in light of the dating issues discussed in the last chapter.

5　For Spartan participation in the Olympics see Hodkinson 1999: 157 n. 27. See Hodkinson 2000: 303-33 for an analysis of Spartan equestrian victors in general; for other events and games see Mann 2001: 122; Hodkinson 1999: 160-77; note esp. his p. 161 see note 34 on Spartan participation in the Panathenaia in the late sixth century; it is not implausible that connections formed between Spartans and individual Athenian aristocrats played some role in Spartan interventions that resulted in the expulsion of the Pisistratids and the formation of the fifth-century Athenian constitution.

6　See also Gardiner 1910:467; for the existence of a gymnasium building that included stoas in 465 BC at Sparta see Plut. *Cimon* 16.5.

7　For crucial analysis of the evidence for the *agôgê,* (training) see Kennell 1995: 5-48. No source states explicitly that children in the period I am discussing moved into the educational system at age 14, but this is the age attested in the Hellenistic version of the system and which, I suspect, preserves the earlier entry age, which seems to be based on the age at which a class of children could be assumed to have entered puberty; on this point I take comfort from the observations of Ducat 1999: 50. The discussion of age classes in Davidson 2007: 389-90 misses the point of Kennell's analysis. Kennell 1995:116-8 is the source for the version of the educational system in this text; he points out that the word traditionally used—*agôgê*—does not appear until the third century, at which point the classical system seems to have undergone significant change.

8   Singor 1999; Ducat 1999: 45-7.

9   For pre-Solonian Athens see Rihll 1991; for somewhat different views see Andrewes 1982: 375-91; de Ste Croix 2004: 109-28; Paus. 1.30.1; Ath. *Diep.* 13.609d. The relationship with Eros is implied in Ar. *Nu.* 1005-8 with Delorme 1960: 37-8; Kyle 1987: 73; Dover 1968: 221-2.I suspect that the assertion that Solon created a public gymnasium, implied in Aesch. *Tim.* 9-10; 138, is based upon invented texts (or later ones), though see now the discussion in Fisher 2001: 130-1. For Cleisthenes of Sicyon see Hdt. 6.126.3. On the fifth century see Plut. *Cimon* 13.7 with Kyle 1987: 73-4; Delorme 1960: 41-2.

10   [Xen.] *Ath. Pol* 2.10; on the identity of the author see the diverse views proposed in Bowersock 1966 (440s) and Forrest 1970 (mid- 420s). For further bibliography (though definitely *not* a solution) see Hornblower 2000.

11   On ephebes in general Rhodes 1981:494-5 summarizes the evidence. See also Thuc. 1.105.4 with Gomme 1945 ad loc.; 2.13.6 and Gomme 1956 ad loc. See on the athletic aspect in general Sekunda 1990; Osborne 1993; Fisher 1998: 84-94.

12   On Plato see also the further parallels discussed in Gardiner 1910: 129-32; for the Lyceum see Kyle 1987: 78; *FGrH* 115 fr. 136 (sixth century); *FGrH* 328 fr. 327 with Jacoby's excellent note. For the Cynosarges, Delorme 1960: 45-9; Kyle 1987: 84-92; for more on the issue of social status see Humphreys 1974: 88-95. On the point that gymnasia were not just for children, see Delorme 1960: 49.

13   See Plato *Theaetetus* 144c for the outside track at the Lycaeum with Gardiner 1910: 472. On other aspects see Delorme 1960: 54-7; for the garden at the Academy see Hyp. C. *Dem.* 26; for the actual meaning of *epistates* see [Plut.] *Lyc.* 841c-d; 843e—for the enhancement of existing buildings see Delorme 1960: 56.

14   Xen. *Hell* 4.4 with Delorme 1960:62-3 (Corinth); 68-72 (Elis); 74-80 (Thebes and Delos); 80-2 (Pherae); 90-2 (Syracuse); 87-8 (Gortyn, Oreos, Byzantium and Ephesus).

15   It is easy to exaggerate our knowledge of specific functions connected with these institutions and, as will be clear, it is not legitimate to read backwards from later periods in which gymnasia had more extensive staffs and more specific purposes; see in general Humphreys 1974: 90-1, though she ignores Hyp. C. *Dem.* 26 while noting payments to the cult of Hercules at Kynsarges (*ML* 72), which is likely irrelevant since the sums are small, suggesting that the cult was administered apart from the gymnasium.

16   On this point see Fisher 1998: 94-104; Davidson 2007: 76-115; and on the importance of

equality between sexual partners in judging the propriety of relationships, Cohen 1991; 171-202; Cohen 1995: 143-62.

17 See Hubbard (2003): 81-112.

18 For a sensible summary of the issues connected with fourth-century ephebic institutions at Athens see Lambert 1993: 148-9. T. Morgan 1998: 29 shows that the evidence does not support the assumption that literate education routinely took place in the gymnasium; for the size of ephebic classes and general elitism of athletics at Athens see Pritchard 2003: 293-349, esp. 329 (number of ephebes).

Chapter twelve

1 See Robert 1968a = Robert 1989a: 510-51.

2 The basic publication of the text is Gauthier and Hatzopoulos 1993. There is a good English translation and discussion in Lupu 2005 n. 14. The translations here are my own.

3 Gauthier and Hatzopoulos 1993: 56.

4 For Philip V on citizenship see SIG^3 543. The relevant texts on the administration of the gymnasium are discussed in Wilhelm 1933: 846-58 = Wilhelm 1974: 424-36.

5 The text is problematic on the prizes donated by the gymnasiarch; for discussion see Lupu 2005: 263-4; as is clear in this book, I incline to the view of Pleket 1999: 235; for these contests see Crowther 1985: 289-91 = Crowther 2004: 337-9; Crowther 1991b = Crowther 2004: 341-4. For further context see Kyle 1987: 36, 40-1; IG II^2 2311; $FGrH$ 328 fr. 102; $Ath.$ $Pol.$ 60.3 with Rhodes 1981: 676 on the contest of *euandria* (manly fitness) at the Panathenaia, possibly overstating the military connotations based on Jacoby's; the issue is clarified in Robert 1967: 11 n. 4 = Robert 1989a: 351; Crowther 1985: 289 = Crowther 2004: 336 suggests that the contest was 'a team event that incorporated elements of beauty, size and strength. 'For the Theseia (festival of Theseus) see IG II^2 956.

6 Pliny NH 28.13; Galen 12.283; 116 Kühn with Kennell 2001: 130 for tumours and inflammations. Galen 12.283 Kühn for haemorrhoidal swelling. See the history of copper in medicine at http://www. purecolloids.com/history-coppere.php and the Wikipedia entry at http://en.wikepedia.org/wiki/Copper_healing. Galen is cited according to the monumental edition by K.G. Kühn (Leipzig, 1821-1833) accessed through the *Thesaurus Linguae Graecae* (the online library of Greek texts).

7 On the anointing issue the crucial evidence is provided by Lucian *Anacharsis* 1, quoted on p. 145 below.

Chapter thirteen

1 For Melesias see H.T. Wade-Gery, 1932 = Wade-Gery 1958: 239-70; Nicholson 2005: 135-55. For Diagoras and clan see Pin. *Ol.*7; Paus.6.7.3with Moretti 1957: 100, 102; Harris 1966: 123. On the youngest brother, Thuc. 3.8; 8.35; 8.84 with Gomme, Andrewes and Dover 1970: 77 (Thuc. 8.35.1 for a concise discussion of the career); at greater length see Hornblower 2004:

131-45. Harris 1966: 123-4 is concise and useful. For a good discussion of athletic families see Golden 1998: 108-9. On the family of Doreius see Paus. 5.6.1; see Ael. *VH* 10.1 identifying the woman in question as Pherenike and giving a slightly different version of the story. For Alcaenetus see Paus. 6.7.8.

2 For Hagesidamus see Pin. *Ol.* 10. 99-105; 16-21 with Hubbard 2003: 1-2. For Nemea see S. Miller 2001: 311-63; n. 2b for '1 won'; see also 14. I am inclined to think that the formula 'X is beautiful to the people of some place' may also be intended to be derogatory. For Iccius see Paus. 6.10.5; Plato *Leg.* 7.839e; Aeli *NA* 6.1; *VH* 11.3; with Moretti 1957:103; see also Aeli *VH* 10.2 on the abstinent charioteer Eubatas of Cyrene, for whom see also Moretti 1957: 110, 121. For Clitomachus see Paus. 6.15.3 with p. 80-81 above; Aeli *NA* 3.20; *VH* 11.3; Plut. *Quaest. Conv.* 7.7 with Moretti 1957: 141.

3 On the biochemistry of exercise see Sheir, Butler and Lewis 2007: 120-3; 296-7, 722-3, 744.1 am indebted on these points to the guidance of Nellie Kippley. See Sheir, Butler and Lewis 2007: 714 for Armstrong.

4 For Herodicus see Jünther 1909: 8-16; For Diotimus see Jünther 1909: 16.

5 Galen *Thras.* 47 (Kühn 5 p. 898).

6 For the scope of Theon's works see Galen *De sanitate tuenda* 2.3 (Kühn 6 p. 96; 103; 209 *Gymnastikon;* on this point the TLG text gives the third rather than the sixteenth book); 3.3; 8 (Kühn 6 p. 182; 208 referring to the book as *Peri Ton Kata Meros Gymnasion*) with Jünther 1909: 17-22. See Galen, *Thras.* 47 (Kiihn 5 p. 898) on terminology. Discussions of the varieties of massage are quoted from the first, second and third books of the *Particulars of Exercise'* see Galen, *De sanitate tuenda* 2.3; 3.3 (Kühn 6 p. 103; 6 p. 182).

7 On claims of overeating and feeding see Galen, *Oratio Suasoria* 11 (Kühn 1 p. 28); see also *De bono habitu* (Kühn 4 p. 754; the work is too short to merit chapter divisions). As for Philostratus, Jünther 1909: 107-31 is crucial on the sources; see also König 2005: 301-44. For Galen's self-presentation see Mattern 2008: 138-58; on Galen's conflict with athletic trainers see now Konig 2005: 254-300; Konig 2009.

8 For meat see Phil. *Gym.* 43； see also Galen, *De alim fac.* (Kühn 6 p. 486); for discussion of Philostratus in the context of modern training see Grivetti and Applegate 1997: 874S-877S. For Dromeus see Paus. 6.7.10 and see also Moretti 1957: 85. For modern diets see Grand- jean 1997: 874; 'High-fat Diet Impairs Muscle Health before Impacting Function' *Science Daily* (6 October 2009) at http://www. sciencedaily.com/releases/2009/10/091005210011 .htm#at.

9 For the tendency of combat athletes to be over-represented in stories about athletic diet see Harris 1966b: 87-90. For the calculation of Milo's consumption see Grandjean 1997: 875S.

10 Phil. *Gym.* 43.

11 For the translation see Poliakoff 1986a: 161-72.

12 For the early twentieth century see Gardiner 1910: 296 and http:// stanford.wellsphere.com/ sports-article/power-setp-up-exercise- improves-speed/843264.

13 Paus. 6.14.5-8; Galen *De sanitate tuenda* 2.9 (Kühn vol. 6 p. 141).

14 For shadow-boxing see Phil. *Gym.* 50. For typical training techniques see Gardiner 1910: 433-4; for slaves as sparring partners see Hipp. *Ep.* 6.8.30 (this in a wrestling context); Dem. *Or.* 4.40-1; Galen *De anat. admin.* 7.13 with discussion in Golden 2008: 65-6. For the general low status of sparring partners see also Harris 1996: 177. For padded gloves see Poliakoff 1982: 95-6.

15 The best introductions to physiognomies remain Gleason 1995:64-7; Gleason 2010:67-84. For this section of Philostratus see Harris 1996b 173-4. For ancient life expectancy see Frier 2010:85-109; with respect to the trainer see Phil. *Gym.* 29.

16 For the pentathlete see Phil. *Gym.* 31. For the boxing belly see Phil. *Gym.* 34 with Harris 1996b: 177.

17 For ideal wrestlers see Phil. *Gym.* 35. For Leonidas see Phil. *Gym.*33 with Moretti 1957: 144-5. For oracular advice see Phil. *Gym.* 41; *Her.* Phil. 678-9. For helix see Jones 1998.

18 The issue of aristocratic dominance is stressed by Pleket 1974: 57-87; Pleket 1975: 49-89; Golden 2008: 32-4; the Athenian evidence is collected in Kyle 1987: 102-23.

19 For detailed analysis of this text see Robert 1967: 14-32 = Robert 1989a: 354-72.

20 For Astylus see Paus. 6.13.1; what follows is based on Robert 1967:19-22 = Robert 1989a: 359-62. For rewards at Athens see *IG* I³ 131 with Kyle 1987: 145-7; Golden 1998: 76-7.

21 For athletic virtue see in general van Nijf 2003: 264-86. For athletes taking a beating see Epictetus *Disc.* 15.2-5. For Philostratus on luxury see Phil. *Gym.* 50-2. The classic discussion of the inner *cinaedus* is Gleason 1990.

22 *SIG*³ 36 with Pouilloux 1954: 78-82 for Theogenes. For Damonon see Hodkinson 2000: 303-7. For Croton see Nicholson 2005: 27-8; Mann 2001: 164-7; for Aspendus see *SNG* France 101. For Argos see Lewis 1990: 258-9 = Lewis 1997: 72. For Athenodorus see *IE* 2005 with Robert 1967: 28-32 = Robert 1989a: 368-72.

23 The crucial discussion of this text is Robert 1978 = Robert 1990: 681-94.

24 Ar. *Poet.* 1456; 1459b; Luc. *Apol.* 5 with Robert 1978: 286 = Robert 1990: 690.

Chapter fourteen

1 The crucial work on the Roman circus remains J.H. Humphrey, *Roman Circuses: Arenas for Chariot Racing* (Berkeley, 1986), though for matters of organization E. Rawson, Chariot-Racing in the Roman Republic *PBSR* 49, 1-16 = Rawson, *Roman Culture and Society. Collected Papers* (Oxford, 1991), 389-407, is crucial. For Etruscan games J.P. Thuillier, Les jeux athlétiques dans la civilisation Étrusque *Bibliothèque des Écoles Françaises d'Athènes et de Rome* 256 (Rome, 1985), is the starting point and an admirable example of sensible analysis, as is the seminal work on gladiatorial combat in the west, G. Ville, La gladiature en Occident des origines à la mort de Domitien *Bibliothèque des Écoles Fran'aises d'Athènes et de Rome* (Rome, 1981). Similarly seminal is L. Robert, *Les gladiateurs dans l'orientgrec* (Paris, 1940). There is enormous debate over the origin and function of the gladiatorial event. The most significant arguments, aside from Ville and Robert, are T. Weidemann, *Emperors and*

Gladiators (London, 1992); D.G. Kyle, *Spectacles of Death in Ancient Rome* (London, 1998), and K. Hopkins, Murderous Games, in K. Hopkins, *Death and Renewal: Sociological Studies in Roman History 2* (Cambridge, 1985),1-30.1 have discussed the books by Weidemann and Kyle in *Journal of Roman Studies* 84 (1994) and *Journal of Roman Archaeology* 14 (2001) respectively. For practical aspects of gladiatorial combat (and reconstructions of style of gladiatorial combat) see Junkelmann 2010. For the late Republic, R.C. Beacham, *Spectacle Entertainments of Early Imperial Rome* (New Haven, 1999), is very helpful, and for the events of 44 BC G. Sumi, *Ceremony and Power: Performing Politics in Rome between Republic and Empire* (Ann Arbor, 2005), is splendid. For amphitheatres J.C. Golvin, *L'amphithéâtre romain. Essai sur la théorisation de sa forme et de ses fonctions* (Paris, 1988), remains a magisterial achievement. A. Futrell, *The Roman Games: Historical Sources in Translation* (Oxford, 2006), offers a useful collection of sources; her *Blood in the Arena: The Spectacle of Roman Power* (Austin, 1997), is also useful on the development of the entertainment system. The essays in M.M. Winkler, Gladiator: *Film and History* (Oxford, 2004), provide a good introduction to the place of amphitheatric spectacles in contemporary culture. W.J. Slater, *Roman Theater and Society. E. Togo Salmon Papers* 1 (Ann Arbor, 1996), and B. Bergmann and C. Kondoleon, *The Art of Ancient Spectacle*. Studies in the History of Art 56. Center For the Advanced Study of the Visual Arts (National Art Gallery, Washington, distributed by Yale University Press: New Haven,1999), both contain a number of significant papers. Z. Newby, *Greek Athletics in the Roman World: Victory and Virtue* (Oxford, 2005), is an important addition to the study of Greek athletics at Rome.

2   For a review of recent scholarship on the creation of the province of Asia see Jones 2004: 469-85; Mitchell 2008: 165-201.

3   Sherk 1969: n. 57.

4   For the significance of the earlier privileges see van Nijf 2006: 226; for purple see Reinhold 1970: 29-36.

5   *AE* 2006 n. 1455, updating *IE* 4101.

6   Sherk 1969: n. 49; for diverse athletic associations see *I. Eryth.* N. 429 with Forbes 1955: 239-40: Robert 1949b.

Chapter fifteen

1   Dio 12.19.

2   On kings and festivals see Golden 2008:16-17; S. Miller 2004: 223-4. For the picture of Roxane see Lucian *Herod. 4* with Spivey 2004: 195; and Diod. 18.18.3-5 for the exiles. For the *theoroi* at Nemea see D. Miller 1988a; the identification of the latter figures is less secure than that of the former.

3   For the resolution of dead heats at Olympia see Crowther 2000: 134 =Crowther 2004: 305; for reruns see Art. *On.* 5; for another victory by acclamation at Olympia, albeit much later, see *SIG³* 1073, 45. For nameless Argive historians see *FGrH* 311 fr. 1. This discussion of

Posidippus is heavily derivative of Cameron 1990: 295-304.

4   For the distinction between different *themides* and other games see Robert 1984:36 = Robert 1989b: 710; for the early Sotereia see Nachter-gael 1975: 304-13. The phrase' make sacrifice . . . the Greeks' is borrowed from *SIG³* 398. For the developed festival see Nachtergael 1975: 329-38, 356-73; Scholten 2000: 100-2.

5   For games in the Hellenistic world see Robert 1984: 36-7 = Robert 1989b: 710-11. For the games at Magnesia see Sumi 2004: 79-92; on diplomacy see Erskine 1997: 25-37.

6   For the Ptolemeia (Ptolemy Festival) see Ath. *Diep.* 203a with Rice 1983: 126-33; Thompson 2000: 369-71, 381-8; for the Nikephoria see *IGR* 4.294 with Jones 1974: 183-205. For Aemilius Paullus see Livy 45.32.8-11; Plut. *Aem.* 28.7 with Edmondson 1999: 77-95.

7   On the context see Edmondson 1999: 84-7.

8   See also Farrington 1997: 26-8, 35-40 (despite the title the paper is also important for the Hellenistic period).

9   Dow 1935: 81-90 with further comments in *BE* 1954 n. 57.

Chapter sixteen

1   For early Roman priestly groups see Cornell 1995: 75, and on the Etruscans see Thuillier 1995: 405-11.

2   For the distinction between *ludus* and *munus* see Weidemann 1992: 1-8. See Thuillier 1985: 629-38 (Etruscan evidence); 654-5 (on Greek representations); see also Futrell 1997: 33-5.

3   Plin. *NH* 21.7; the view adopted here is that of Rawson 1981: 3-4 = Rawson 1991: 392; for a different approach see the discussion in Crawford 1996: 709. The text in question is Table X, 6-7 in Crawfords reconstruction of the Twelve Tables. See also the discussion in Wiseman 2008: 12 in the context of antiquarian learning at Rome.

4   Thuillier 1985: 541-4.

5   Cornell 1995: 135-41 on the François tomb; on houses see Cristofani 1990: 97.

6   Livy 1.35.8; *DH* 4.44.1; for further discussion see Humphrey 1986: 60-7.

7   *Inscriptiones Italiae* 13.3; Festus p. 464 Lindsay; Livy 2.31.3 for early evidence on seating; Livy 7.3.1-3; 8.20.2; Varro *Ling.* 5.153 on the starting gates; for Ennius see Skutsch's notes ad loc. and Cameron 1976: 57.

8   Livy 24.18.1 with Rawson 1981: 5-7 = Rawson 1991: 394-5.

Chapter seventeen

1   Jory 1970: 224-53; Leppin 1992: 91-3.

2   Livy *Per.* 16; Val. Max. 2.4.7 with Ville 1981: 42 n. 100.

3   Livy 9.40.16-17 with Oakley 1997-2005 vol. 2: 521-6. See also Strabo 5.4.13 and p. 18 above. See Thuillier 1990; and Steuernagel 1997 for an important discussion dissociating images of mythological combat (especially those of Eteocles and Polynices) in Etruscan tombs from a gladiatorial context.

4 Saulnier 1983: 84 is important on fourth-century weapons. For Polybius see Pol. 30. 25.6; 26.1; 31.28.5; on the problem of Hannibal's general, known as Hannibal the *monomachos*, see Walbank 1976: 32. The earliest occurrence of the word in Latin is in Ter. Hec. 40, though the odd discussion of *caelibari hasta* in Festus p. 65 Lindsay may point to something earlier, and involving a spear. For the Amiternum relief see now Hughes 2005: 77-91.

5 Val. Max. 2.4.7; Livy *Per.* 16 for Pera; Potter 2010b: 329-31.

6 For Caesar's gladiator's game's see Plin. *NH* 33.53; Dio 37.8.1; Plut. *Caes.* 5.13; Suet. *Caes.* 10.2 with Ville 1981: 60. For the civil war see Caes. *BC.* 1.14.4-5; Cic. *Att.* 7.14.2 saying that there was a rumour that the gladiators would break out.

7 Suet. *Caes.* 26.3.

8 For modern images of the games see R. Scott 2000: 22; Landau 2000:22-6; for the influence of Gérôme see Vance 1989: 43-67 on the Colosseum in general and 48-9 on Gérôme in particular; see also Winkler 2004b. For the end of gladiatorial combat see Ville, 1961; Potter 2010a.

9 Cyrino 2004: 137-40; for Spartacus see Urbainczyk 2004: 106-30.

10 For gladiatorial bodyguards see Lintott 1968: 83-5; for the murder of Clodius see Asc. p. 32 Clark; wonderfully evoked by S. Saylor in *Murder on the Appian Way* (New York, 1996). For difficulty in supporting gladiators see Cic. *Att* 4.4a.2; *Qf.* 2.5.3; for gladiators in the civil war of 49 see [Caes.] *Bell Afr.* 76; 93 with Ville 1981: 294; for Antony's gladiators see Dio 51.7.2-6. For the connection with legionary training see Val. Max. 2.3.2. For aristocratic work-outs see Cic. *Cael.* 11. For additional parallels, some relevant, see Welch 2007: 80 n. 34; for informed discussion see Newby 2005: 41. For Cicero's views see Cic. *De orat.* 2.84. It is unfortunate that the passage from Sen. *Ep.* 70.23-3 that is cited in Welch 2007: 80 is mistranslated and irrelevant to the context since it relates to an individual sentenced *ad bestias*, and that, despite her translation, the word 'gladiator 'does not appear in the passage.

11 Plut. *Crass.* 8.2 (outbreak of the revolt). App. *BC.* 1.116 (freemen joining Spartacus); Plut. *Crass.* 9.1 (preference for legionary arms);9.3 (men armed as legionaries); 11.3 (reference to what appears to be set formations). App. *BC* 1.120 (mass execution); 1.117 (human sacrifice).

12 Welch 1994: 79-80.

13 Welch 2007: 74 (Pompeii). See Cic. *Att.* 2.1.5 for the low number and indication of class-based seating with the general discussion in Goldberg 1998: 14; Rawson 1987: 105 = Rawson 1991: 534. At Michigan stadium seat size varies from 153/4 inches in the student section up to the widest at 18 inches in the rest of the stadium (personal communication, E. Ritt, Senior Associate Athletic Director, University of Michigan). Soderstrom 2005: 307-8 shows how the greatest venue for college sport in North America (Michigan Stadium) was influenced by the design of the amphitheatre at Pompeii. For a model of an amphitheatre in the shape of the circus see Golvin 1988: 76 with table VIII, 5 and now Hufschmid 2010: 493-6; for demolition of Welch's reading of Plut. *CG* 12 see Sear 2010: 506.

14 For mixed seating see Rawson 1987: 90-1 = Rawson 1991: 512-15. On tearing down lower levels see Plut. *CG* 12 with Edmondson 1996: 87 making a point missed in Welch 2007:

54. See also discussions in Weidemann 1992: 20; Kyle 1998: 49. For tribal distribution see Cic. *Pro Murena* 72 with Lintott 1990: 10-11; Futrell 1997: 162-3; and Cic. *Pro Murena* 73 (vestals). See Holleran 2003: 56 on number of days for games. For potential voters see Taylor 1966: 113; the *locus classicus* for low turn-out (almost certainly exaggerated) is Cic. *Sest.* 109, with the comments of Kaster 2006: 334 contra Mouritsen 2001:24, 33-4; the best exposition of popular politics at Rome is Millar 1998. For the importance of applause in the theatre see Cic. *Pro Murena* 70; *Sest.* 106. For the terms of the *lex Roscia,* which established the rule granting the first fourteen rows of seats in the theatre to members of the equestrian order, Rawson 1987: 102-3 = Rawson 1991: 530-1.

15 Plin. *NH* 36.117 with Shatzman 1975: 290-3, for the theatre/amphitheatre; Tac. *Ann.* 14.17 for the riot. For ads at Pompeii, for Nuceria: *CIL* 4.3882; 9972; 9973; 1195 (Sabbatini Tumolesi 1980: n. 63-6) to which should now be added *CIL* 4.1187 with Varone 2007: 23-6; for Nola: *CIL* 3881; 1187; 10236-8; 9978; 1204 (10236-8 include scores) (Sabbatini Tumolesi 1980: n. 67-73); for Puteoli: *CIL* 4.7994; 9969; 9984a-b; 9970 (Sabbatini Tumolesi 1980: n. 74-7); for Herculaneum: *CIL* 4.4299 (Sabbatini Tumolesi 1980: n. 78); for Cumae: *CIL* 4.9983a; 9976; 9968a (?); 9977 (Sabbatini Tumolesi 1980: n. 79-82).

16 Welch 2007: 189-92.

17 For beast hunts see Livy. *Per.* 19; Flor. 1.18.27-8; Plin. *NH* 7.139.8.16-17; 8.17, contradicting his statement that elephants were not hunted before 99 at *NH* 8.19 and Palmer 1997: 43. On Caelius see Ville 1981: 92-3 for the references.

18 For details see Steinby 1993-9 vol. 5: 35-8.

19 Vel. Pat. 20.4.4; Dio 37.21.4 with Beacham 1999: 75. For the importance of public expressions in the theatre see Cic. *Sest.* 115. For the issue of propriety see Holleran 2003: 49-50.

20 Cic. *Fam.* 7.1; Plin. *NH* 7. 158 with Lebek 1996: 44 on Galeria and Aesopus; on the wasted money see Cic. *Fam.* 7.1 and on the elephants see also Plin. *NH* 8.121.

21 Todd 1993: 141.

22 Kyle 1998: 53.

23 For Phersu see Thuillier 1985: 589-90. On Caesar see Plin. *NH* 33.53; for the development see Futrell 1997: 28-9.

Chapter eighteen

1 For Cicero and Caelius see Cic. *Fam.* 8.8;9; *Fam.* 2.11.

2 Dio 43.23.1 (giraffe); 43.23.1; 23.3-4; Suet. *Caes.* 39 (battles), see also Beacham 1999: 81-2; on the *naumachia* (area for naval battles) see esp. Coleman 1993: 48-74; Groot 2008: 350-81. For the location of the naval battle see Dio 43.24.2; Coleman 2003:63-4. For Troy Games see Suet. *Caes.* 39.2.

3 For free men fighting as gladiators see Suet. *Caes.* 39.1. On Syrus see Macr. *Sat.* 2.7.1 -11; A.G. 8.15; 17.14 with the excellent treatment in Lebek 1996: 46-8.

4 On events after Caesar's death see Macr. *Sat.* 2.6.6; Cic. *Att.* 16.5.1; 16.2.3 with Sumi 2005:

145. For the gladiators on the Ides of March see *FGrH* 90 fr. 130. 26a. The author here, Nicolaus of Damascus, was later tutor to the children of Antony and Cleopatra and had access to excellent information, including, possibly, the autobiography of Augustus.

5   App. *BC* 2.147 with Sumi 2005: 100-11.

6   Weinstock 1971:13 (Sulla's victory games); 206 (Caesar's); Sumi 2005: 142-58.

7   See *Ep. Anf.* 3 n. 2. For *sine missione* see Robert 1940: 258-61; Ville 1981: 403-5, both fundamental on the meaning of this oftmisunderstood term; key texts are Seneca, *Ep.* 92.26 and Mart. *Spect* 39.5.

8   For Antony see Plut. *Ant.* 24.2 and Fraser 1957: 71-3, who says much in few words. For Rome see K. Scott 1933: 7-49 (still excellent); Osgood 2006: 323-35. For Agrippa and the circus see Humphrey 1986: 293. For the *pulvinar* see Humphrey 1986: 78-9.

9   Syme 1939: 241, 303.

10   For developments in the early twenties see Welch 2007:119-26; Golvin 1988: 52-3; Coleman 2003: 65. For Vitellius see Dio 51.22.4. For the later twenties see Dio 52.2.3-4; 59.14.3 with Ville 1981: 121-2; Edmondson 1996: 79-81.

11   For the gladiatorial fund see Dio 72.19.4; for the system see Talbert 1984: 59-64. For new divisions in the theatre see Edmondson 1996: 82-3. On women in the theatre see Suet. *Aug.* 44.1; Dio 53.25.1 on 26 BC; Suet. *Aug.* 44.2 with Rawson 1987: 99 = Rawson 1991: 526; Edmondson 1996: 88. On women in the circus and amphitheatre see Ovid, *Ars* 1.135-76; Golvin 1988: 36 on the possible interpretation of these regulations on a local level. For continued upper-class participation see Dio 56.25.7-8; 57.14.3 with Edmondson 2002: 59.

12   Price 1984: 50-1; 54-7.

13   Suet. *Aug.* 98.3; for the games in general see Robert 1968b: 408-9, 416-7 = Robert 1989b: 84-5, 92-3.

Chapter nineteen

1   Pride of place for gladiatorial games goes again to Ville and Robert as well as the excellent series, *Epigrafia anfiteatrale*. Very good, with well chosen illustrations for all facets of the entertainment industry, is E. Köhne and C. Ewigleben, *Gladiators and Caesars: The Power of Spectacle in Ancient Rome* (London, 2000) and the first-rate exhibition catalogue, *Les Gladiateurs:* Lattes, 26 mai-4 juillet 1987; Toulouse,13 juillet-debut septembre 1987; exposition conçue et réalisée par le Musée archéologique de Lattes (Lattes, 1987), while A. Cameron, *Circus Factions: Blues and Greens at Rome and Byzantium* (Oxford, 1976), remains the starting point for circus chariot-racing. The best overviews in English are again T. Weidemann, *Emperors and Gladiators* (London, 1992) and D. Kyle, *Spectacles of Death in Ancient Rome* (London, 1998). The most important study of documents relating to entertainments in English is C. Roueché, *Performers and Partisans at Aphrodisias in the Roman and Late Roman Period* Journal of Roman Studies Monograph 6 (London, 1993). J.H. Oliver, Greek Constitutions of Early Roman Emperors from Inscriptions and Papyri *Memoirs*

of the American Philosophical Society 178 (Philadelphia, 1989), is a valuable compendium of imperial documents of all sorts. For gladiatorial combats at Pompeii, L. Jacobelli, *Gladiators at Pompeii* (Los Angeles, 2003), is excellent, as more generally are A.E. Cooley and M.G.L. Cooley, *Pompeii: A Sourcebook* (London, 2004) and J. Berry, *The Complete Pompeii* (London, 2007). P. Sabbatini Tumolesi, *Gladiatorum Paria: annunci di spettacoli gladiatorii a Pompei* (Rome, 1980), is crucial for the texts. This chapter reflects and expands upon views I have expressed in Entertainers in the Roman Empire, in D. Potter and D. Mattingly, *Life, Death and Entertainment in the Roman Empire* 2nd edn (Ann Arbor, 2010), and Spectacle, in D. Potter, *A Companion to the Roman Empire* (Oxford, 2006): 385-408.

2   Plin. *NH 7.186.*

3   Galen *De methodo medendi libri XIV* (Kühn 10, 478).

4   August. *Conf.* 6.8.

5   Edwards 1993: 12-17; Edmondson 2002: 54, 58-9.

Chapter twenty

1   Britain: Humphrey 1986: 428-37; Spain: Humphrey 1986: 384-7; Africa: Humphrey 1986: 332; overall estimates: Humphrey 1986: 535-9; Golvin 1988: 277.

2   See Golvin 1988: 277 for a summary of the statistics as of the mid-1980s; since then amphitheatres have been excavated at Naples and Portus in Italy, Byllis and Butrint in Albania, London and Chester in England; at Bet Guvrin and Tiberias in Israel and at Sofia in Bulgaria, Aix-en-Provence in France, Cordoba in Spain (on a scale comparable to the Colosseum) and Alexandria in Egypt. For amphitheatres in the Celtic lands Futrell 1997: 53-77 adds important perspectives. For Nero and Claudius see Suet. *Claud.* 34; *Nero* 12.

Chapter twenty-one

1   Millar 1992: 368-75; Groot 2008: 305-50 is perceptive on the political role of the games.

2   For Magerius see Beschaouch 1966: 134-57; for games officials see Fora 1996b: 71-9; Chamberland 1999: 614; see also Zuiderhoek 2009: 28-36; for spending more than the minimum see Fora 1996b: 57-63.

3   For the size of the amphitheatre at Pompeii see p. 197 above; the text quoted without reference in the text is Sabbatini Tumolesi 1980 n. 46; for problems see Pliny *Ep.* 6.34; Apul. *Met.* 5.13-14.

Chapter twenty-two

1   For 'increase' acclamations see Ov. *Fast.* 1.613; compare Tert. *Apol* 35.7; *ILS* 452.3. For 'thumbs up' see Corbeill 1997. For other acclamations discussed here see Dio Chryst. 48.10 for Olympians and feeders with Robert 1949a; for phil-compounds see Robert 1965: 215-16; for acclamations in a civic context before Augustus note esp. *IE* n. 1390.3-4. Suet. *Cal* 6.1 with Alföldi 1977: 86-7. See also Potter 1996: 129-59.

2　For bad impressions: Tac. *Ann.* 1.76; Dio 78.6.2; Suet. *Claud.* 34 (also Suet. *Cal* 30); Suet. *Cal.* 35. For listening to requests see Dio 72.19.4.

3　Suet. *Aug.* 45.1; *Claud.* 27.2; HA *V. Marci* 15.1; Tac. *Ann.* 1.76.3; 12.41 for the sight of the emperor at the games; for communication by placard see Suet. *Claud.* 21.5; Gell. *NA* 5.14; Suet *Tit* 9.2; Dio 60. 13; 69.16.3;. Suet. *Dom.* 13.1 on accusations of rudeness; Dio 72.20.2 for Commodus; for claques see Cameron 1976: 236.

4　For the woman (Aemilia Lepida) see Tac. *Ann.* 3.23; for the trial (of Piso) see *SCP* 151-4. For a full range of such acclamations see HA *V. Comm.* 18.3-19.9. For discussion of the *spoliarium* see Sen. *Ep.* 93.12; *P. Per. and Fel.* 21 with Kyle 1998:158-9, 225-7. See Dio 73.13.3 for Julianus; although Dio seems to have had difficulty recognizing an organized demonstration when he saw one, popular distaste for Julianus and his way of taking the throne seems to have been genuine, see esp. Dio 73.13.3 (refusal of a donative); 5 (occupation of the Circus Maximus overnight and demonstration in favour of Pescennius Niger).

5　Dio 78.18.2 for the woman in the amphitheatre with Commodus. The anecdote loses its force if the crowd did not call out in Greek: for *vivo* in acclamations see *ILS* 3657; 3718; 3991; 6730; 6731; for a gladiatorial context see *ILS* 5141. For learning cheers see Tac. *Ann.* 1.16; Philo *In Flacc.* 34; for Nero see Alfoldi 1977: 79-88.

Chapter twenty-three

1　For Artemidorus in general see Price 2004: 226-59. For the dreams see Art *On.* 5.36 (expulsion); 45 (pancratiast nursing); 79 (river); 95 (autocastration); 48 (golden hands).

2　Art. *On.* 1.61 (face unseemly); 60 (wrestling move); more violent dispute, 62; javelin, 57 tr. White; foot race, Art. *On.* 59.

3　Art. *On.* 2.32 is devoted to gladiators. For the meaning of the phrase concerning legal disputes see *LSJ* on *pheugd*, where the verb is also used of a person defending a legal case: White had translated the participle *pheugontos* as 'fleeing', which is its basic meaning, but the analogy here with a legal case indicates that the legal meaning is what is desired here.

Chapter twenty-four

1　Fagan 1999: 195-6; for boxing mosaics in the baths, see Newby 2005: 45-9.

2　For the Lepcis mosaic see Papini 2004, who offers an excellent discussion; see also http:// www.timesonline.co.uk/tol/news/world/ article532700.ece and Wendowski and Ziegert 2005: 33-4. For Montanus see http://news.nationalgeographic.com/news/2007/05/070507 -gladiator-picture.html. For the leopard see *P. Per and Fel* 19. For general discussion of the attire of the condemned see Robert 1949d:140-8; Robert 1982: 248-53 = Robert 1989a: 811-16.

3　For early paintings see Plin. *NH* 35.52; see also Hor. *Sat.* 2.7.95-101; *ILS* 5068 and p. 000 above; for Umbricius see Papini 2004: 116-8, 145-8; Jacobelli 2003: 90-1, 95; for Storax see Papini 2004: 138-46.

4　For death and Storax see *CIL* 4. 2508; 1421a; the only evidence for fights where death was a mandatory outcome at this period comes from Sen. *Controv.* 9.6.1. For the graffiti mentioned here see *CIL* 4. 5214; 4870; 1474a-b. For named pairs and cups see *ILS* 5137; *CIL* 4. 538 (*ILS* 5138) and Pet. *Sat.* 52.3 with Rowell 1958: 14-24 and Whitehouse 2001: n. 532, 534 (n. 533 is another cup with a gladiatorial scene and named gladiators). Number 532 was found at Le Cormier in France and n. 534 at Sopron in Hungary (Rowell's cup E), suggesting that fans brought their cups with them. Rowell does not, however, give sufficient weight to the observation of Robert 1940: 297 that entertainers often took names made famous by other entertainers; likewise, in suggesting that the tomb decoration envisioned by Trimalchio *(Sat.* 71.6) would resemble that of Umbricius he does not note that monuments representing all the fights of a gladiator actually exist (see *Ep. anf.* 1 n. 109), and Trimalchio is assimilating himself to a gladiator with the same lack of taste that he showed in displaying a painting of another person's *munus* on his walls.

5   See GR 1873.8-20.53 *(retiarius,* British Museum); Museum der Stadt Köln 44, 107 (two wrestlers); Naples, Museo Archeologico Nazionale (inv. 27853)(wind chime); PRB 1856.7-1.1249 (knife handle in the form of a charioteer, British Museum); these objects in general are well illustrated in Köhne and Ewigleben 2000 passim, and studied in *Les Gladiateurs:* Lattes, 26 mai-4juillet 1987: Toulouse, 13 juillet-début septembre 1987: exposition conçue et réalisée par le Musée archéologique de Lattes (Lattes, 1987); Storch de Gracia 1990.

Chapter twenty-five

1   On the Spartan issue see Mantos 1995: 134; Kennell 1995: 45-6, 98-114. For medical theories of the value of exercise for young women, see the fourth-century medical writer, Oribasius (18.11-15 and 21.4 where he is quoting the second-century doctor, Rufus of Ephesus) as well as Galen 9.109 Kühn. It may be significant that the late second century saw an upsurge of interest in legends connected with Amazons, a number of whom are 'discovered' to be founders of cities in Asia Minor at this time; see the important treatment of Meadows 2009: 248-50.

2   Spartan foot race: *SEG* 11 n. 861 with Mantos 1995: 134; daughters of Hermesianax: *SIG*³ 802; see also Men. Rhet. 364.5-6; female wrestler: *Schol ad Juv.* 4.53; on the games at Antioch see Schenk Graf von Stauffenberg 1931: 419 n. 13, contra Mantos 1995: 142; Severus: Dio 75. 16.1.

3   Ostia: *Ep. anf.* 4 n. 29; Halicarnassus: Coleman 2000: 487-500.

4   Dancers: see Webb 2002: 286; for fatal excitement: *P.Oxy.* 475.

Chapter twenty-six

1   Wives: Robert *Les gladiateurs* (including items numbered in sequence from Robert 1946; 1949d; 1950): n. 14; 16; 19; 20; 26; 29; 30; 35; 36; 37; 47; 54; 65; 74; 76; 81; 85; 90; 106; 110; 118; 119; 124; 140; 141; 126; 173; 189; 191; 210; 214; 237; 240; 241; 242; 245; 248; 250; 260; 268; 271; 285; 291; 296; 298; 299; 300; 306; 307; 308; 314; 327; 328; 335. *SEG*

1986 n. 593; 596; 600; 601; 605; *SEG* 1989 n. 408; *SEG* 1993 n. 826; *SEG* 1995 n. 1589; *SEG*
1996 n. 901; 1664; *SEG* 1997 n. 954; 1285; *SEG* 1998 n. 767; *SEG* 1999 n. 677; *SEG* 2000 n.
578; 579; 581; *AE* 1962 n. 53; 54; *AE* 1999 n. 1574; *ILS* 5087; 5108a; 5119; 5123; *Ep. anf.* 1
n. 67; 71; 72; 74; 89; 91; 96; *Ep. anf.* 2 n. 41; 43; 45; 46; 47; 48; 50; 51; *Ep. anf.* 3 n. 65; 71;
Ep. anf. 5 n. 11; 14; 16; 18; 19; 20; 22; 27; *Ep. anf.* 7 n. 20; 21; 24; 26; 32; 28; 29; 33; *CIL*
3.8825; Bouley 2001: 256; Pfuhl and Mobius 1977 n. 1256; Roueché 1993 n. 43. Texts giving
no information about the erection mechanism (excluding commemorative stele of the sort in
Hrychuk Kontokosta 2008 n. 19-27; though the style is used for commemorative purposes, see
Robert 1940 n. 267,271): Robert 1940 (including items numbered in sequence from Robert
1946; 1949d; 1950) n.13; 44; 57; 72; 74; 79; 89; 137; 140; 146; 148; 149; 169; 170; 173; 189;
194; 210; 214; 217; 237; 238; 246; 253; 261; 268; 269; 283; 291; 295; 299; 300; 306; 314;
315; *SEG* 1986 n. 593; 596; *SEG* 1987 870; *SEG* 1988 n. 1067; *SEG* 1989 n. 407; 408; 531;
SEG 1989 n. 408; *SEG* 1996 n. 901; 1198; 1662; 1664; *SEG* 1997 n. 1285; *SEG* 1998 n. 767;
SEG 2000 no. 578; n. 1163; *AE* 1988 n. 745; *AE* 2006 n. 1461; 1462; 1453; 1464; 1465; 1466;
ILS 5111; 5119; *Ep. anf.* 1 n. 63; 68; 70; 72; 85; 87; 88; 89; 92; 94; 95; 96; *Ep. anf.* 2 n. 44; *Ep.
anf.* 5 n. 17; 29; 68; *Ep. Anf.* 7 n. 26; 29; 33; 34; 35; 36; Pfuhl and Mobius 1977 n. 1214; 1215;
1217; 1220; 1234. Inscriptions where a gladiator is buried by another gladiator: Robert 1940 n.
18; 81; 85; 109; 241; 245; 331; *SEG* 1988 n. 589; *SEG* 1994 n. 592; 611; *SEG* 1995 n. 1592;
SEG 1996 n. 901; *SEG* 1998 n. 766; 1622; *SEG* 2000 n. 1182 *Ep. anf.* 1 n. 75; 78; 79; 81; 82;
83; 84 (assuming *sodales* to include gladiators, which may not be correct); 86; 97; *Ep. anf.* 2
n. 42; n. 46; n. 51; *Ep. anf.* 3 n. 69; 70; 71; *Ep. anf.* 5 n. 11; 14 (assuming *sodalis* = gladiator
in this case and the next and with n. 63); 19; 23; 25; 61; 63; *Ep. anf.* 22; *ILS* 5108a (from
his *doctor); AE* 1962 n. 47; 49; 51. Other commemorators: Robert 1940 n. 12 (friend); 17
(friend); (friend); 45 friend (arguably another gladiator given the name Orestes); 72 (self); 73
(common grave, one gladiator with members of trades); 81 (friend); 240 (parents); 248 (brother,
presumably not a fellow gladiator because the name is atypical of gladiators—contrast Robert
245); 249 (friend); 294 (friend); 296 (friend); 297 (daughter); *SEG* 1986 605 (daughter); *SEG*
1989 n. 407 (self); *SEG* 1989 n. 408 (self); *SEG* 1994 n. 1083 (son); *SEG* 2000 n. 582 (friend;
possibly another gladiator). Nero's games and free gladiators: Tac. *Ann.* 14.14; Dio 61.17.3;
Groot 2008: 57, 108-9.

2   For programmes see Ville 1981: 252-5; see Robert 1940 n. 49-54; 178; 257; *Ep. anf.* 3 n. 67-8;
CIL 4.2508 (Sabbatini Tumolesi 1980 n. 32); *Ep. anf.* 2 n. 53 is too badly damaged to include
in this survey. For burials see Sabbatini Tumolesi 1988: 139-40; see also Hope 2000: 100.
The issue of gladiatorial burial is complicated by occasional bans on burying gladiators with
the general public; see esp. *Ep. anf.* 3 n. 2.7-16; *ILS* 7846 with important discussion in Levick
1983: 103, 108-10. For the integration of gladiators into Pompeian neighbourhoods see
Jacobelli 2003: 84-5.

3   For Marcus see *Ep. anf.* 7 n. 3. 29-35; the interpretation of these lines, contra the otherwise
excellent study of M.B. Carter 2003: 101-7 as representing price rather than lease value, stems

from the use of the word *pretium* in lines 29-35 (paid by *munerarii* to *lanistae* for gladiators); 36-7 (paid by *munerarii* to *lanistae for gregari)* (for the meaning of this term see Potter 2010a: 599-600); 56-7 (paid by *munerarii* to *lanistae* for *trinquu* a category of Gauls sentenced *ad gladium); 57-8 (paid by *lanistae* to obtain other *damnati ad gladium* from an imperial procurator); 59-61 (for the transfer of *Sifamilia* from one *sacerdos* to another without the services of a *lanista); 61-3 (paid to a free person who offered his services as a gladiator): the last usage shows that we are talking about a price and the word should be taken as having the same meaning throughout. *Merces* is used for a different transaction (money paid as a prize) in lines 45-6. For Aphrodisias see Roueche 1993 n. 52 i; 52 iii; 52 iv.

4   M.B. Carter 2003: 98.

5   Roueché 1993 n. 23-4; *AE* 2006 n. 1462.

6   Ville 1981: 278-80.

7   Plin. *NH* 2.144; the number twenty thousand that Pliny gives for the number of gladiators in the *ludus* of Caligula would be roughly twice the number employed at Rome at any other time (although we do not have many counts) - see Dio 68.15. See M.B Carter 2006b: 104-6 for further discussion.

8   For Exochus see *Ep. anf.* 1 n. 92; for the others see Roueche 1993 n. 17; 18.

9   M.B. Carter 2006b is an invaluable analysis of the evidence for codes of conduct whereby gladiators would seek to avoid needless injury. For Galen see Scarborough 1971: 98-111; M.B. Carter 2004: 42-4, 47, 60; on diet see Galen, *De alimentorum facultatibus* (Kuhn vol. 6, 529); see also Curry 2008 on evidence for calcium supplements from the Ephesian bones and Plin. *NH* 36.203. On poorly treated wounds see Galen, *De compositione medicamentorum per genera* (Kühn vol.13,600-1) with Scarborough 1971:104 5. On care see Galen, *In Hip- pocratis librum de fracturis commentarii* (Kühn vol. 18b, 567-9); *De compositione medicamentorum per genera* (Kiihn vol. 13, 600).

10 For the first *palus* with 8 fights, see Robert 1940 n. 18; for the twentieth fight being one too many, see Robert 1940 n. 16; Robert 1950:39-40 n. 327 (third *palus,* 2 fights). Ville 1981:311-25 discusses average longevity; these numbers, it must be stressed, are very approximate and exclude the very high fight totals included in some Pompeian graffiti; a very different picture with far more fatalities is offered in Bouley 2001: 267-70, though her figure of 45 deaths in combat out of 52 epitaphs in her region is, I think, inflated by a tendency to include dubious cases such as Robert 1940 n. 12 (only one of the two men buried here is a gladiator, which makes it unlikely he died in combat); Robert 1940 n. 19 does not give a cause of death, nor does Robert 1940 n. 3. For insufficient use see Epict. *Disc.* 1.29.37. On approximate fight counts see *SEG* 1989 n. 1339 and Weidemann 1992 120-3.

11 For draws see Mart. Spect. 31 with Coleman 2006: 218-19; for loss of control see Robert 1940 n. 34 (Victor), 79 (Diodorus); for differing views on the implications of these texts see M.B. Carter 2006b: 109; Coleman 2005: 14; for Eumelus and the victim of the former pantomime see *AE* 2006 n. 1466; 4161 with Jones 2008: 45-48; for 'unreasoning hate' see Robert 1940 n.

124; for two deaths see Robert 1950: 62-3 n. 335. For other options see Robert 1940 n. 54; 55; 20 (sparring opponents); n. 84; 106; 214; *Ep. anf.* 2 n. 50 (killing); Robert 1940 n. 124 (grudge match). See in general Robert 1940: 302-7.

12 Kranz and Grossschmidt 2006: 212-13.

13 Robert 1940 n. 169; see also *Ep. anf.* 2 n. 47 *(in Nemese ne fidem habeatis sic sum deceptus);* 52; *ILS* 5111:*fato deceptus non ab homine ILS* 5112; *Ep. anf.* 3 n. 69, 5: *adversario occisus* is unusual, see also Robert 1940: 304; for an analysis of the meaning of tombstones see Hope 2000: 93-113; for the attack on the Praetorian camp see Herod. 7.11.7.

14 For Epictetus see Epict. *Disc.* 2.18. 23; for Severus see Dio 75.8.2-3; for *ursarii* see *Ep. anf.* 5.30-1 with Robert 1950: 71-2 n. 340.

15 For Nero and gladiators see Tac. *Ann.* 14.14.3; Suet. *Nero* 12.1; Dio 61.9.1 with Ville 1981: 259-62; Weidemann 1992: 108-10; Champlin 2003: 70-3; 76; for Vitellius see Tac. *Hist.* 2.62.4; Dio 64.3.3 with the excellent note in Ash 2007: 249; for Commodus see Dio 72.17; for Nero and chariots see Tac. *Ann.* 14.14; Dio 62.15; 63.14; Suet. *Nero* 24.2 with Champlin 2003: 54.

Chapter twenty-seven

1 For death of inexperienced driver see *ILS* 5299; see also Friedlander 1908-13 vol. 2: 23; for headquarters of factions see Friedländer 1908-13 vol. 2: 27.

2 For Diodes see *ILS* 5287; the basic study of this text remains that in Friedlander 1908-13 appendix 24 (in vol. 4, 148-63); for Diodes' free agency compare *ILS* 5281; 5286; 5288; for early races compare *ILS* 5287.7 with *ILS* 5288; 5285.8; for his rivals see *ILS* 5287.25-7.

3 Plin. *NH* 8.160; on the sources of horses see Friedlander 1908-13 vol. 2: 25; Cameron 1976: 8.

4 *ILS* 5285; Crescens says that he died at twenty-two, which would mean that he started driving four-horse chariots at the age of thirteen, which seems less probable than that the stone carver made an error.

5 For Scorpus see Syme 1978: 86-94 = Syme 1984: 1062-9. For others see Mart. *Ep.* 4.67 (Thallus); 11.1 (Incitatus) with *ILS* 1679; 3532.

6 Mart. *Ep.* 10.50; 53.

Chapter twenty-eight

1 *AE* 2006 n. 1461 was clearly a pantomime artist; it is less clear whether the boxer mentioned at *AE* 2006 n. 1464 had left the profession.

2 Van Nijf 2006: 226; see also Pleket 1973: 203-5 distinguishing less and more formal associations; for specific points see *P. Agon.* 6.8-31 (Claudius): 32-6 (Vespasian).

3 *P. Agon.* 6.5 includes space for Herminus' age, which is left blank; *Select Papyri* n. 306 for Herminus; for the famous family, see Oliver 1989 n. 289 (Olivers' translation slightly adapted); see also *P. Rylands* 2n. 153.

4 For the career of Marcus Aurelius Demostratus Damas see *Iscr. ag.* n. 84c; for fees see *P. Oxy.* 1050 with discussion in Forbes 1955:248-9. For his sons see *Iscr. ag.* n. 84a 18-21 with

discussion in Forbes 1955: 248; Robert 1930: 44-9 = Robert 1969: 1144-9.

5   The translation here is supported (as Moretti points out) by a text from Pisidian Antioch which
    read 'when Gaius Ulpius Baivianus was the augur and priest for life of the ancestral god Men
    and Demeter, Tiberius Claudius Marcianus won the wrestling when his rivals refused to fight
    him after he stripped' where the verb for refusing to fight is *paraiteomai* as it is here (see
    Anderson 1913: 287 n. 12).

6   See also Millar 1992: 457.

7   For unexpected calls see Pol. 1.58.1; for the unfortunate runner see Art. *On.* 5.78.

8   Paus. 5.21.4.

9   For Egyptian boxers see Paus. 5.21.14-15; bribes, see Paus. 5.21.16; Phil. *Gym.* 45.

Chapter twenty-nine

1   For the text quoted here see Milner 1991: 34; for general study of the language in question see
    Robert 1960: 353-8, 368.

2   Milner 1991: 43-6; he notes as well that Quintus may be a visitor since the family is not
    otherwise attested in Balboura; see also Coulton, Milner and Reyes 1989: 51-3 on the history
    of this festival.

3   For social divisions in Lycian cities see Wörrle 1988: 123-35; for the centre of Balboura see
    Coulton, Milner and Reyes 1989: 41-9; for Termessus see van Nijf 2000: 27-32. The view that
    the city centre was a 'classroom for the clarification of social roles and norms' is borrowed
    from van Nijf 2000: 36; for Thoantianus and family see Coulton, Milner and Reyes 1989:
    57-60; Milner 1991: 44-5. For Demosthenes and his festival see Wörrle 1988 with Mitchell
    1990; Jones 1990 and Rogers 1991 on the establishment of the festival; Hall and Milner 1994
    on its duration.

4   For Oenoanda see *IGR* 3.481; for the cities opting for gladiatorial contest in place of athletic
    see Nollé 1992/3: 49-82; for developments in general see Mitchell 1993: 222-5; on shared
    culture versus barbarism see Martin 2006: 251-6.

5   For Tiberius see *Ep. anf.* 1 n. 4; for Caligula see *Ep. anf.* 1 n. 32; 64; Plin. *NH* 11. 144; 245.
    Gell. NA 12.5.13 is not relevant; for the disaster at Fidenae see Tac. *Ann.* 4.62.

6   For Nero see Ville 1981: 281; Kyle 1998: 80, 159; Sen. *Ep.* 70.20, *Ep. Anf.* 1 n.33-4, for a
    prisoner *in ludo bestiariorum;* on the civil war see Tac. *Hist.* 2.11; 23.3; 35.1; Plut. *Oth.* 12.7
    (a more generous assessment of their performance) with Ash 2007 ad loc, and on the imperial
    ludi see Ville 1981: 279-80. For Nero's wooden amphitheatre see Golvin 1988: 66-7.

7   On the financing of the Colosseum see *Ep. anf.* 6 n. 1; Golvin 1988: 173-6; Coleman 2003:
    69-70; for the issue of seating see Coleman 2006: lxx (for space allotments). For theories of
    flooding see Coleman 1993: 60 and Coleman 2006: lviii-lxx based on Dio 66.25.2-3; but see
    Suet. *Tit.* 7.3. Mart. *Spect* 27.6 could easily refer to the transition between land and sea battles
    at the *stagnum* described in Dio 66.25.3-4; for work on the substructure see Beste 2000: 79-92.
    Lancaster 2007: 457-8 reviews other theories allowing for the possibility. For aquatic add-ons

to other amphitheatres see Golvin 1988: 334-5.

8 For Domitian's *ludi* see Ville 1981: 283; for Ephesus see Robert 1940: 25.

9 For various procurators see *Ep. Anf.* 1. n. 1-11; 22-7; for the *summi choragi* see *Ep. Anf.* 1. n. 12-20; for zoos in the provinces see Robert 1940 n. 129; Ritti and Yilmaz 1998 n. 24. It is unclear whether emperors felt they routinely had to consult the Senate or if statements about imperial permission to exceed minimums reflect a provincial sense that nothing happened without the emperor's permission–the point emerges clearly from *Ep. anf.* 3 n. 53.

10 For these events see Robert 1940 n. 63; 97; 200; see also Robert 1940 n. 139; 152 and M.B. Carter 2004: 62-3; M.B. Carter 2006a; Robert 1940 n. 200 (also 198, 199), 25, 60, and in general pp. 312-21. Limited opportunities for animal use in execution are attested in *Mart. Pol.* 12.

11 For details of the reading adopted here see Potter 2010c; the most recent text is *Ep. anf.* 7 n. 3.

12 *AE* 1971 n. 431, 10-11; *AE* 1999 n. 1427. The especially bloodthirsty nature of this spectacle compared to the two others might be explained by the special circumstances under which it was held-directly after the death of Decius in the battle at Abrittus in 251. For previous evidence of such fights see Robert 1940: 255 quoting Phil. *VS* 1.541.

13 For 'sailing past' see Oliver 1989: n. 245; for Aphrodisias see Roueche 1993 n. 5; and on the Capitoline games, Robert 1970 = Robert 1989a: 655-8.

14 On pensions see *AE* 2006 n. 1403, 49-51 with Pliny *Ep.* 10.118-9; on death see *AE* 2006 n. 1403, 47-8.

15 For the Panhellenion, see Romeo 2001: 21-40 with references to earlier work: for the festival in honour of Antinous see Robert 1980: 134-5.

16 The games are thus moved from 2 September, the anniversary of the battle, to Augustus' birthday.

17 To my mind the most likely explanation for this (bracketed) clause is that it is an error in drafting. For a different solution, see Slater 2008: 619, where this is given as one version of the first year of the new Olympiad. Slater's reconstruction places the Pythian and Isthmian games in year 4 of the Olympiad while noting that they should be in year 3; the reconstruction of year 3 followed here is that of Gouw 2008: 101, which has the advantage of keeping the Isthmian and Nemean in the usual year.

18 Oliver 1989 n. 138 (Pius to Ephesus); *SEG* 50 n. 1096 with Reynolds 2000: 19 (Aphrodisias); Oliver 1989 n. 192 (Marcus to Miletus) with Mitchell 1993: 220. On monuments see Robert 1940: 55-64; Roueché 1993 n. 13-15; Hrychuk Kontokosta 2008: 196-7, 203-6; see also Zuiderhoek 2009 discussing the size of the typical benefaction (well within the income of a wealthy person).

Epilogue

1 Proc. *Pers.* 1.24.37. For the riot see Greatrex 1997.

2 Robert 1982: 257-73 = Robert 1989a: 820-36.

3   Schol. in Luc. Praecep. Rhetor. 9 on the date; Brown 2006: 309-19 on Olympia in the fifth century; Bagnall 1993: 281 for Christians in Egypt.

4   For the papyrological evidence about chariot races in late imperial Egypt see Humphrey 1986: 518-19; for the end of gladiatorial combat see Potter 2010a.

5   In connection with Nicomedia it should be noted that Lactantius says that a circus was one of the buildings that Diocletian built (in addition to basilicae, a mint, an arms factory and houses for his wife and daughter), see *DMP* 7.9; for factions at Constantinople see *CTh* 6.4.1-2; for a much later date (the fifth century) see Liebeschuetz 2001: 205.

6   Even as late as Diocletian we find reference to a governor who diverted funds assembled for some sort of civic festival for the rebuilding of city walls, see *CJ* 11.42.1. For funding officials limited to the circus see *CTh* 6.4.6 with Gascou 1976; for the transfer of major provincial games to imperial officials see *CTh* 7.8.22 with Liebeschuetz 2001: 205-6 for the actuaries, and *CJ* 1.26.1 (Olympic games and those of the Syriach) also with Liebeschuetz 2001: 206; for the situation with the faction in Antioch see next note; for the ban on keeping women of the stage for private entertainment see *CTh* 15.7.4; 5; for the earlier exemption see *CTh.* 15.9.2; 15.7.10; 6; for the text of *CTh* 15.7.7 I read *propter* instead of *praeter* (the latter makes nonsense of the text).

7   Malalas 396 with Cameron 1973: 123-4 for the trouble in Antioch; Roueché 1993: 147-52.

8   On limits of days for games see *CTh* 15.5.5–see also *CTh* 15.5.2 suggesting that this was seen as a concession to the Church; for no obligatory service for Christian women in the theatre see *CTh* 15.7.4; see also *CTh* 15.7.8; 9; for the ruptured acclamation writer see *Miracles of Artemios* n. 21; for the text see Crisafulli and Nesbitt 1997: 125-31 (I am indebted to Maud Gleason for bringing this to my attention).

9   Looking for the best talent is implied in *CTh* 15.5.1; 15.5.2; 15.5.3; for fancy silks see *CTh* 15.7.11; for mime actress in Constantinople see Layerle 2001: 34-5; Reich 1903: 103.

10 Reich 1903:104-8; the issue of the identity of this Nonnus is unsolved; see also Reich 1903:87; 95-9 for earlier acts making fun of the Church.

11 Roueché 1993 n. 65.

索引

图书在版编目（CIP）数据

胜者王冠：从荷马到拜占庭时代的竞技史／（美）
大卫·波特著；曹正东译. — 杭州：浙江大学出版社，
2017.11

书名原文：The Victor's Crown：A History of
Ancient Sport from Homer to Byzantium

ISBN 978-7-308-17087-1

I.①胜… II.①大… ②曹… III.①竞技体育—体
育运动史—世界—古代—通俗读物 IV.①G811.9-49

中国版本图书馆CIP数据核字（2017）第161847号

胜者王冠：从荷马到拜占庭时代的竞技史
[美] 大卫·波特 著　曹正东 译

责任编辑	周红聪	
文字编辑	宋先圆	
装帧设计	周伟伟	
出版发行	浙江大学出版社	
	（杭州天目山路148号 邮政编码310007）	
	（网址：http://www.zjupress.com）	
排　　版	北京大观世纪文化传媒有限公司	
印　　刷	北京中科印刷有限公司	
开　　本	880mm×1230mm　1/32	
印　　张	9.75	
字　　数	162千	
版 印 次	2017年11月第1版　2017年11月第1次印刷	
书　　号	ISBN 978-7-308-17087-1	
定　　价	52.00元	